成人(网络)教育系列规划教材

CHENGREN (WANGLUO) JIAOYU XILIE GUIHUA JIAOCAI

公共关系学

GONGGONG GUANXIXUE

主　编　付晓蓉

西南财经大学出版社
Southwestern University of Finance & Economics Press

总序

随着全民终身学习型社会的不断建立和完善，业余成人（网络）学历教育学生对教材的质量要求越来越高。为了进一步提高成人（网络）教育的人才培养质量，帮助学生更好地学习，依据西南财经大学成人（网络）教育人才培养目标、成人学习的特点及规律，西南财经大学成人（网络）教育学院和西南财经大学出版社共同规划，依托学校各专业学院的骨干教师资源，致力于开发适合成人（网络）学历教育学生的高质量优秀系列规划教材。

西南财经大学成人（网络）教育学院和西南财经大学出版社按照成人（网络）教育人才培养方案，编写了专科及专升本公共基础课、专业基础课、专业主干课和部分选修课教材，以完善成人（网络）教育教材体系。

由于本系列教材的读者是在职人员，他们具有一定的社会实践经验和理论知识，个性化学习诉求突出，学习针对性强，学习目的明确，因此，本系列教材的编写突出了基础性、职业性、实践性及综合性。教材体系和内容结构具有新颖、实用、简明、易懂等特点；对重点、难点问题的阐述深入浅出、形象直观，对定理和概念的论述简明扼要。

为了编好本套系列规划教材，在学校领导、出版社和其他学院的大力支持下，首先成立了由学校副校长、博士生导师丁任重教授任主任，成人（网络）教育学院院长唐旭辉研究员和出版社社长、博士生导师冯建教授任副主任，其他部分学院领导参加的编审委员会。在编审委员会的协调、组织下，经过广泛深入的调查研究，制定了我校成人（网络）教育教材建设规划，明确了建设目标，计划用两年时间分期分批建设。其次，为了保证教材的编写质量，在编审委员会的协调下，组织各学院具有丰富成人（网络）教学经验并有教授或副教授职称的教师担任主编，由各书主编组织成立教材编写团队，确定教材编写大纲、实施计划及进行人员分工等，经编审委员会审核每门教材的编写大纲后再编写。

经过多方的努力，本系列规划教材终于与读者见面了。在此之际，我们对各学院领导的大力支持、各位作者的辛勤劳动以及西南财经大学出版社的鼎力相助表示衷心的感谢！在今后教材的使用过程中，我们将听取各方面的意见，不断修订、完善教材，使之发挥更大的作用。

西南财经大学成人（网络）教育学院

2009 年 6 月

前言

市场经济是形象制胜型经济，知识经济是智慧先导型经济。塑造形象、经营智慧都离不开公共关系的积极作用。公共关系活动是公共关系学科理论和基本规律的实际运用。公共关系学是一门运用传播学、经济学、社会学、管理学、心理学、市场学、广告学等现代学科知识，总结现代经营管理和行政管理的经验和技巧而形成的高度综合的现代管理学科。这门学科产生于美国，至今已有近百年历史，于20世纪80年代进入我国。经过近30年的风风雨雨，由于它适应了我国社会主义市场经济发展的需要，获得了长足的发展。

本书着重介绍公共关系的相关理论，从公共关系的主体——社会组织，公共关系的客体——公众及两者之间的联系——传播等方面全面论述公共关系工作的原则规范，对公众进行分析的相关内容以及应注意的传播技术等理论知识。同时由于公关活动需要有关人员进行周密的计划、新奇的构思和精心的策划，所以本书对公关活动的整个过程进行了简要的叙述。当然，公关活动并非套用某种公式或解读某种理论就能取得成功，它是一门创新的艺术和科学，任何模仿和简单重复都会弄巧成拙或收效甚微，开展公关活动必须要富有想象力和创造性。

随着社会组织的运行与发展，社会组织自身不可避免地会面临危机。如何面对危机，作出恰当的反应，以树立良好的组织形象，扩大自身的社会影响，这就涉及公关危机的处理技巧。本书的最后章节较为系统地介绍了如何预防危机，如何应对危机。

如今，在我国普及公关知识、倡导全员公关、提高公关层次、增强企业和行政组织的管理人员的公关意识，已经是十分迫切的事。在这种形势下，公关教育必须跟上时代的步伐。本书专门针对工商管理专业、经济管理相关专业及公共管理专业的学生而编写。

本书既以各种理论为指导，又以有说服力的实例为依据，更以满足“可操作性”的需求为出发点，力求比较全面系统地阐述公共关系的基本理论、方法等。在全书写作过程中，参考和引用了目前已有的教科书和公关专著的研究，我们未能一一注明，仅在书后列举了主要参考文献，对此表示歉意，并向有关作者表示真诚的感谢。本书沿用了王乐夫、廖健民两位教授编著的《公共关系学概论》中的基本体系框架，结合当前我国市场环境与媒体环境的变化下我国公关行业新的发展内容，来具体分析了现代公共关系活动的主体观念。在此也特别向这两位前辈表示深切的谢意。

本书是在原有教材的基础上修改而成。原教材由付晓蓉整体策划，设计框架、总纂，并承担了第一、四、九章的编写工作；徐险峰承担了其中第三、六章的编写工作；甘元霞承担了第五、七、八章的编写工作；谢庆红承担了第二章的编写工作。

尽管我们竭尽全力精心撰写，但由于种种客观原因，书中难免有疏漏和差错，我们诚恳地希望有关专家和广大读者予以批评指正。

编　者

2010 年 4 月于光华园

目 录

第一章　公共关系和公共关系学

本章作为学习公共关系学的入门知识，首先介绍了公共关系的几种典型、权威的概念，并给出我们所界定的公共关系的概念与其本质。然后介绍了公共关系学的研究对象及其学科内容。同时为了更好地诠释公共关系的基本含义，我们介绍了与公共关系相关的概念与学科领域。本章的最后部分，论述了公共关系的学科性，对几种长期存在的模糊认识作了辨析。

第一节　公共关系的定义

“公共关系”一词，源于美国，是从英文 Public Relation 翻译过来的，简称 PR。Public 一词可译作“公共的”、“公开的”，也可译作名词“公众”。Relation 则直译作“关系”。因此，中文表述可称为“公共关系”，也可称为“公众关系”。随着现代科学技术的进步，商品生产与交换的发展，尤其是国际贸易和传播技术的发展，公共关系活动日益成为现代社会的普遍现象，且其社会作用日益明显，由此 20 世纪初产生了专门研究公共关系的公共关系学。正像其他边缘性学科一样，公共关系是一门综合性的应用学科和一种正在发展中的经营管理功能，对其定义的讨论众说纷纭，已构成公共关系学理论研究的一个部分。据不完全统计，公共关系定义的有关陈述共有 1700 多种。而我们认为，科学的定义应该能反映事物的本质属性，任何公共关系的定义则应该反映公共关系现象和活动的本质。

一、公共关系的种种定义

公共关系学是研究公共关系的一门年轻的学科。直到现在，人们对公共关系的认识仍众说不一，这集中表现在人们对公共关系的定义上。国外对它的经典性定义有下述几种。

1978 年在墨西哥城召开的第一次国际公共关系研讨会给公共关系下的定义是：“公共关系是一门艺术和社会科学。它分析发展趋势，预测其结果，为组织领导者提供咨询并实施有计划的行动方案。这种行动方案将服务于该组织和公众的共同利益。”

1980 年出版的《美利坚百科全书》的定义为：“（公共关系）是关于建立一个组织同其既定公众之间相互了解的活动。”

1981 年出版的《不列颠百科全书》的定义是：“公共关系旨在传递有关个人、公司、政府机构或其他组织的信息，并改善公众对其态度的种种政策或行动。”

美国的社会科学家莱克斯·哈罗博士在美国公共关系研究和教育基金会的赞助下，收集了472个定义，征求了83名公共关系机构领导人的意见后，全面地下了一个定义："公共关系是一种特殊的管理功能。它在一个组织及其公众之间建立并保持双向的传播、谅解、接受与合作；它参与处理各种问题和难题；它帮助管理部门及时了解舆论并作出反应；它明确和强调管理部门为公众利益服务的责任；它帮助管理部门随时掌握并有效地利用变化的形势，帮助预测发展趋势，以作为警报系统；它运用研究方法和健全的、正当的传播技能作为其主要工具。"

由美国公共关系权威期刊《公共关系新闻》的创始人 Denny Griswold 给出的公共关系定义是被引用得最多的定义之一。他认为："公共关系是一种管理职能，用以评估公众态度，从公众兴趣的角度出发来决定企业政策和程序，计划并实施行动方案以获取公众的理解与认可。"

美国著名公共关系学者斯各特·卡特里普给公共关系下的定义是："公共关系是这样一种管理功能，它建立并维护一个组织和决定其成败的各类公众之间的互利互惠关系。"卡特里普将公共关系定义为组织的特有的管理活动，其目标是建立组织与各类公众之间的互惠与合作关系。

当代最有影响的公共关系学者之一——美国马里兰大学传播学院教授詹姆斯·格鲁尼格（James E. Gruning），在 *Managing Public Relation* 一书中，对公共关系的定义是："公共关系是一种组织与其公众之间的传播管理。"

以上几个定义各有所长，各有侧重。在公共关系定义上出现众说纷纭的现象，说明作为一门学科的公共关系学本身还不成熟，有待于进一步完善和发展，人们对公共关系本质的认识的统一还需要一个过程。同时我们应该意识到由于公共关系的涉及面广，内容丰富，人们认识角度不同，提出的定义所强调的侧面也各有差异，或强调其功能性，或强调其行动性，但都能表达出公共关系所包含的内容。接下来我们来寻求一种能更准确地表达公共关系基本含义的定义。

二、公共关系的本质

大凡"关系"总是指事物之间的联系。所谓"联系"，是指事物与事物之间和事物内部各要素之间的相互作用。"公共"二字又说明这种"相互作用"的客体（或客观承担者）是社会组织和公众。那么公共关系的本质是什么呢？要揭示公共关系的本质，需要遵循以下思维程序：

（一）分析公共关系活动的基本构成要素

任何一项公共关系活动，都必然有三大基本构成要素：主体——社会组织、客体——公众、联系——传播。任何组织为了实现其目标，获得自身的生存与发展，都必须营造良好的内外关系环境。因此，公共关系是社会组织的一种有目的、有计划的关系协调活动。从本质上讲，公共关系要维系与管理的是社会组织在生产经营和社会活动中，与各类公众之间存在的各种错综复杂的关系。因此，准确地说，公众关系是组织公共关系工作的管理对象，而组织与公众之间的联系只能通过组织的各种传播活动来实现。

（二）分析各构成要素之间的相互作用及其本质联系

在三要素中组织是公共关系活动的发起者，公众是公共关系活动的承受者，二者之间的相互作用方式是传播，而现代公共关系传播强调的是信息的双向交流性，即信息交流的“双向性”是现代公共关系传播的本质属性。而公共关系的本质就是对公众和与之紧密相关的传播活动进行系统的管理。如图 1－1 所示。

图 1－1

（三）考虑这一本质联系在公共关系原理中的渗透性以及在公共关系实务中的指导性

这一点我们可以从对以后的各个章节的学习中去体会和理解。例如，研究公共关系的主体并不是一般的研究社会组织，而是研究组织的传播沟通机能，研究组织控制传播活动的部门和人员；研究公共关系的对象，不是一般的研究社会公众，而是从传播沟通的对象角度来分析公众的特征。总之，“双向传播与沟通”是贯穿整个公共关系的一条基线，是现代公共关系理论的精髓，是公共关系的本质属性。它渗透到公共关系原理和实务的各个方面，是准确理解公共关系的关键。

三、公共关系定义的陈述

基于上述分析，我们给出一个对公共关系的定义：“公共关系是指社会组织与公众之间的双向传播和沟通行为，协调社会组织与各公众之间的利益关系，以求得相互了解、相互合作、实现良好的社会效益和最佳的经济效益的活动过程。”这个定义至少包含以下几层意思：

（一）公共关系是组织的信息传播行为和职能

它是一种组织行为、管理活动，但具体是指一种实施和控制传播沟通活动的组织行为和职能，以此来区别于组织的其他行为和管理活动。它在管理对象、管理内容与管理手段上都有别于其他管理活动。如表 1－1。

表 1－1

	公共关系	其他管理活动
管理目标	组织形象	产品质量、技术水平、资金成本、销售业绩
管理对象与内容	公众关系与公众舆论	有形的人、财、物
管理手段	传播沟通手段	技术的、经济的、行政的手段

（二）公共关系活动是组织与公众之间双向交流的过程

我们在这里强调的是信息交流的双向性。据此可以说明公共关系与同属“组织传播行为”的其他方面如广告、推广、新闻、外交等活动之间的联系与区别：公共关系不是单向的传播行为，而是双向的传播行为，它强调信息的反馈与公众对社会组织的影响。

（三）公共关系状态是传播沟通活动的结果

公共关系活动的成败主要取决于传播沟通的效果。良好的公共关系是有效的、良好的传播活动的结果，而不好的公共关系则往往是传播沟通障碍或失误造成的。所以我们可以将公共关系与有形的产品、资金、人力区别开来，与具体的经济效益区别开来。公共关系虽然需要物质基础，这有助于提高组织的经济效益，但公共关系不是单纯以经济效益来衡量的。公共关系活动的成功，体现于社会组织将社会效益与经济效益有机地结合起来，或者准确地说，成功的公共关系活动是为组织社会效益与经济效益的有机统一，建立或找到一个有效的契合点。

第二节　公共关系的分支概念和相关范畴

要完整地理解“公共关系”这一概念，还需要进一步分析从这一概念延伸出来的一些分支概念及其所涉及的相关理论范畴。这些概念与范畴可以帮助我们从不同层次或不同角度去认识公共关系。

一、公共关系状态、公共关系活动或实务、公共关系观念

“公共关系”这一概念往往可以表示不同层次的含义：它可以表示为一种客观状态，即“公共关系状态”；又可以表示为一种操作实务，即“公共关系活动”；还可以表示一种主观的意识形态，即“公共关系观念”。

（一）公共关系状态

公共关系状态是一个社会组织赖以生存与发展的公众环境的形态和状况。它是社会组织进行公共关系活动的前提条件，也是社会组织公共关系活动实际形成的结果。人类社会的任何组织都处在特定的公众环境中。社会组织在公众环境中的特定形态和状况就是组织的公共关系状态，具体包括与社会组织相关的“关系状态”与“公众舆论状态”两个方面：关系状态指组织机构与其相关公众之间相互交往和共处的情形和状况；公众舆论状态指公众舆论对组织机构的反映和评价的情形和状况。

公共关系状态既是开展公共关系活动的基础，又是公共关系活动的结果。一方面，一个社会组织总是在特定的公共关系状态之中去开始自己的公共关系活动，不能脱离特定的公众背景，必须以现有的关系状态和舆论状态为基础。另一方面，社会组织的公共关系活动又以形成、维持与改变特定的公共关系状态为目标，以影响和改造自己的公众环境为任务，公共关系活动的结果便形成特定的公共关系状态。因此公共关系状态又是与公共关系活动相联系的。

（二）公共关系活动或实务

公共关系活动（实务）即运用传播沟通的方法来协调组织的社会关系，影响组织的公众舆论，塑造组织的良好形象，优化组织的运作环境的一系列公共关系工作的总和。

从一般意义上讲，凡是改善组织公共关系状态的活动都是公共关系活动。但现代公共关系活动已发展成为一系列专业性、规范性较强的传播沟通业务，成为社会组织的一种经营管理实务，包括调查研究咨询、设计制作、活动策划、宣传实务等，需要动用一定的资源，运用专门的媒介和技术，制定专门的目标与计划，由专门的职能机构来实施。我们所研究的"公共关系活动"主要指这种公共关系实务，或者说经营管理工作中的公共关系业务。现代公共关系活动与最初的公关活动的本质区别在于从原有自发的公共关系活动转变为自觉的行为，从无意识的转变为有意识的，从盲目的转变为有计划的，从零散的转变为系统的，从纯经验的转变为科学的关系活动。即现代公关成为一种公共关系意识和理论指导下的，有目的、有计划、有系统的科学行为。公共关系活动是否自觉、是否科学的重要标志就是看有没有自觉的公关意识和科学的公关理论做指导。因此，现代公共关系活动又是和公共关系观念相联系的。

（三）公共关系观念

有效公共关系活动的前提是较强的公共关系观念，它是公共关系实务的灵魂和基础，在整个公共关系系统中处于支配地位。观念是对客观存在的反映，公共关系观念是一种影响和制约着组织的政策和行为的经营观念和管理哲学，它不仅指导着公共关系实务工作的健康发展，而且渗透管理者日常行为的各个方面，成为引导组织行为的一种准则和价值观。它包括形象观念、公众观念、传播观念、协调观念、互惠观念、服务观念等。

（1）形象观念表现为组织在决策和行动中高度重视自身的声誉和形象，自觉地进行形象投资、形象管理、形象塑造，将树立和维护良好的组织形象作为重要的战略目标。

（2）公众观念表现为组织重视公众的利益，将公众的意愿作为其决策和行动的依据，将满足公众的要求作为重要的经营方针和管理政策。

（3）传播观念表现为组织具有强烈的传播欲望，自觉地利用一切传播的机会去影响公众、引导公众和争取公众，并善于运用双向沟通的方法去赢得理解、信任与好感。

（4）协调观念表现为组织善于调节、平衡和统一各种不同的关系、不同的利益、不同的要素，懂得"兼顾"、"统筹"、"缓冲"和必要的"调和"、"折中"的意义和价值，努力在矛盾中求平衡、求和谐。

（5）互惠观念表现为组织在交往与合作中，将平等互利作为处理各种关系的行为准则，将自身的发展与对方的发展联系起来，通过协助对方来争取双方的共同利益。

（6）服务观念表现为组织对他人、对社会的一种奉献精神，使自己的存在和努力给公众带来满意和方便，用服务去赢得好感和信誉。

不仅专业的公共关系人员必须具备这些公共关系观念，而且任何管理者都不应缺少。用这些公共关系观念来指导实践便形成一种行为规范和准则，将这些观念系统化、理论化便构成现代的公共关系理论。

二、组织、公众、传播

（一）组织——公共关系的主体

从广义上讲，组织是一种由人组成的、具有明确目标和系统性结构的实体。任何组织要想实现其目标，获得自身的生存与发展，都必须营造良好的内外关系环境。所以，组织是公共关系活动的主体，即公共关系的承担者、实施者、行为者。组织作为公共关系的主体，必须在统一的战略思想指导下，通过各项管理职能的系统运作，使企业内外资源得到充分合理的配置，使组织不断适应内外环境的变化和要求，谋取持续发展。因此，组织需要把自身的公共关系行为和公共关系机制通过一定的、可控制的职能系统体现出来，使公共关系按照组织的总体目标和需要发挥作用。

公共关系主要将组织作为传播主体来进行研究。任何组织都是一个传播的主体，具有传播的功能。一方面从传播主体的角度看，公共关系是一种有目的、有计划、受控制的过程，组织要管理或控制自己的公共关系状态和活动，必须建立一定的管理和控制系统，形成相应的公共关系职能和工作机制，配置必要的职能机构和人员；另一方面从公共关系的角度研究组织，主要把它作为公共关系行为的主体，研究它的公共关系功能，研究实施和控制这种功能的组织因素，包括公共关系机构和公共关系人员。

同时在对公关主体的认识上，我们要看到公关主体的相对性，也就是在认识公关主体与社会环境之间的关系时，充分认识到组织之间的人性或包容关系，这有利于组织以更广阔的视野来树立自己的形象观念，合理安排组织的形象定位。公关主体不仅在空间上有相对性，在时间上也有相对性。比如此时还是一个小企业，几年之后就可能成为跨国公司了。这就要求公关主体充分看清自身发展变化，以便组织在形象设计、形象定位时注意考虑这些相对性。

（二）公众——公共关系的客体

公众是公共关系传播沟通的对象。从本质上说，公共关系要维系和管理的是组织在其经营与社会活动中，与各类公众之间存在的错综复杂的关系。公众关系是由组织运行过程涉及的所有个人关系、群体关系、组织关系所共同构成的，这些个人、群体和组织构成了组织的公众环境，组织的公共关系工作便是针对这个公众环境进行的。

公共关系的过程是组织与公众之间经过传播沟通活动相互影响、相互制约的过程。公众总是与特定的公共关系主体相关，与某一组织的公共关系传播行为相关。公众的态度和行为会影响到该组织的目标、决策和行动；相反，组织的目标、决策和行动也会影响公众的态度和行为。这种相互影响和相互作用具有一定的社会意义。

公众是任何公共关系活动不可缺少的一个方面。所以，任何组织在计划和实施自己的公共关系工作时，都必须首先确定公众对象，分析研究自己的公众对象，根据公众对象的特点去制订公共关系工作的目标和计划，随着公众对象的变化去调整自己的公共关系政策和行为。

同时，公众作为公共关系的对象、客体，并不是完全被动的，也不是随意受摆布的。各类公众对象都是有意志、有愿望、有行动的活动群体，会主动地采取行动来表达自己的意志和要求，主动地对公共关系主体的政策、行为作出相应的反应，从而对公共关系主体形成舆论压力。因此，公众的观点、意见、态度和行为以及公众舆论在公共关系过程中是不断运动、变化的因素。

（三）传播——公共关系的过程和方式

公共关系的本质就是对公众和与之紧密相关的传播活动进行系统的管理。它是一项综合性的职能管理活动，其专业特征是传播沟通管理。具体地说，公共关系活动的过程，就是运用各种传播媒介和沟通手段，在组织与公众之间建立有效的双向联系和交流，促成相互间的了解、共识、好感与合作的过程。运用现代信息社会的各种传播沟通手段去建立和完善组织与公众之间的关系，就是公共关系活动的实质性内容。

与其他管理职能相比，公共关系管理是以信息传播沟通为主要手段，来达到维持、建立组织与其公众之间相互信任的关系的目标。所以 Communication（传播沟通）既是公共关系的方式，也是公共关系的过程，这是我们反复陈述和强调的观点。组织与公众联结的方式、公共关系运行机制就是传播沟通。公共关系作为一种管理职能和经营艺术，其特点就是运用传播沟通手段去影响公众，树立形象。离开了“传播沟通”这一要素就无法界定公共关系。例如：了解公众的看法并促使公众认知、理解、认可、支持组织，必须依靠科学有效的传播；组织的种种良好行为要转化为组织的知名度和美誉度，也必须依靠科学有效的传播；组织形象的管理，更是要求有系统、科学的传播战略来配合。另外在舆论冲突管理、危机公共关系管理、风险传播等重要的公共关系战略领域都有突出的传播沟通的色彩。从某种角度来讲，公共关系功能的有效发挥，很大程度上取决于是否能够科学、专业、娴熟地运用传播沟通手段来开展各项工作。

三、关系、舆论、形象

在公共关系理论和实务分析中常常涉及的另一组概念则是“关系”、“舆论”和“形象”。分析这些概念的内涵可以进一步加深对公共关系这一核心概念的理解。

（一）关系

“关系”即联系的意思，它在公共关系中主要是指组织与公众之间相处和交往的行为和状态，简单地说就是组织与公众之间的联系。这种联系的程度和状况是衡量公共关系状态的客观标志。

“公共关系”不是泛指“任何”或“所有”的社会关系。任何组织与社会之间必然同时存在着各种不同性质的社会关系，如经济关系、政治关系、文化关系、行政关系、法律关系等。公共关系并不同于这些具体的社会关系，它并不是包罗万象的，不能替代其他具体的社会关系。公共关系作为人类社会关系中的一种特殊形态，有两个主要特征：一是特指组织与公众之间的联系；二是特指信息交流的关系。它强调的关系是，由社会组织发起并且是为了实现组织的特定战略目标而采取传播沟通活动，由此形成的组织与公众之间传播关系就是“公共关系”。总之，公共关系是一门研究“关系"的学问，是一种改善"关系"的艺术，但特指的是"组织与公众之间的传播沟通关系"。

（二）舆论

"舆论"是指社会公众对社会组织的政策、行为、人员或产品所形成的意见、看法、评价的总和，即大多数人对社会组织的看法和意见的公开表达。意见是个体对某一行为的造就，而舆论则更多体现了社会主体的态度倾向。当某种意见成为组织自身环境的主体态度倾向时，组织的言论与行为就必须考虑是否要与这种倾向相一致。如果组织和这种主体倾向相一致时，组织的意见很容易被持有相近观点的公众所接受；反之，则可能引起激烈的冲突、抵制甚至对抗。这种公众评价的程度和状况同样是衡量公共关系状态的客观标志。这种舆论反映和评价的程度和状况，是反映社会组织的公众环境中无形的方面。

公众舆论与公众关系形态是等同的，它是无形的公众关系。因为人的意见、态度直接影响着人的行为，相互之间的行为就是关系。良好的评价相应带来良好的行为、良好的关系，不利的评价则导致不利的行为和不利的关系。同时，在公共关系中，组织与公众之间的关系往往是大范围的，包括许多远距离的、不见面的关系，因此公共关系的水平和状态往往通过公众舆论表示出来。因此，从一定意义上说，"公众舆论"和"公众关系"是等价的，是同一事物或现象的不同说法和表述。公共关系学不仅研究"关系"，也研究"舆论"；公共关系活动的功能不仅在于协调和改善关系，而且还在于影响和完善舆论。

由于舆论是大多数人意见的公开表达，根据其公开表达的途径的不同，我们所研究的舆论应有两个层次：一是"人际舆论"，它是通过人际传播、社会传言而形成的"口碑"或"口头舆论"；二是"大众舆论"，它是由大众传播媒介形成的公众舆论、热点舆论。控制和影响"人际舆论"是较为困难的。"人际舆论"会涉及公众的心理，诸如从众、流言等。

总之，对舆论的研究涉及公共关系的状态、对象、结果和实务。公共关系学很大程度上是一门研究如何了解和影响公众舆论的学问。

（三）形象

"形象"指的是社会组织的总体特征和实际表现在社会公众中的反映或投影，即组织在社会公众中获得的总体评价。一个组织的社会形象体现了它的社会关系状态和社会舆论状态的总和。公共关系工作是围绕着塑造公众形象这个主题进行的：运用各种传播沟通手段协调关系、影响舆论，为组织树立形象、维护形象、调整形象、控制形象、纠正形象、优化形象等。追求良好的组织形象是公共关系活动的目标，公共关系是一种以塑造组织形象为己任的传播管理艺术。

公共关系借用"形象"一词不局限于个别的、具体的、直观的范畴。第一，公共关系塑造的是组织的整体形象，而不仅仅限定在具体的产品形象或人员形象上。公共关系强调各种形象要素之间的整体联系和整体效果。即使是对于个别的形象要素，如产品形象，也要从它对组织整体形象的影响效果来考虑。不能配合整体形象塑造的个别形象投资，从公关角度来看甚至是一种浪费。第二，公共关系首先要求完善组织形象的内涵，其次才建构组织形象的外观。内在形象要素是公关形象的客观基础，如产品质量、人员素质、企业精神、经营作风、服务态度等。确立这些要素在公众心目中的形象，是塑造组织公关形象的首要任务。第三，公共关系形象是通过组织的传播活动去影响公众的观念和态度而形成的，这种传播活动虽然也借用各种直观设计的方法和视觉渠道的效果，但不是单纯靠感官的刺激，而要靠理性的说服、思想的沟通、情感的交流去影响人心。

四、公共关系涵义的核心概念

我们将上述三组概念和范畴综合起来，便构成了“公共关系”的完整涵义，而其中“双向传播与沟通”则是最基本的核心概念。其原因在于：

第一，它是现代公共关系思想和理论的精髓。自从美国著名的公关学者卡特利普和森特提出“双向对称的公关模式”以来，“双向传播沟通”便成为现代公共关系思想的标志，现代大量的公关理论与著述均以它为基础。

第二，它体现了公共关系活动的本质内容。社会组织的各种公共关系活动，都是以双向传播沟通作为其核心部分。如公关的事件营销、社会责任形象（CRS）、公关促销活动等，其本质都在于向社会公众传递组织良好形象，其活动的基本内涵都是如何实现良好的双向传播与沟通，这使公关成为了组织行为和经营管理职能的一个独特的职能活动。

第三，它是维持或改变公共关系状态的基本方法和机制。社会组织运用传播沟通的方法去改造公众环境，进而形成、维持、控制、改变或优化自己的公共关系状态。一个组织的公众关系和舆论状况的发生与变化，都是它的传播沟通行为的产物，是与传播沟通活动相伴随的客观现象或成果。公共关系状态是传播沟通机制发生作用的结果。

第四，它是联结社会组织与公众的核心纽带。组织与公众之间产生公共关系的现象和行为，是由相互之间的传播沟通所形成的。“公共关系”描述的就是这种特定的传播沟通关系，而不是其他性质的关系。

第五，它是塑造组织形象的过程。组织塑造自身公众形象的过程，就是运用传播沟通手段协调公众关系、影响公众舆论的过程，就是通过信息传播渠道，将组织形象投影在公众心目中的过程。运用双向传播沟通的方法来塑造组织形象，是公共关系与其他塑造形象的活动之间的根本区别。

可见，“传播沟通”是贯穿公共关系理论和实务的一条基线，是公共关系概念的本质。它贯穿于上述三组概念之中，反映了公共关系活动与理论最本质的内涵。

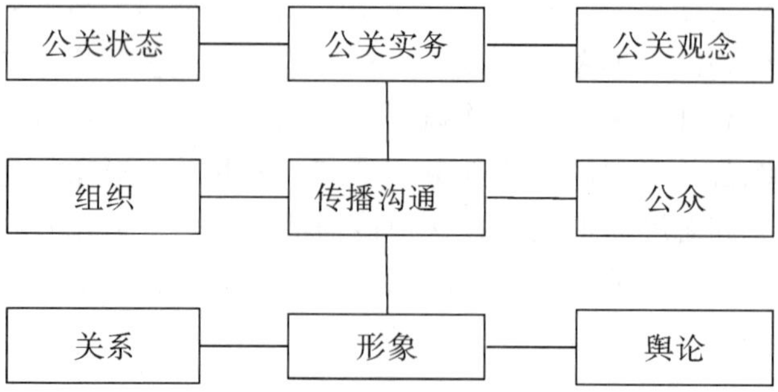

图 1－2

来源：王乐夫，廖为健. 公共关系学概论. 北京：高等教育出版社，1993：29.

五、相关的学科概念和实践范畴

分析了公共关系的基本涵义，我们来分析、研究公共关系与人际关系、宣传、广告和市场营销等相关学科概念与实践活动的联系与区别。在目前的情况下，澄清一下人们对公共关系与一些相关学科概念的模糊认识，不但可以在理论上加深我们对公共关系活动特征的认识，而且对公共关系实践活动也具有现实意义。

（一）与公共关系相关的两个“关系”概念

1. 人际关系

“人际关系”这一概念属于社会心理学范畴，主要指个人在社会交往实践中形成的人与人之间的相互作用和相互影响，即从个体关系的角度概括人的各种社会关系。其涵盖面包括个人在生活、生产及其他社会活动中形成的一切人与人之间的关系。

（1）公共关系与人际关系的联系

从内容上看，公共关系包括了部分人际关系。组织的公关活动包括了组织中的个人与公众对象之间的关系，公众对象中也存在着许多个体的对象。因此组织与公众的关系也经常表现为个人与个人的关系，即代表组织的个人与公众群体中的个人之间的相互关系。从方法上看，公共关系实务也包括了人际沟通的技巧，即面对面的情感交流和说服技巧。公关人员需要具备较强的人际沟通能力，具有良好的交际素质与涵养。

（2）公共关系与人际关系的区别

其一，关系的行为主体不同。公共关系的行为主体是组织，人际关系的行为主体仅是个人。在公共关系活动中，个人亦是以组织的身份与公众交往的，是组织的化身与代表。

其二，关系的客体不同。公共关系的对象是与组织相关的所有公众及其舆论，而人际关系则包含许多与组织无关的私人关系。

其三，关系的性质不同。公共关系是一种组织的管理活动与职能，人际关系活动中主要靠个人的交际技巧和能力。

其四，关系的联系方式不同。公共关系十分强调运用公众传播和大众传播的方式作远距离、大范围的公众沟通，人际关系则比较局限于面对面、个体对个体的交流方式。

2. 人群关系

“人群关系”这一概念属于组织行为学的范畴，主要指群体内部活动和组织管理过程中人与人、人与群体的关系。即从管理的角度，研究群体内部人的需要、动机、态度、行为及相互关系对组织效率、群体活力的作用和影响。

（1）公共关系与人群关系的联系

人群关系主要是指组织内部的人际关系，而良好的内部关系是公共关系的基础，与内部公众沟通、协调内部关系也是公共关系实务的重要内容。同时，公共关系也需借助人群关系的相关理论和方法来分析公众的心理和行为。

（2）公共关系与人群关系的区别

其一，公共关系的外延比人群关系更为广泛。公共关系并不局限于组织和群体内部的传播沟通，还包括大量的外部关系，要面对更为复杂的社会公众环境。

其二，公共关系的沟通渠道比群体关系更加多样化。公共关系并不局限于管理现场直接面对的群体关系和个人关系，还需要特别关注不直接见面的、远距离的公众沟通，并十分重视公众环境的长远变化和发展趋势。

其三，两种关系研究与管理的视角也存在差异。人群关系更侧重于从心理学、人的动机与需求等方面入手对其关系进行梳理；而公共关系则更强调从信息传播沟通的角度来研究关系。

可见，虽然公共关系和人群关系同属组织管理范畴，但它比人群关系的内容更复杂，范围更广泛。从某种意义上说，人群关系论是人际关系学在组织管理中的应用；公共关系学又是人群关系论的进一步发展，将人际关系的管理从组织内部扩大到组织外部。这三种“关系学”之间有一定的联系，也有明确的区别，不可混淆。

（二）与公共关系相关的若干实践范畴

由于公共关系的实践功能在不断发展，而且公关实务也不断地吸纳有关的传播技术和方式。因此，它常涉及一些实践范畴，需要我们弄清楚它们与公共关系之间的关系。

1. 交际

交际是指人与人面对面的直接交往，借助于个人媒介进行的相互沟通，即“人际沟通”，它是公共关系的传播方式之一。但它不是公共关系的主要手段，更不是唯一手段。实际上，由于公共关系工作面对着各种类型的社会公众，同时往往是远距离、大范围的沟通，仅仅用交际手段是难以处理的，必须借助于各种公众传播与大众传播手段。交际仅仅是公共关系传播沟通手段中的其中之一，绝不能等同于公共关系。

2. 宣传

宣传（Propaganda）一词是由罗马教皇葛利高里十三世（1572—1585 年）首次使用的。当时为了正统宗教的宣传与普及，他设立了一个“传播委员会”在各国主持宗教座谈会来宣传教义。“宣传”一词的创造最初就带有了普及一种思想要人接受的含义。到了后来，这个词却被滥用了，特别是在第二次世界大战期间被纳粹滥用之后，这一词语就常带有贬义，成为谎言和一面之词的同义语，因而为人所反感。在西方资本主义国家，从事公关工作的人是不使用它的。但在社会主义国家中，宣传仍然意味着一种学说、一种思想观念的传播和普及，它是政治活动、经济活动的组成部分，从政治运动、思想工作到产品推销等所进行的传播活动都统称为宣传。可见，宣传在不同的国家有着不同的涵义。简言之，宣传是一种单向的心理诱导、行为影响和舆论控制方式。

公共关系和宣传活动在一些具体的工作方式和内容上有共同或相似、交叉之处。从根本上讲，它们都是信息传播活动。从活动形式、使用的工具看，它们都需要运用新闻媒介开展新闻报道，印发一些带有宣传性的简报、杂志或小册子，通过演讲等方式影响公众对象。但公共关系与宣传是有根本区别的，主要表现为：

首先，公共关系和宣传在工作内容上不同。公共关系的内容要比宣传广阔得多，如它要监察环境，提供预测，协助决策，评估组织机构的形象，开展各种公关活动，进行包括政治、经济、科技、文化等内容的宣传。

其次，使用的技术手段不同。宣传主要注重的是写作技巧、编辑技巧等。而公共关系虽也重视传播艺术，但它更注重调查、预测、反馈、定量分析等技术手段的运用。公共关系的技术手段比宣传更为科学化。

再次，对事实的传播报道不同。宣传的事实服从于其目的的需要，它更多的是作单方面的报道，为一己之私所进行的宣传更是常常以虚张声势的方法来煽动别人，隐瞒某些真相来欺瞒愚弄盲从的公众。而公共关系决不允许这样做，它的宣传报道是建立在事实的基础之上，既报喜又报忧，既不文过饰非，也不无中生有，对自身的过失敢于正视，从不掩盖，并主动向公众作出解释和说明，它的报道必须是双面的。

最后，传播方式和传播关系不同。宣传的传播方式是我宣传，你接受，以上对下，或以传播者为中心，以强调传播主体对传播客体的影响为特征，经常是一厢情愿，带有强制性单向灌输的性质。而公共关系强调的是双向交流相互理解，是一种平等的信息交流关系。

3. 广告

广告是一种“付费传播”，即广告主要是花钱购买传播媒体的使用权，利用它对公众进行自我宣传，主观性强。公关和广告从总体上看有一些共同的特点，其最主要表现为“CCS”（Creative Business，Communication Business，Salesmanship），即他们都是一种创造性的工作，如都要研究传播艺术，本质上都是信息传播工作，也都要推销某种东西（如观念或商品、或服务等）。公共关系工作确实需要做广告，但广告只是公共关系众多手段中的一种，广告包含不了公关丰富的内容。公关并不等于广告，它们之间是有一些原则区别的：

第一，传播目标不同。一般来说，广告是以直接的推销产品或劳务为其目标的，而公共关系活动则是以树立形象、增进好感为目标的。当广告被设计用来影响特定公众对广告的态度和行为时，它便是一种公关活动而已，不属于市场交换关系的活动。

第二，传播手法不同。广告为了在很短的时间内引人注目，引起受众购买的兴趣，促使受众产生购买行为，允许采用各种奇特的想象，各种艺术夸张的手法来达到其目的。公开自我宣扬是这种传播显而易见的特点。而公共关系决不允许这样做。公共关系的传播原则是以事实为依据，用事实来说话，传播艺术手法上尽量诚挚朴素，不自我标榜，更多地采用让第三者说话，或让记者代言的形式来达到其传播目的。其传播手法常是隐蔽的，使人难以直接觉察到公关的目的。

第三，传播周期不同。广告传播的周期一般较短，短的几天或半月，长得一般也只需半年或一年。公关活动短的一般也要几个月，较长的三年、五年，更长的甚至是十几年。

第四，与传播媒介的关系不同。广告都是由客户付钱，特别是西方的传播媒介，广告是其主要的经济来源之一，大部分媒介都是以广告来作为其维持生存的条件。大众传播媒介依赖于广告，只要不违背法规，广告的传播决定权就在客户。公关活动则不相同，除了小部分公关广告之外，大部分的传播如新闻稿、企业的经济及技术介绍材料，是否能被传播，怎样传播，其最终的决定权是掌握在媒介手中，公关工作有赖于媒介的支持，必须尽量维持好与媒介的关系。

第五，传播效果的不同。相对来说，广告的效果一般是较直接可见的，较具体单一的，局部短期的。公共关系效果一般是较间接的，一时不易觉察的，不易计算的，是较稳定的、复杂的、整体的，具有长期的效果。

第六，在组织机构中所处的地位不同。广告在企事业单位里属于劳务或商品营销推广的范畴，主要是为具体产品、劳务服务的，它是实现企事业单位战略目标的一种工具。它的成败大都不会直接构成对整个企业的决定性的威胁。而公共关系则不一样，它是属于决策层的职能，是战略性的工作。它的成败直接影响整个企业的全局，对整个企业的生存、发展起着决定性的作用。由于公共关系和广告是属于同一机构的不同层次的传播活动，因此，在同一机构里公共关系一般可以从全局出发，从战备的角度来指导、确定广告业务，运用公共关系的基本观念、原理和技术来参与广告决策的整个过程，如帮助确定广告主题、对象、传播方式和方法等。

4. 营销

营销是企业以等价交换为特征的市场推销和交易活动，即通过提供某种产品来满足顾客的需求，以换取某种对企业有价值的东西。从营销的角度看，公共关系也是一种促销手段。但是由于公共关系在各非商业性机构的运用，公关不等于市场营销这一事实已逐渐为人们所认识。

从企业管理的角度来看，企业良好的公共关系的建立，往往可为市场营销的努力铺平道路；反过来，成功的市场营销，对顾客需求的满足，也使得一个企业与其公众之间的良好关系变得易于建立和维持，企业良好的公共关系也有赖于良好的市场营销活动的支持。从这一点来看，这两种管理职能之间相互交叉，相互关联，是一种互动的关系。

但在企业管理中，公共关系和市场营销毕竟是两种不同的管理职能。在企业管理中，公共关系活动更不是市场促销活动所能包含的，市场促销活动只是公关在企业市场营销活动中应用的一个领域。公关的介入，使促销观念发生巨大的变化，它把促销活动从仅仅是卖方向顾客提供商品信息，进行宣传劝说的活动，扩大到监察整个社会发展趋势、社会舆论，让社会大众了解企业的方针、政策及发展前景，建立起企业与社会公众的良好关系，把促销活动纳入适应企业生存和发展的最优形象的目标之中，使企业的市场运营活动更加注重自己的声誉与形象。

从市场竞争角度来看，市场营销更主要的是推出一种具体产品参与市场竞争；而公共关系则更强调的是以整个企业，或以企业形象为单位的竞争。这是由企业适应社会竞争需要发展起来的、更高层次的竞争。在其活动中市场营销更强调的是“物”；公共关系更关心的是“心”，更注重的是公众的态度、社会的舆论和社会各界的评价。所以，公共关系本身虽然也是一种满足需求的交换、交流活动，但满足的是互相了解、理解、信任的需求，交流的是信息、观念、情感等。

市场营销旨在使一个组织与某个特殊种类的公众之间产生一种交易活动。这类特殊公众指的是产品或劳务的消费者。市场营销与消费者之间产生的是对等物的相互活动。公共关系处理的是与组织有关的更大、更广泛的多类公众问题。它与各类公众之间产生的是一种相互影响的信息交流活动。

5. 新闻代理

新闻代理是指通过传播媒介进行报刊宣传，以吸引公众注意力和建立知名度的一种公共关系宣传活动。早期的公共关系是从新闻代理活动中延伸出来的。当今的公关人员在从事宣传活动时也常常运用新闻代理的手法，如聘请新闻顾问或媒介代理人，策划新闻事件，争取新闻报道的机会。但现代公共关系双向传播的思想与早期单一新闻代理的做法已产生本质的区别，公共关系活动实务中除了新闻代理之外还有许多新的活动内容，而且这些内容整合统一，最终实现公共关系活动的战略目标——塑造组织良好的社会形象。这种新闻媒介关系虽然是一种重要的公共关系，但不是唯一的关系。

6. 问题管理

公共关系领域中的“问题管理（Issue Management）”一词是美国的公共关系咨询专家 W. Howard Chase 于 1976 年首先使用的。他给问题管理下的定义是：问题管理是综合发挥并有机协调所有战略和策略计划职能，以及公共关系技能，以取得一个目标的实现即制定影响个人和机构命运的公众策略。所以公共关系问题管理主要指公共关系人员对正在出现的问题以及这种问题对组织的潜在影响进行分析、预测并施加影响，帮助组织制定应变的对策和措施。也就是说公共关系必须帮助组织预测社会经济、政治、环境等方面的问题，应付环境变化对组织及其公众造成的潜在影响问题，提高组织的社会适应力和应变力。

问题管理是具有全面性、战略性的一项管理工作。公关对企业管理的价值不仅仅表现在对危机的应付上，更重要的是，公共关系还参与企业战略问题管理。在公共关系领域，也有人认为，“问题管理”的别名是“声誉管理”，即为组织维持竞争优势、降低风险、创造机会和管理企业形象。所以，问题管理是公关的战略领域，公共关系在问题管理方面的参与程度和作用大小，集中反映了公共关系“管理咨询”职能发挥的程度。

第三节 公共关系学的研究对象与内容

公共关系学的学科史虽不长，但发展很快。它是随着公共关系职业的兴起，为适应公共关系实践活动不断深化的需要，在对公共关系研究的基础上逐步发展起来的。最早的公共关系研究应是1906年艾维·李发表的《原则宣言》。1923年伯尼斯出版的《公众舆论的形成》标志着公共关系学科研究的开始。20世纪30年代以来美国大学中公共关系教育的兴起，各种公关研究刊物、专著的出版，推动了学科研究的迅速发展。1947年波士顿大学公共关系专业的设置，表明公共关系学科的形成。20世纪50年代以来，公共关系教育在全世界的普遍开展，数以千计的公共关系著作的出版，反映了公共关系学这一新生学科越来越强的生命力，反映了这一学科正在自我完善中从初级阶段走向成熟。

公共关系是一门什么学科？它的研究对象是什么？公共关系学的内容主要包括哪些方面？在具体学习相关理论和实务之前，首先需要对此有个大致的了解，以便对这门学科形成一个大致的、整体的印象。

一、公共关系学的研究对象

公共关系学是研究社会组织与公众之间传播沟通的行为、规律和方法的一门综合性学科。也就是说，公共关系学的研究对象就是“组织与公众之间的传播沟通”这一公共关系的现象和活动。对于这一研究对象，我们可以从下述三方面来加以理解：

（一）“公共关系”的关系性质

公共关系特指组织与公众之间的传播沟通关系，即组织与公众之间的信息交流关系。如前所述，任何组织与社会环境之间必然同时存在着各种不同性质的社会关系，这些关系是相应的社会行为的产物，如政治行为产生政治关系，经济行为产生经济关系，文化行为产生文化关系等。而传播行为则形成传播关系，即社会组织通过传播沟通活动去建立组织与公众之间双向的信息交流，促进相互间的了解、认同，达成相互间的共识、理解与信任。这种关系是组织的传播沟通行为的产物。我们理解公共关系的时候，不应将它与其他性质的社会关系等同起来，它只是渗透在其他社会关系中的一种信息传播与沟通的关系。

同时，公共关系虽不同于其他具体的社会关系，但又渗透其中，与组织的各种具体关系相伴随。无论是组织的经济活动、政治活动还是文化活动等，都存在着与公众和社会环境之间进行沟通的问题，都需要争取公众和舆论的支持，都有赖于良好的公共关系去达成某种目的。因此，无论是何种类型的组织或何种性质的活动，都存在公共关系的问题。

（二）“公共关系”的职能性质

公共关系的职能是以优化公众环境、树立组织形象为任务的一种传播沟通职能，即运用各种传播、沟通手段去影响公众的观点、态度和行为，争取公众舆论的理解和支持，为组织的生存和发展创造良好的社会环境。它与组织的其他管理职能是有区别的，它是一种独特的管理领域。这个管理领域反映了现代信息社会中管理学发展的一个趋势：日益重视信息资源、形象资产和传播技术。因此，公共关系与资金、技术、人才并列，被称为现代组织经营管理的“四大支柱”。

（三）“公共关系”的学科性质

首先，公共关系学是一门社会应用学科，无论是从公共关系学的研究对象和内容，还是从公共关系的从业人员必须担负的基本工作性质来说，它均是一门应用性很强的学科。公共关系在实际工作中的应用具有高度的技巧性。与许多社会科学一样，公共关系体现了科学性与艺术性的完美结合。它总结了公共关系活动的基本规律，为人们解决公共关系问题提供了可以借鉴的基本原则、方法和手段。但是，面对具体的公共关系问题，如转变公众的态度、危机问题的解决和公共关系策划等工作，则要求公共关系人员结合其丰富的实践经验，具体问题具体分析，灵活运用公共关系的基本原则和方法，充分发挥想象力和创造力，富有成效地达到公共关系目标。与其他学科相比，公共关系的艺术性和技巧性更为突出。美国公共关系学会教育委员会对从事公关的专业人员提出了八项基本工作要求，即写作、编撰、散布、执行活动计划、演讲、制作、计划和宣传，这些都是应用性的。而且，公共关系应用的范围非常广泛。现代社会里，任何一个组织都处在错综复杂的社会关系网络之中，为了维持组织的平稳发展，必须与组织内外的各类公众建立密切而良好的关系。因此，公共关系学的原理与实务可以运用于一切社会组织的事务之中。它是一门应用性极强的学科。

其次，公共关系学是一门综合性的边缘性学科，它涉及的学科十分广泛，历史唯物论、社会学、逻辑学、新闻学、传播学、管理学、舆论学、广告学、市场学、经济学等基础学科和应用性学科都与公共关系学有密切的联系。正因为如此，关于公共关系学的学科归属问题，就像公共关系的定义一样，人们至今还没有取得完全一致的意见。目前国内外较流行的观点有三种：①公共关系学具有管理的职能，公共关系属管理学范畴，因此，公共关系学是管理学的一部分；②公共关系是一种社会关系，本质上是一种社会组织的行为，因而，公共关系学是社会学或组织行为学的分支学科；③公共关系是一种传播活动，它遵循传播规律，所以，公共关系学是传播学的一个应用领域。很显然，这三种观点各有其侧重点，分别强调了公共关系的管理职能、主体行为和传播手段这三方面，都有一定的合理性。而且由于公共关系的管理职能、主体行为和传播手段之间有必然的联系，因此，这三种观点本身也是统一的。这种统一性实际上也揭示了这样一个道理：不能简单地把公共关系学归属于某一学科，公共关系也不属于单纯某一门学科的范畴。公共关系横跨许多学科的研究领域，这些学科都可以而且应该从各自学科的角度对公共关系现象和规律进行研究。正因为如此，除了公共关系学之外，任何学科都不可能对公共关系进行全面的研究，所以，以公共关系为研究对象的公共关系学就必定是一门具有应用性、交叉性和边缘性的独立学科。

二、公共关系学的基本内容

公共关系学的研究内容不是泛指一切传播沟通现象，而是特指组织与公众之间的传播沟通问题。其基本内容包括以下几方面：

（一）公共关系的概念

这部分内容介绍公共关系学中最基本的概念和主要的范畴，以及这些概念和范畴之间的关系所反映出来的本质。首先从概念和定义上回答“公共关系是什么”。综合性学科在概念的界定方面往往会面临着一些困难：核心概念和学科界限不清晰。关于“公共关系”的定义也是这样，存在着众说纷纭的表述。我们通过国内外有代表性的定义，找出共同点，抓住最本质的要点，作为理解公共关系的基准线；然后讨论“公共关系”内涵中的若干分支概念和实践范畴，在相关性概念范畴的比较中进一步界定“公共关系”概念的准确涵义。

（二）公共关系的发展与演进

这部分内容介绍现代公共关系形成和发展的历史概况，公共关系产生的社会历史条件，从历史的角度揭示“公共关系是怎么产生的”。学习一门学科必须了解它自身形成和发展的历史。通过介绍公共关系的起源和发展的历史，了解公共关系作为一门职业和学科是如何形成的，以及它在国外和国内的现状；通过介绍公共关系产生和发展的文化条件、政治条件、经济条件和技术条件，认识公共关系赖以存在的社会因素和公共关系的历史必然性，并结合中国国情理解公共关系在我国发展的特殊性。

（三）公共关系的行为主体——社会组织

这部分内容介绍公共关系的主体——公共关系组织和公共关系人员，以及公共关系主体的主要功能，从主体的角度了解“公共关系由谁来做，有什么作用”的问题。

这部分内容属于传播主体和功能的分析。通过介绍公共关系的信息功能、咨询功能、宣传功能、协调功能和服务功能，全面了解公共关系在组织经营管理中发挥的作用，通过介绍公共关系的职能部门、公关公司、公关社团组织及公共关系人员，了解公共关系行为主体的结构、特征、业务、素质等问题。

（四）公共关系的对象——公众

这部分内容介绍公共关系的传播对象，研究公众的涵义及分类，分析目标公众的特点和意义，探讨公众对象的心理及行为，从客体的角度了解“公共关系对谁做”的问题。

这部分内容对应于传播学的受众分析。通过介绍“公众”概念及其分类方法，了解公共关系传播对象的总体特征；通过探讨公众的心理和行为特征，了解制约公关传播的方针、政策、措施和效果的心理及行为深层次因素；通过介绍主要的目标对象，具体了解公众对象的特点和沟通的意义。

（五）公共关系的管理过程

这部分内容介绍公共关系工作的四个基本步骤，了解公共关系作为一种管理活动的基本程序，从整体的、系统的和纵向的角度去把握“公共关系如何进行”的问题。

公共关系学以动态的传播沟通过程为研究对象，需要从宏观管理的角度去了解公共关系工作的基本模式。通过介绍“公关调查”、“公关策划”、“公关实施”、“公关评价”等步骤，完整地了解公共关系的整个过程，将公共关系作为一种科学的、规范的、系统的管理活动来认识。

（六）公共关系的媒介——传播

这部分内容介绍公共关系常用的传播媒介和沟通方法，从技术的、操作的角度了解“公共关系用什么手段来进行”的问题。

公共关系学主要是一门操作性、应用性的学科，因此必须学习和掌握各种有效的信息传播与沟通手段。通过介绍各种语言沟通的方式、印刷文字媒介、图像标识媒介以及非语言传播手段，学习和掌握公共关系的基本工具和技术手段。

（七）公共关系活动实务

这部分内容介绍公共关系日常业务的主要内容和公共关系专门业务的主要种类，从实际工作业务的角度去了解“公共关系工作主要做什么”。

（八）危机公共关系

这部分内容介绍社会组织的危机管理、危机公共关系常见的三种类型及其相应策略以及处理公关危机的几大原则。

本章思考题：

1. 公共关系的核心概念是什么？
2. 公共关系与人际关系、人群关系的本质区别是什么？
3. “公共关系是一种最基本的促销手段”，对于这一说法你的观点是什么？
4. 公共关系学的研究对象是什么？

第二章　公共关系的起源和发展

公共关系作为一种客观存在着的社会现象虽然带有明显的现代社会文明的“印记”，但是它与人类社会中商品、货币关系一样，也有一个从萌芽到成熟，从低级到高级的发展、演变过程。“了解过去是明了现在及未来的基本条件”，本章试图通过对公共关系发展历程的探讨，向人们展示公共关系发展的历史轨迹，帮助人们认识和掌握公共关系发展的“合理程序”——规律，以此加深对现代公共关系的认识。

第一节　公共关系的起源和在我国的发展

公共关系作为一种客观存在的社会关系、社会现象和社会活动，在世界各国均可追溯到远古时代。而它作为一种人类的自觉行为，其最早的实践发生在19世纪中叶的美国。1906年，艾维·李的《原则宣言》标志着公共关系进入现代发展时期。艾维·李为现代公共关系实践奠定了重要的基础。他主张的公开、客观、说真话的原则，已经成为现代公共关系的基本工作原则。艾维·李对科学公共关系实践作出的巨大贡献使他成为国际公共关系职业先驱。1923年，爱德华·伯尼斯（Edward Bemeys）在第一本公共关系著作中运用了“公共关系顾问”这一术语。1947年，美国公共关系学会（PRSA）成立。1952年，卡特里普（Scott M. Cutlip）和森特（Allen H. Center）合作出版《有效公共关系》，这标志着公共关系的学科建立、研究和公共关系从业人员的职业化从此逐渐走上科学化的轨道。20世纪80年代以来，随着企业国际化经营的发展和经济全球化的趋势，公共关系在组织发展中的重要作用越来越突出；公众对企业的要求和评价的变化，以及企业竞争环境的日益复杂多变，使得谋求相对平稳和谐的内外生存环境成为企业管理和营销的战略关注点；新技术的发展为公共关系管理和传播沟通提供了强有力的技术手段和支持。所有这些，都使企业公共关系实践和理论研究得到空前的发展。

一、公共关系起源和形成的三个阶段

纵观公共关系的产生和发展史，可以将其大致划分为孕育阶段、职业化阶段和学科化阶段三个阶段。

（一）公共关系的孕育阶段

朴素的公共关系思想和原始的公共关系活动古已有之。只是由于社会历史条件的

限制，在此之前人们没有也不可能系统地认识和把握这种客观的、尚待进一步发展和探索的公共关系状态及其变化的一般规律，因而人类早期还没有严格意义上的公共关系思想和活动，只是在各种社会活动中表现出一定的公共关系意识和趋势。就其性质来讲，那只是一种“准公共关系”。

这种“准公共关系”，我们从对历史的追溯中便能找到它的踪迹。在古希腊晚期，人们非常看重沟通技巧和艺术，杰出的演说家们常常被推选为首领。法国卢浮宫的壁画《雅典的思辨》生动地再现了当时杰出的学者们思辨的场景。早在2300年前，古希腊著名哲学家亚里士多德在其《修辞学》一书中就指出了传播者的可信性，认为要使用动情的呼吁影响公众，并把修辞看成是争取和影响听众思想与行为的艺术，此书被后人誉为最早问世的原始公共关系学的理论书籍。一些充满野心的政治家，常常选用一些精于推理和辩术的诡辩学者做助手，这些助手们常常聚集在长老会和公民大会厅堂的周围，赞美、颂扬他们所辅佐的政治家。可以说，古希腊的诡辩学者就是今天西方游说活动家的前身。而古代许多统治者本身就是高明的传播沟通家。如古罗马的独裁者裘里斯·恺撒（Juliu Caesar）便是沟通技术的精通者，他所著的《高卢战记》曾被后来的公关专家亨利·比诺誉为“第一流的公共关系著作”。

在古代中国，带有公共关系意识的思想或事例更是举不胜举。春秋时期的孔子周游列国，四处讲学。战国时期诸侯士大夫争相养士，那些幕僚策士常常为其统治者的利益而四处游说，向敌对方或民众宣传本国或本君主的政策方针，争取民心或动摇敌心。战国孟尝君礼贤下士，门下食客三千，其中一个食客冯谖，将孟尝君在某一领地的全部券契（债券）付之一炬，使得不久后孟尝君政治失意逃亡时受到该地区人民的欢迎，并在该地休养生息，重整旗鼓，最终得以东山再起。可以说，冯谖为孟尝君作了“公关投资”。还有春秋时期郑国子产不毁乡校，重视群众呼声，颇得百姓爱戴。刘备三顾茅庐，诸葛亮“于是感激，遂许先帝以驱驰”，为刘汉江山“鞠躬尽瘁，死而后已”。诸葛亮七擒七纵孟获，使顽固的孟获终有所感，归顺蜀汉，成为蜀汉可靠后方。李世民、朱元璋等帝王，命人编传民谣，树立自己“真命天子”的形象，为篡权夺位作舆论准备。相互依存、友好共处的观念可以说是最古老悠久的公共关系思想之一。而我国古代的重视宣传、重视民众的思想，都是我国古代原始公共关系观念与活动的反映。

概括起来说，人类早期的公共关系具有以下两个基本特点：

第一，从自觉程度来看，当时人们所开展的各种沟通、协调活动带有明显的自发性和盲目性。

第二，从其发挥作用的社会领域和范围来看，由于当时社会生产力相对低下，经济还相当落后，因而带有强烈的政治色彩和伦理色彩。

由于在这一时期大众传播事业及其技术尚不发达，以竞争和开放为特征的商品经济尚未出现，这些早期的公共关系活动只能是零碎而不成体系的，远没有成为专门职业，更不可能成为一门学科。

（二）公共关系的职业化阶段

公共关系作为人类社会活动的一种客观状态早已存在，然而它专门作为一种职业却是在19世纪中叶至20世纪初。在那个时期，通过美国“报刊宣传活动”的酝酿，“清垃圾运动”的催化，公共关系逐渐成为一门社会职业。

有组织的公共关系活动始发于19世纪中叶在美国风行一时的“报刊宣传活动”。19世纪30年代，美国报刊史上出现了以大众读者为对象、大量印发通俗化报刊的“便士报”运动。这一运动由《纽约太阳报》率先发起，它以低廉的价格以及通俗和关系大众的内容获得全社会的认可与接受，成为迅速进入千家万户，并使政府部门及各类巨头不敢忽视、竞相争取的具有重要影响力的社会舆论工具。随着报纸的影响力迅速扩大，广告费也随之上涨，这使得一些急于宣传自己的公司不得不考虑如何使广告费的支出不至于上升得太快。于是他们便雇佣专门人员通过制造煽情性新闻，制造公司神话来扩大自己的影响。由于当时宣传水平和报人认识水平的限制，更为了迎合小市民的需要，报纸也很乐意接受这类东西。因此，新闻广告宣传员这一职业便应运而生。这种职业的主要任务就是编造奇异故事，以引起公众的兴趣，进而引起公众对自己所代表的组织的注意。

在这一时期，宣传者主要奉行“凡宣传皆是好事”的信条，为招徕读者或为雇主利益而不惜欺骗民众。这种宣传活动最主要的代表人物是19世纪后期的尼斯·巴纳姆(Pbineos T. Barnum)。巴纳姆是一个马戏团的主人，他以借宣传推动马戏演出而闻名于世。他以“全世界最伟大的献技”为口号，他最得意的创造有“小飞象”、侏儒式的汤姆将军等杰作。而最使近代公关学者耿耿于怀的是他一手策划的“华盛顿奶娘”的骗局。他曾声称该团里有一位黑人老妇海斯，在一百年前曾做过华盛顿的奶娘。于是引起报界的注意，引起极大的轰动。各报曾用极大的篇幅和社论来报道海斯的消息，而巴纳姆则用若干笔名来进行有关此事件的真假争论，使海斯的消息不断见报，吸引无数人前来参观。这一时期的报刊活动具有两个致命的弱点：其一是这种宣传对公众的利益全然不予考虑；其二是几乎所有的报刊宣传员都以获得的报纸版面为满足，并为此而不择手段地制造谎言，欺骗公众，这在根本上与公共关系的宗旨背道而驰。因此，这就使整个巴纳姆时期在公共关系的历史上成为一个不光彩的阶段，有人称之为“公众受愚的时期”、“反公共关系时期”或“公共关系的黑暗时期”。

随着经济日益趋于垄断集中，美国少数经济巨头掌握了全美几乎大半的经济命脉。这些巨头大多盛极一时，不注意处理内部关系，更不重视外部社会关系，一味强取豪夺，并在经营管理上实行封闭保密政策，引起人们的反感。这些现象引起了社会公众与新闻界的不满，使社会矛盾日趋激化。于是新闻界一吐为快，率先掀起了一场“清垃圾运动”。一批热血沸腾、年轻正直的记者，勇敢地充当了揭丑斗士，组成了一股为民众鸣不平的力量。一些正直的记者如斯蒂芬斯·塔拜尔和麦克卢尔等人，甚至专门从事“揭丑”活动，自己创办专门尖锐揭丑的杂志，成为美国报刊宣传活动中“清垃圾运动”的一面旗帜。这一“清垃圾运动”与当时此起彼伏、愈演愈烈的工人罢工运动相互映衬，给那些政治巨头、经济巨头带来极大的冲击。

揭丑运动与罢工运动的冲击，使经济界开始正视新闻界与社会公众对企业发展的重要影响。许多企业开始走出封闭的“象牙塔”，修建开放透明的“玻璃屋”，增加企业经营的透明度。一些企业还纷纷聘请一些新闻专家来兼任自己企业的“新闻代言人”，委托他们进行传播沟通活动，加强与新闻各界和社会公众的联系，塑造和强化自身在社会大众中的良好形象。于是，公共关系活动日趋频繁而重要。

在这场修建“玻璃屋”的热潮中，一种代表企业及政府组织利益，为沟通社会组织与社会公众之间的对话，并从中收取劳务费用的新职业便应运而生了。1903 年，美国著名记者艾维·李（Ivy Lee）在美国开办了一家正式的公共关系事务所，标志着现代公共关系的问世。艾维·李曾是《纽约日报》、《纽约时报》和《纽约世界报》的记者。他审时度势，针对巴纳姆式宣传活动的局限性，提出了“说真话”的指导思想。1905 年，美国无烟煤业工人大罢工，整个无烟煤业陷入一片混乱。艾维·李临危受命，受聘前来解决这一难题，协调各方关系。艾维·李一举成功，顺利地处理了这次大罢工事件。就在解决罢工事件期间，艾维·李通过报界对外发表了著名的《原则宣言》，全面阐述了他的事务所的宗旨：“这不是一个秘密的新闻处。我们全部的工作都是开诚布公的。我们的目标是提供新闻。这不是一个广告公司。如果你认为我们送到你们企业办公室的文件资料有任何不准确的话，请不要用它。我们的文件资料力求准确。我们将尽快地提供有关问题的细节，而且任何主编在核对任何事实的陈述时，都将得到我们愉快的帮助……简而言之，我们的计划是代表公司和公共机构坦率地并且公开地向新闻界和公众提供迅速和准确的信息，这些信息涉及公众感到值得和有兴趣知晓的有关问题。”艾维·李在无烟煤煤矿工人罢工的工作中运用客观、真实、公开、透明的新做法，使他成功地帮助煤矿经营者得到了新闻界的有利报道。

艾维·李为现代公共关系的实践奠定了重要的基础。他主张的公开、客观、说真话的原则，已经成为现代公共关系的基本工作原则。他还是第一个大规模使用免费散发宣传品的人。是他第一个认识到了新闻宣传如果没有得到良好的企业行为支持就存在缺陷。艾维·李在其从事公共关系工作的 31 年中，将他的工作范围从“纯粹的代理转变到了担任我们为之工作的企业的智囊团”。他的实践和说教，使公共关系成为一门职业。当然，由于时代的局限，艾维·李的咨询指导主要还是凭经验和直觉进行的，还缺乏对公众舆论的严密、大量的科学调查。因此，有人批评艾维·李的公关咨询只有艺术性而无科学性。在艾维·李临死前，甚至还因曾给纳粹德国的一家公司提供过咨询，从而遭到非议和审查。但无论如何，他在公共关系发展史上仍占据着重要的地位，正是由于他的努力，公共关系不仅成为一种独立的社会职业，而且也朝着学科化的方向迅速发展。

（三）公共关系的学科化阶段

公共关系职业化的发展，促进了公共关系由简单零碎的活动上升为有规律性的较系统的原则与方法的探索，使公共关系自立于学科之林、成为一门独立的学科的条件日渐成熟。受第一次世界大战的刺激，公共关系的应用领域得以大大扩展，公共关系教育、理论体系构建、企业公共关系实践与咨询都有了重要的发展。

出生于维也纳的奥地利裔美国人爱德华·伯尼斯（Edward Bemays）是著名心理学泰斗弗洛伊德的外甥。他是与艾维·李同时代的另一位现代公共关系先驱者，所不同的是，伯尼斯堪称杰出的公共关系学者。他在公共关系咨询、公共关系理论研究和教育方面都作出了突出的贡献。

1923 年他以教授的身份首次在纽约大学讲授公共关系课程，同年出版了被称为公共关系理论发展史的“第一里程碑”的专著——《公众舆论的形成》。在书中，伯尼斯首先详尽地阐述了“公共关系咨询”这一概念，而且提出了公共关系的原则、实务方法和职业道德守则等。1928 年，他写了《舆论》一书。1952 年，他又写了《公共关系学》教科书。伯尼斯公共关系思想的一个重要组成部分是“投公众所好”。他认为，了解公众期望和动机是公共关系工作的基础。此外，在他的研究成果中，充分体现了各门社会科学成果的综合运用。伯尼斯的主要贡献就在于，他把公共关系学理论从新闻传播领域中分离出来，并对公共关系的原理与方法进行较系统的研究，使之系统化、完整化，最终成为一门独立完整的新兴学科。伯尼斯不仅是一位公共关系理论家，同时也是一位公共关系的实践家，他与妻子合作进行公共关系咨询，接受过多位美国总统和实业界巨头的委托，运用公共关系技巧成功地帮助他们塑造了良好的社会形象。伯尼斯的突出贡献，使他成为公共关系学科化的推动者，成为真正的“公共关系学之父”。

同时期，阿瑟·佩奇在公共关系实践中也作出了突出的贡献。正如斯各特·卡特里普指出的：“在公共关系实践中的众多的开拓者，阿瑟·佩奇站在其顶峰。”根据阿瑟·佩奇学会文献，佩奇提出了公共关系的六大原则：告知真相；用行动来证明；倾听顾客的话；为明天管理；犹如整个公司离不开它似的来实施公共关系；保持平静、耐心和良好的幽默感。

从此之后，公共关系进入发展的黄金时期。在这一时期，公共关系得到社会的广泛接受，从业人员数量剧增，产生了数量众多的专业协会，公共关系专业教育开始发展，电视作为威力强大的传播媒介开始崛起。这时公共关系的发展表现在三个方面：

第一，公共关系专业教育获得了很大的发展。1946 年的一项抽样调查表明，有 30 个重要机构提供公共关系课程。10 年以后，美国公共关系学会的一项抽样调查发现，有 92 个学位提供预定的课程为学生们从事这项工作作准备，14 所学院提供专业课程。到了 1964 年，随着这个时代的结束，已有 14 家机构提供公共关系的学士学位，29 家有大学本科系列课程，总计有 280 家提供各种不同的讲授课程。1937 年，雷克斯·哈罗博士在斯坦福大学开设公共关系课程。1947 年，波士顿大学成立了第一所公共关系学院，培养公共关系学士及硕士。许多公共关系的论著也相继出版。

第二，公共关系理论研究深入发展，学科独立性日益被人们所接受。20 世纪 50 年代以来，随着经济的繁荣发展，科技领域也取得了累累硕果，信息论、控制论、系统论等新兴科学的出现，为人们认识自然、认识社会提供了更为科学有效的思维方式和技术手段。社会政治、经济、科技的发展，以及公共关系实践的深入，是这一时期公共关系理论得以进一步发展、完善的客观因素。1952 年，美国的卡特里普和森特二人出版了他们的权威性的公共关系专著《有效公共关系》，论述了“双向对称”的公共关系模式，在公共关系的目标上将组织和公众的利益置于同等重要的位置，在方法上坚持组织与公众之间的双向传播与沟通。此书不断再版，成为畅销书，被誉为“公共关系的圣经”，使作者成为享有声望的理论权威。

第三，促使公共关系学科化的另一个动力，来自于一个强有力的一般性组织的建立和大量实践领域中的专业化服务的出现。1964 年，美国公共关系学会（PRSA）和美国公共关系协会（APRA）合并，成为全美公共关系学会（PRSA）。1955 年，国际公共关系协会（1PRA）在伦敦成立。全球各国的公共关系学会在推动公共关系的专业发展和高标准服务的职业道德方面发挥着积极的作用。

二、公共关系在我国的发展

在我国悠久的历史文化长河中，具有公共关系意义的实践活动是大量存在的，但是，公共关系真正作为一种新的经营观念和新兴职业在我国发展起来，却是近 20 年的事。20 世纪 70 年代末，随着改革开放政策的确立，中国打开了大门，在经济领域开始了与国际间广泛、深入的交流与合作，许多先进的思想观念、管理模式和方法纷纷被引入中国内地。20 世纪 80 年代初，海外的公共关系理论首先在深圳、珠海以及广州传播开来。此后，在北京、上海等大城市的一些合资企业也相继开展公共关系活动。公共关系事业在我国逐渐发展起来。

（一）企业公共关系的实践与发展

继 1984 年广州白云山制药厂成立企业公关部后，公共关系在其他企业的实践活动也迅速开展起来。

20 世纪 80 年代初至 80 年代中期，这一时期是公共关系理念的传播导入期，少数企业率先开始了一些公共关系的实践活动。这些活动主要集中在酒店业。20 世纪 80 年代末期至 90 年代中期，这一时期出现的“公关热”使许多企业都成立了公关部。但由于对公共关系理念不能准确地把握，实践中又缺乏专业公共关系人员，因此导致许多企业的公共关系工作处于浅层次的操作状态。20 世纪 90 年代初期，由于 CIS 战略的引入，企业公共关系工作找到了新的支点。与此同时，“危机公共关系管理”开始引起企业家和公众的关注。1985 年年底，南京某高校外籍教师使用玉环热水器时中毒身亡，成都和兰州也发生了两起用户在使用“玉环”热水器时死亡的事件；1988 年 7 月在南京发生一起沙松电冰箱“爆炸”事件；1993 年的“华旗事件”；1993 年发生在郑州的万家乐热水器“爆裂”事件……这些频频突发的企业危机事件，一方面反映出企业在应对危机时缺乏科学的管理理念和方法；另一方面也反映了企业的经营环境日益动荡和高度复杂化，这使得许多刚刚从计划经济的“超稳定”结构中走出来不久的企业措手不及，倍感压力。也正因如此，公共关系重要的战略内容“危机公共关系”开始引起中国企业家们的深切关注。20 世纪 90 年代中期以来，公共关系在企业的应用呈现出以下特点和发展趋势：

1. 企业对公共关系功能和重要性的认识在增强

改革和市场经济进程的推进使企业处在更加复杂的环境之中，企业经营管理面临更强的约束条件，每一个想在市场中立足的企业都在寻求所有能帮助企业提高管理水平、建立核心能力和竞争优势的途径和办法。在这个管理实践中，公共关系管理对于促进管理、帮助企业获取竞争优势的作用正在被企业家意识到。这可以从中国公关市场持续保持强劲增长的现象中得到印证。据中国国际公关协会估测，2008 年中国公关市场年营业额超过 140 亿元人民币，年增长率达 29.6%。

2. 公共关系的专业化、职业化正在得到重视

今天，在许多大型企业里已经设立了公共关系部，虽然在另一些企业里或许还没有专门的公共关系部门，但公共关系已经受到人们的重视。企业规模的扩张，对传播沟通业务的专业化要求越来越高。而在跨地区、跨国界的经营活动中，跨文化沟通和公共关系协调更是与企业目标的实现息息相关。公共关系学科化和行业化的发展步伐也相当快。而外资企业公共关系的实践则起到了良好的示范作用。

3. 公共关系的实践水平有待进一步提高

这具体表现在：公共关系将会在更多的企业中得到应用与发展；公共关系工作将进一步与企业管理和营销紧密结合，以技术传播沟通为主要特征的公共关系将向公共关系管理的方向发展；从业人员素质和专业水平需要进一步提高。

（二）公共关系咨询业的发展

中国公共关系咨询业的发展可以从公共关系公司的数量和业务发展上得到印证。自 1984 年 10 月，美国著名的跨国公共关系公司——伟达公关公司在北京率先设立办事处开始，专业公关公司在中国得以迅猛发展。1985 年 1 月，深圳总工会举办了我国有史以来的第一家公关培训班。公关的作用开始为企业所重视，成为了企业战略的组成部分。1985 年 8 月，与世界上最大的公关公司博雅合资的新华社下属的中国新闻发展公司建立了中国第一家公关公司——中国环球公共关系公司。此后 10 多年的时间里，国际跨国公共关系公司纷纷进入中国市场，中国自己的公关公司也如雨后春笋纷纷成立。据中国国际公共关系协会 2003 年度行业调查显示，中国公共关系业正进入专业服务市场繁荣与发展的最好时期。

据统计，2008 年中国大陆公关专业服务市场尽管受雪灾、地震、奥运等一系列重大事件的影响，服务市场增速明显减缓（由上年度的 35% 降为本年度的 29.6%），但市场仍保持良好的发展状况。调查结果显示整个行业专业服务年营业总额估计达到 140 亿元人民币，比 2007 年的 103 亿元人民币增加了约 29.6%。据推测，全国专业公司总数超过 1500 家，从业人员超过 15 000 人；北京、上海、广州、成都四大专业服务市场占全国市场份额的 80%；北京市场仍保持主导地位（占全国市场的 40%），上海市场得到不断加强，成都市场作为新兴市场脱颖而出。

随着我国经济的发展，特别是以加入 WTO 为标志的中国经济国际化进程的推进，企业和社会机构对公共关系咨询业务的需求将进一步扩大。可以预见，未来我国公共关系市场的潜力相当巨大，中国专业公共关系公司的发展将呈现出更加广阔的前景。

（三）公共关系人才培养和理论研究的发展

经过近 20 年的时间，公共关系教育也得到长足的发展。1985 年，深圳市总工会举办了国内第一个公共关系培训班；同年 6 月，北京大学研究生院举办了公共关系讲座；同年 9 月，深圳大学招收了第一批公共关系大专学员。此后，许多综合性大学和一些理工类院校也相继开设了公共关系课程，设置了公共关系专业，从此公关进入高等学

府的讲堂。1987年，国家教委正式把公共关系列入行政管理、工业经济、新闻学等专业的必修课。1986年11月，中国社科院新闻研究所公关课题组编著的我国（除港澳台地区）第一部公共关系专著《公共关系学概论》由科学普及出版社出版。1991年4月26日，中国国际公关协会在北京成立，前任驻美国大使钱泽民任会长，并提出了“让世界了解中国，让中国走向世界”的宗旨和“知道、协调、服务、监督”的工作方针。1993年起，由中国国际公关协会主办的中国最佳公共关系案例大赛，每两年举行一届。1994年9月6日，“中国公共关系市场高级研讨班”在北京举办；同年，《中国经营报》刊登“中国公共关系市场探索”专版，引起中国公关市场讨论热潮。2000年12月3日，首届全国公关员职业资格统一考试举行，24个省市自治区的近7000人参加了初、中、高三个等级的公关员职业资格鉴定考试。公关作为一个专门职业被社会认可，公共关系也成为一个求职热点。2002年，中国申奥成功、国足出线使该年度成为世界的中国公关年。2003年的公关最高奖项“环球杯”授给了北京2008年奥运会申办委员会。

在理论研究领域，已经有越来越多的学者投身于公共关系研究。在不断吸取西方公共关系理论研究的成果并结合中国公共关系实践的基础上，国内的公共关系理论研究在理论深度、体系建设和公关技术总结与发展等方面取得了很大的进步。

第二节　公共关系产生的条件

公共关系学经过公共关系的零散活动及职业活动的长期酝酿之后诞生于20世纪20年代，这不是偶然的。它是当时文化背景、政治背景、经济背景及技术背景等诸方面历史条件综合作用的结果，是时代进步的必然产物。

一、文化条件——由“理性”文化转向“人性”文化

理性主义是美国文化体系中的主要特性之一。理性主义使他们注重严密的法规，崇尚教条、数据和实效。管理科学的鼻祖泰罗的思想及其制度，便是理性主义的典型代表。这种机械唯理主义的管理，虽然短期内取得了显赫的高效率，但同时也促使阶级矛盾与劳资矛盾日趋尖锐，孕育着社会危机与动荡不安，也孕育着社会文化意识的嬗变。正是在严峻的现实面前，人们逐渐意识到纯理性文化的局限，人文主义重新抬头，在管理中注重人性、注重个人的文化观念迅速地获得人们的认同。20年代哈佛大学教授梅耶（Mayo）在著名的“霍桑实验”中提出的“人群关系理论”、“行为科学”，便是人性文化逐渐抬头的有力体现。此外，大众传播的发展、社会化大生产的发展，也对尊重个人隐秘但又互不相关、过于狭隘的美国传统文化形成冲击，使社会生活、社会交往更趋于开明化、开放化。这种尊重人性的、尊重个人感情和尊严的、人文的、开放的文化，正是公共关系得以滋生及成长的土壤。

二、政治条件——民主政治取代专制政治

从人类社会制度发展看，公共关系事业的产生是社会民主化发展的必然产物。人类社会在数千年的漫长发展过程中，多数时间实行的是封建主或宗教主的专制统治。在这种制度下，君主拥有至高无上的权威，君主便是国家，君令便是法律，生杀予夺，全凭君主的喜怒哀乐。群臣只有以君主的意旨为意旨，百姓只有缴粮纳税的权利，如有不满，“偶语者弃于市，诽谤朝廷者斩”。古代统治者认为：“民可使由之，不可使知之。”从根本上讲，在封建专制制度下不可能也不允许发展真正的公共关系。

与专制独裁的封建政治不同，大工业社会的政治生活的核心是民主政治。在民主政治条件下，社会民众的公民意识、民主意识日益提高，有统一组织的社会公众越来越强烈地要求了解并参与政治生活，对政治运作的影响力也越来越大。在这种情况下，公众的意愿成为竞选者和执政者不能不加以认真考虑的问题。如何才能有效地与民众进行沟通，建立良好的关系，成为政府、政党及各利益集团所面临的新问题。在民主政治的社会氛围中，其政治生活的特征表现为“官怕民”。政府机关、社会公共组织与其公众之间，除了服从外，还有民主协商、民主对话、民主监督。民主政治取代专制政治，必然促进公共关系的产生。

三、经济条件——市场经济取代小农经济

在封建社会里，其经济模式是自给自足的小农经济，生产组织方式是以一家一户为基本单位，一村一乡为界限。其社会联系也就脱离不了这种以家庭、村落为支点的血缘、地缘、人缘关系。这种关系一是非常狭隘，二是相当固定，三是极端封闭。由于生产力低下，生产单位能拿出来交换的商品十分有限，加上交通条件的限制，商品流通的数量和范围都很小。直至资本主义社会前期，大工业尚不十分发达，受经济水平的限制，人们的社会联系仍是相当狭隘的。

随着时代的发展，特别是工业革命之后，经济突飞猛进地发展，工业社会代替了农业社会。都市化、大量化生产以及高度垄断，使生产方式发生了巨大的变化。社会化大生产需要有大量劳动力、大量资金、大量原材料以及大量销售的市场和渠道来维持，这使得企业与社会各组织以及各类公众间的关系日益复杂化。社会大生产带来了社会各组织间的分工与合作，随着企业专业化程度的提高，企业与各社会组织间的相互依存关系也进一步发展。在现代社会里，任何社会组织机构都成了社会生活有机的一部分，已不可能完全独立地生存下去。可以说，社会经济的高度发展是公共关系观念在企业中得到广泛重视和应用的基本前提。

经济的高度发展引起社会经济结构和企业经营内外关系环境的深刻变化，使公共关系的产生条件逐渐成熟。主要表现在：

第一，企业规模日益扩大。为追求规模经济和范围经济，企业边界在不断地扩展，以致出现了庞大的跨国公司（MNC）。其直接后果是：内部员工人数猛增、经营范围多样化、产品线大大延伸、市场领域扩展、协作关系纵横交错。

第二，经济全球化时代的到来，使货物、服务、生产要素在全球的流动速度加快，

每一个企业的价值链都与其他企业的价值创造过程紧密相关，企业之间相互依存、相互依赖的关系大大强化。

第三，企业竞争日益激烈。经济发展使产品极大丰富，而且在高速运转的信息时代，技术扩散和管理扩散的速度大大提高，从而一方面导致产品“趋同性”现象，另一方面导致企业“竞争均势”，这样，企业之间争取顾客的竞争日趋白热化。

第四，企业的生存环境更加复杂多变，内外冲突和矛盾随时都可能发生。在经济全球化的环境中，人们之间联系增多的同时也加大了矛盾和冲突发生的可能性。

总之，伴随着社会经济的发展，任何一个企业都存在于与其他企业或组织的密切联系和合作的复杂网络之中。为帮助企业在复杂的内外环境中求得平稳、协调的发展，必须借助公共关系来弥补传统管理在思想观念和方法手段上的不足。

四、技术条件——大众传播超越个体传播

在自然经济社会中，经济水平不发达，科技水平落后。落后的经济生活与科技水平，只能产生落后的交往沟通工具。而由于受落后的沟通传播手段的限制，社会公众的交往的广度、深度是极其有限的。哪怕是古时的君王，要传播谕令与信息，充其量也不过是“烽火报讯”和“快马加鞭”而已。这种极简陋落后的传播方式不仅导致传播速度极慢，传播范围相当狭小，而且导致信息失真率极高。

而在资本主义大工业时代，日益精细的社会化大分工，使人们之间、组织之间的纵横关系与相互沟通日趋重要并逐渐加强，成为社会组织生存发展的基本条件。各种形式的传播沟通技术与理论也就在这样的社会背景下迅速发展起来了。科学技术的进步，促进了交通工具和通信手段的现代化，使人们之间的相互联系与交往变得更加广泛而深刻；信息科学和电子技术的发展，更使得信息的交流与传播进入了一个前所未有的新天地。在此基础上发展起来的现代化的大众传播媒介，使企业能够更准确、更迅速、更全面地与各类社会公众建立联系、沟通信息、扩大影响，这为企业公共关系工作提供了良好的技术手段保证，推动了公共关系意识的普及和公共关系实践的发展。

第三节　公共关系发展的新趋势

随着人类翻开21世纪的新篇章，公共关系也将经历新的发展和变化。

一、国际公共关系发展的新趋势

经济全球化和高新技术的迅猛发展，使新世纪的公共关系产业面临着新的机遇与挑战。美国公共关系学会1999年度的首席执行官兼董事会主席Sam Waltz在1999年指出，未来十年中，公关业将呈现出以下几种发展趋势：

（一）沟通模式及其要素、功能和地位的变化

技术的发展，包括电子商务的发展和更加复杂化的数据库管理技术，正在改变着

关系营销的实质。数据库和技术的发展不仅使信息和收集、摘转更方便和容易，而且使能与传统的人际沟通相媲美的“一对一”沟通模式变得更为普及。传播媒介的高度分化和激增，个人通信设备的增多，所有这一切，正在悄然改变着传统沟通模式中的信息发出者和信息接受者的功能和地位。

（二）道德约束增强

“道德恐怖主义”成为一个对公共关系人员更具挑战性的重要问题。在与竞争对手激烈的市场竞争、声誉竞争和公众信任竞争中，组织需要更多关于行为道德的咨询；而在严酷的市场竞争中，组织传播的复杂性，使公共关系从业人员在衡量自身从业行为的道德水准方面也面临更大的挑战。

（三）更加广泛、深入地应用各门社会科学

通过良好的“行为营销”帮助组织增强竞争优势将成为公共关系从业人员的工作目标。“新闻主义”的范式正在衰落，衡量公共关系绩效的最终尺度将是：通过对消费者、社会、公众健康和政治等相关的议题进行有效管理，创建期望的公众行为。

（四）战略公共关系管理的重要性将日益突出

Sam Waltz 说，通过对战略“利害相关者”关系的管理，组织可以更好地适应环境，这将导致公关、广告、直复营销、网络沟通、政府关系、一对一沟通等职能性的沟通工作归结到战略公共关系管理上。他还说过：未来，一些传统的公关技术，例如媒介公共关系仍然要发挥其重要的作用，但是，公共关系在创建期望的公众行为方面的战略贡献将大大增强，正如当代的一些思想家以及 20 世纪公共关系的先驱者爱德华·伯尼斯曾经预言的那样。

（五）行为和变化的议题将是最大的挑战

以上所述关于公共关系领域正在或即将发生的变化，将给美国的公共关系从业人员带来巨大的挑战，因为美国近两万名公关从业人员都是出身于新闻领域的。Sam Waltz 预期，公关人员自身的行为和变化的议题将是对从业人员最大的挑战。

二、中国公共关系发展的新趋势

虽然我国公共关系实践和理论的发展时间很短，但是在过去 20 年获得了快速的发展，Sam Waltz 所预见的公共关系产业可能发生的变化和变革，同样不同程度地在我国的公共关系实践中显现。

随着我国经济政治的发展变革，我国公共关系产业所面临的外在环境在发生巨大的变化，使得我国公共关系呈现出新的发展。这些变化表现在：

（1）随着政治、经济体制改革的深入，越来越多的组织和企业将面临市场的挑战，市场竞争更加激烈，再加上我国加入 WTO，我国正逐步融入全球经济的序列和竞争之中，企业将面临更加严峻的国际竞争的挑战，切实加强、规范企业的各项管理工作变得非常迫切，争取公众的支持成为组织生存和发展的必要条件与基础。

（2）市场经济体制改革使我国经济与企业管理中长期积存的深层次的矛盾越来越

明显，结构调整将是我国经济发展必经的过程，这使得社会矛盾与冲突在所难免，组织生存环境将更加复杂。

（3）技术的飞速发展，特别是信息技术的快速发展和应用，给所有组织都带来了机遇和挑战。

在这样的外环境下，我国公共关系的发展将呈现出以下主要发展趋势：

（1）公共关系意识将更加普及，并将在更多的组织中得到应用和发展。例如，政府机构和公共管理部门、医院、其他社会服务和工作部门等非营利机构的公共关系将获得很大的发展。在企业界，公共关系的应用将更加普及，以帮助企业增强竞争优势、协调企业与环境的摩擦和矛盾。

（2）在新技术的支持下，公共关系传播沟通技术得以不断完善和提高；与此同时，战略公共关系管理的重要性日渐突出。企业公共关系工作将与企业管理和营销更加紧密结合，以技术型传播沟通为主要特征的公共关系将向综合性公共关系管理的方向发展，公共关系将逐步真正地参与企业战略决策和管理。

（3）公关市场将继续保持增长势头，公关公司的市场竞争会更加激烈。鉴于公共关系管理对于企业的重要作用日渐突出，在我国也将会出现大型企业出于战略考虑兼并公关公司，以及公关行业兼并重组的现象。

（4）公共关系的理论研究将向着不断增强学科的理论深度，完善理论体系的方向继续努力，这将为培养具备良好的管理素质、娴熟掌握传播技术的公共关系管理人才提供坚实的基础。这也将使公共关系从业人员素质和专业水平进一步提高。公共关系人员从技巧型、技术型向管理型的角色转变。与此同时，随着社会对公共关系人才需求的不断增多，中国的公共关系教育也将迎来新的发展时期。

本章思考题：

1. 公共关系产生的条件是什么？
2. 公共关系的三个发展阶段分别有什么特征？
3. 我国公共关系的发展有何新趋势？

第三章　公共关系的功能和组织

公共关系是社会组织特定的行为和管理职能，它在其运行管理过程中发挥着特定的作用，帮助社会组织适应复杂多变的公众环境，甚至影响着这些环境，以为社会组织的生存与发展创造良好的运营环境条件，以实现社会组织良好的持续成长。本章的主要内容包括公共关系的功能、组织机构和相关从业人员的条件与特征以及公共关系的基本原则与规范。

第一节　公共关系的功能

公共关系最终的目标是实现社会组织良好形象的有效传递，而要实现这一基本目标，它需要在社会组织与公众间沟通信息、协调关系、完善舆论、塑造形象和优化环境。公共关系的功能就是围绕着这些目标展开的传播沟通活动所发挥出来的作用和效能。所以公共关系的功能主要包括信息收集功能、咨询功能、宣传功能、协调功能和服务功能五个方面（王乐夫，廖健民，1993）。

一、信息收集功能

在信息时代，信息就是社会组织稀缺的资源和财富。公共关系的本质是信息的双向交流与沟通。所以其首要的任务是作为社会组织关系状态的预警机制，运用各种调研方法，收集并分析相关信息情报、监视公众环境、反馈公众舆论、预测发展趋势、评估活动效果，保证社会组织对复杂的公众环境及其变化保持高度的敏感性，以维持社会组织与整个公众环境间的动态平衡。公共关系信息作为组织资源的重要组成部分，其内容主要包括与组织形象有关的信息和组织环境中的各种社会信息两部分。

（一）与组织形象有关的信息——微观信息

公共关系首要关注的是与本组织的形象评价有关的信息。这些信息涉及公众对社会组织的政策、产品或服务、行为、人员等方面的印象、看法、意见、态度等方面。

（1）产品或服务形象信息。产品或服务形象是企业整体形象的物质基础，只有产品或服务被公众接受，企业存在的价值才能得到社会公众的认可。公共关系需要收集公众对产品或服务多方面的意见和评价，如质量、性能、功能、价格、款式、包装、售后服务等，并对这些信息进行整理与评价。

（2）组织形象信息。组织的整体形象除了产品或服务之外，还包括在公众对社会组织其他要素方面的评价。这些要素主要有：社会组织的方针政策、办事制度、程序和效率、经营管理水平、技术、财政、人才方面的实力以及服务质量和水准、市场宣传形象、组织文化等。社会组织需要根据公共关系职能部门收集的这些信息来调整和完善自己。

（二）组织环境中的各种社会信息——宏观信息

公关部门除搜集、整理分析与自身形象相关的信息外，还应注意社会政治、经济、文化、科技、军事、时尚潮流、民俗民情、舆论热点等各方面的情报动态，分析其对组织的各种直接或潜在的影响，充分利用环境中的有利因素，避免不利因素，使组织与社会环境的变化保持动态平衡。

公共关系的信息情报功能与单纯的市场调研部门相比而言，其信息收集具有全面性和社会性的特点，它更有助于社会组织站在更高的角度去解读当前的公众环境与公众特征，这是组织的其他职能部门无法完全取代的。

二、宣传功能

公共关系除了作为预警机制要收集公众环境中的相关信息外，也需要通过整合各种传播媒介，能将社会组织的有关信息及时、准确、有效地传播出去，以实现信息的双向传播与沟通，进而争取公众对社会组织的充分理解与了解，提高社会组织及其产品、人员的知名度和美誉度，为组织创造良好的公众舆论，树立良好的社会形象。公共关系进行双向传播沟通的本质决定了公共关系活动客观上对于社会组织的产品或品牌的相关信息起到宣传推广的作用，它也正是通过这种宣传推广活动最终实现公共关系的形象塑造与传播的基本目标。其宣传活动对作用与功效上看有以下三方面的内容：

（一）创造舆论，告知公众

让公众知道并正确地了解本组织是建立良好公众形象的基本前提。因此，“告知公众”，形成舆论是公关宣传最基本的功能。公共关系的“告知公众”，是指向社会公众说明和解释组织的有关政策、行为和产品，争取公众的了解和理解，促使公众认同与接受。这是一种为组织创造和形成公众舆论的活动过程。当公众对社会组织不了解或了解不充分时，社会组织需要通过公共关系活动，如新闻发布会、新闻报道、媒介宣传等活动，主动地介绍自己，传播自身的相关信息，促进公众对自己的了解；当公众对组织存在误解时，组织就需要通过公共关系活动让公众了解正确、准确的信息，消除误解；当组织即将采取的行动或执行的政策与公众有关时，也需要通过公共关系活动满足公众的知情权，消除可能出现的疑虑或抵触。创造舆论的关键是策划新闻事件引起公众的注意（参见“案例3－1”）。在新闻事件的策划过程中，因为社会组织宣传的重点不同，其活动的侧重点有所不同，有以广告为主导的耐克之于刘翔退赛的事件策划，有以终端为核心肯德基三人挑战赛的事件策划，还有以公关为导向的三星奥运火炬传递的事件策划。值得注意的一点是，在新闻事件的策划过程中，事件只是一个道具，传播才是其核心目的，是以如何将新闻事件与社会组织的关键点结合起来是整体过程中的难点与重点。

（二）强化舆论，扩大影响

良好公众舆论一旦形成，如果不加以管理，随着时间的推移，它会慢慢地淡化甚至消失。所以公关部门需要运用各种现代传播媒介深化现有舆论，以加强公众对组织的印象，提高公众对组织的了解，提升社会组织的知名度和美誉度，为组织及其产品树立良好形象，扩大其社会影响。当组织通过公关手段在公众中树立起了良好形象后，还需要对这种良好形象不断加以维持和完善，以建立起更好的组织知名度和美誉度。当一个组织的良好公众形象得以维持和加强时，该组织的公关投入一般都能获得较好的回报；反之，如果忽略了强化舆论、扩大影响的工作，组织的形象便会逐渐淡化，甚至退化，公关投入就难以获得理想的回报。公关宣传不能只制造一时的舆论轰动，而需要通过长期不断、潜移默化的传播渗透，不断加深公众对组织及其产品、人员的良好印象，使之不断积累、巩固和强化。

（三）引导舆论，控制形象

公共关系对外信息的传播还可起到引导公众舆论向积极、有利的方向发展的作用。公关部门通过调整信息输出的数量与时机，引导舆论的发展方向，同时根据舆论反馈适当调整组织行为，控制组织的形象。当公众对社会组织的评价毁誉参半的时候，公关部门需要小心谨慎地发挥“观念导向”的作用，减小不利舆论的影响，引导有利舆论的发展。当组织的美誉度不能与知名度同步发展时，或知名度过高脱离了组织实际需要的时候，公关宣传要以低姿态介入舆论，适当降低组织的知名度和公众对组织的注意力。当组织的形象不佳时，公关宣传应根据具体的原因，或者诚恳地向公众道歉和解释，争取公众的谅解；或者澄清事实真相，纠正舆论误解，扭转被动局面，恢复组织的声誉。这些舆论引导与控制的过程中，信息传播的数量和时机的适当是公关成功的关键。

三、咨询功能

由于公共关系的信息收集与宣传功能，公关部门在社会组织经营管理决策过程的各个环节，都可以起到咨询、建议与参谋的作用。它收集的相关信息有助于决策者考虑多样的社会因素及其平衡复杂的社会关系，帮助决策者从社会公众和整体环境的角度评价决策的社会影响和后果，使决策目标能够反映公众的利益，使决策方案具备较强的社会应变力，最终使得决策实施的效果有利于树立组织自身的形象。组织的经营决策过程如图 3－1 所示。

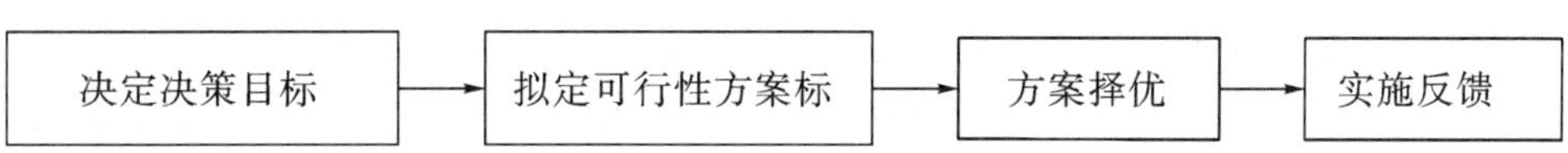

图 3－1　组织经营决策过程

（一）为确立决策目标提供咨询建议

公共关系的咨询作用首先表现在为社会组织制定目标提供咨询建议。由于公共关系收集的信息具有全面性与客观性，它所提供的咨询建议是基于一种相对超脱的、客观的角度，即从社会公众的角度去评价决策目标的社会制约因素和社会影响效果，努力使决策目标与公众利益及环境因素相一致、相兼容或相接近，从而避免各专业部门决策时容易出现的狭隘或片面倾向。公共关系部门站在公众和社会环境的立场上，综合评价各职能部门的决策目标可能引起的社会问题与后果，从公众利益的角度去观察组织的缺陷，敦促有关部门或决策当局，依据公众需求和社会价值及时修正可能导致不良社会后果的决策目标，使组织决策目标既反映组织发展的要求，也反映社会公众的需求，而且使公共关系本身成为整体决策目标系统中的组成部分。这有助于社会组织与社会公众关系的协调，最终实现双方收益的最大化。

（二）协助拟定备选方案与选择方案

决策方案是实现决策目标的各种方法、措施的总和。公共关系的咨询作用表现在运用公关手段帮助决策者评价、选择和实施有关的决策方案，特别关注决策方案在经济效益和社会效益方面的统一和协调，敦促决策者重视决策行为的社会影响和社会效果。同时，运用公关工具，可以广泛征询及获取组织外部环境对有关决策问题的意见和态度，促进决策方案设计和选择过程的科学化及民主化。

在这一过程中，公共关系可以为决策者提供各种社会信息，完善各种公众咨询渠道，建立各种信息来源，包括广泛的外源信息和及时的内源信息，并根据决策目标将各种信息整理、归类、分析、概括，提供给最高管理层或各个专业部门作为决策的客观依据。

（三）从公众关系角度评价决策效果

公共关系收集的相关的信息可以帮助决策者分析、评价决策实施的公众影响和社会后果，以及这种后果对决策目标的制约作用。运用公关渠道和信息网络，能够对那些已付诸实施的决策方案的执行过程和结果进行更全面、及时的跟踪了解，并根据反馈信息对执行过程进行更好的控制，或是对决策目标和方案进行相应调整，以利于提高决策执行的质量。

四、协调功能

公共关系的双向信息传播与沟通可以起到为社会组织疏通渠道、发展关系、广交朋友、减少摩擦、调解冲突、化敌为友的作用。它的各种双向传播活动成为组织运转的润滑剂、缓冲器，架起了组织与公众之间的沟通桥梁，为组织的生存和发展创造良好的“人和”环境。这种关系的协调既体现于内部关系的沟通，也表现为外部关系的沟通。

（一）协调内部关系，增强组织凝聚力

公共关系为了实现内部信息的畅通，需要建立和完善组织内部的各种传播沟通渠

道和协调机制，促进组织内部的信息交流，上情下达、下情上达，横向联络，分享信息，这会使管理各层次之间、员工之间、部门之间的信息能充分交流与共享信息，使组织内部的各种关系保持和谐，提高组织的向心力和凝聚力（参见“案例3－2”）。

（二）大量的社会沟通，建立和谐的社会环境

公共关系的一项重要任务就是努力和社会各个方面保持友好的交往，联络感情，发展友谊，有了矛盾时主动进行协调协商，妥善处理，消除敌意，化解冲突。通过争取公众的好感和支持，为组织的生存和发展奠定“人和”的基础。从这个角度来说，公共关系在组织中要发挥“外交部”的功能。任何组织的发展都离不开社会各方面的配合与支持。社会组织从自身利益出发，应搞好以下几方面的关系：

（1）要处理好各类直接的业务来往关系。例如，与上游供应商的关系、与下游客户的关系，以及与销售网络的关系、与合作伙伴的关系等。

（2）要妥善处理好组织与各种权力制约部门之间的关系。例如，与政府各相关管理部门（如工商局、税务局、物价局、技术监督局、审计局、环保局等）的关系，与行业协会的关系，与主管部门的关系等。

（3）还要主动建立和发展各种非业务性的社会关系。尽可能地扩大组织的公共关系网络，广结善缘。例如，与社区的关系、与新闻媒体的关系、与社会团体的关系等。

公共关系的目的之一就是要广交朋友、广结善缘、消除误解与冲突，建立起良好的公共关系网络，与外部环境和公众保持良好的关系，获得更多的社会支持，保持组织与环境之间的协调运转。

五、服务功能

公共关系工作本身就是一种服务工作，它的管理地位和日常业务都具有明显的服务性质。公共关系通过信息性、传播性、协调性、支持性、辅助性的服务使组织内部运转得更加顺畅、协调，使组织外部环境更加和谐、良好。公共关系工作的成效也需要以其服务工作的水平和质量来加以考核评价。

（一）在组织内部为各个职能部门服务

公共关系对内并不承担具体的生产管理职能，对外也不具体承担销售采购等任务，它主要是运用各类传播沟通手段为各个部门服务，协助处理那些需要各方面介入和配合的纷繁事务，执行那些需要宏观协调和控制的边缘性职能，提供信息性、事务性的辅助和支持，使各个职能部门之间的配合更加融洽，使整个组织机体工作更加协调，使组织的专业职能发挥出更好的效果。

（二）在组织外部提供社会服务

公共关系作为一种经营管理功能，是组织中社会性、公众性、服务性最强的一个工作部门。它不仅使用语言、文字，而且运用“行动”这种传播力最强的手段去为组织树立形象。“服务”就是一种最好的“公关行为”，是一个组织树立形象的实际行动。例如，企业为消费者提供的售前、售中和售后的一揽子服务，为社区提供的各种

公益性服务，为科学、文教、卫生、环保、体育等事业提供的赞助及支持，为公众提供的与产品有关的附加信息传播和咨询服务等。这些服务不仅增加了社会福利，也提升了组织在公众心目中的形象。

第二节　公共关系的组织机构

公共关系的组织机构是实施公关活动，实现公关功能的行为主体，是公共关系工作的专业职能机构。公共关系的组织机构包括组织内设的公关职能部门、专业的公关公司和独立的公关社团组织。

一、组织内设的公共关系职能部门

随着公共关系在组织中的地位和作用的不断增强，它日益成为一个独立的管理职能。于是许多社会组织开始在组织内部建立独立的公共关系部门，以更好地完成相关工作。

（一）公关职能部门在社会组织中的性质和地位

1. 公关职能部门的性质

社会组织的传播沟通活动职能化是现代信息社会的特点之一，即信息传播沟通日益成为组织进行管理的重要内容和手段。在没有公共关系职能部门之前，组织实际上也在进行着各种各样的传播沟通活动，只不过是分散的、随机的、不系统的，缺乏统一目标和科学管理。因此从工作性质上看，公共关系部门的职能是传播性、沟通性的，即统筹管理组织有关传播沟通的业务，使组织传播沟通的目标和手段更加专业化，使组织的传播沟通工作具有更高的效率和效益，使组织的传播资源投入更加合理，产出更加理想。可见，公共关系部门的职能目标和工作内容完全不同于组织的其他职能部门。随着当代组织对社会及公众的依赖性越来越强，组织的传播沟通工作量越来越大，传播资源的投入越来越多，建立和加强组织的公共关系职能，对组织的公共关系活动加以科学规范的管理，就显得越来重要与必要。

2. 公关职能部门的地位

从管理作用上看，公共关系部门在社会组织中扮演一种“边缘”、“中介”的角色，即处于决策部门与其他专业职能部门之间、组织与外部环境之间，担负着建立联系、沟通信息、咨询建议、辅助服务、策划组织、协调行动等责任。这可以从内部管理和外部运营两个方面来看。

（1）公共关系部门在组织内部管理中的地位。在组织内部的构架来看，公关部负责沟通和协调经理层与其他职能部门之间的关系，以及沟通和协调各个职能部门之间的关系。公共关系部门作为整个组织系统中的一个子系统，其位置介于管理子系统与其他非管理子系统之间（如图 3－2 所示）。它向其他各子系统提供信息，协助分析、预测和决策。当然，公关部既可以作为一个职能部门独立设置，也可以作为管理子系统的一个具体部门而存在（例如总经理办公室等）。

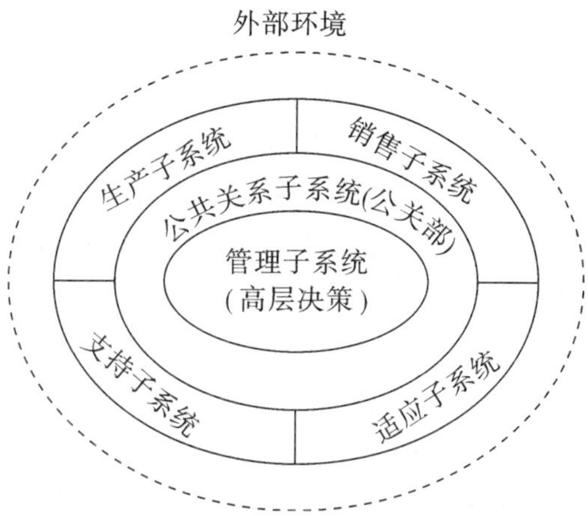

图3－2　公关部门在组织内部管理中的地位

（2）公共关系部门在企业外部经营中的地位。组织总是生存于一定的外部环境之中，组织与环境之间存在着广泛而复杂的联系。管理子系统需要与外部各界公众对象相互沟通和相互影响，公关部介于组织与公众之间，对外代表组织，对内代表公众，通过传播沟通活动保持组织与公众环境之间的双向沟通。如图3－3所示。

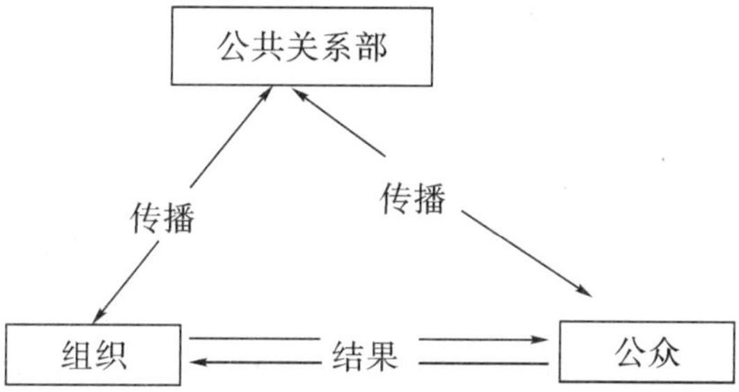

图3－3　公关部门在企业外部经营中的地位

（二）组织内设公关部门的模式

按照隶属关系的不同，组织内设公关部门存在着四种常见模式，分别是部门隶属型、部门并列型、高层领导直属型和公共关系委员会。

1. 部门隶属型

这种模式中，公关部门附属于组织的某个职能部门。如图3－4所示。

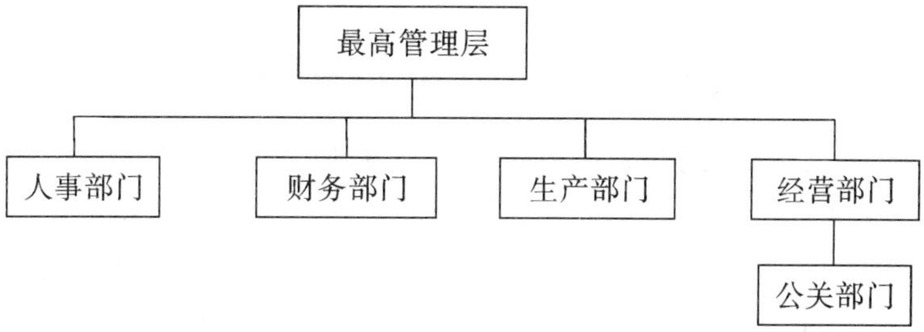

图3－4　公关部门隶属于某一业务部门

公关部门具体隶属于哪一个部门，可以视企业管理的具体需要而定。一般来说，公关部门可隶属于传播沟通的业务集中、较繁重的部门，例如：

（1）隶属于办公室。办公室是最接近行政领导的一个部门，这种隶属关系有利于最高领导直接指挥公关工作，这可以保证公关工作内容不偏重于某一工作领域。这种方式比较灵活，且便于企业决策掌握总体外部环境的基本情况。这种隶属形式在部门隶属型中属于较好的一种。但是，由于办公室的工作包罗万象，什么都管又什么都不管，假如组织领导人或办公室负责人公共关系意识不强，当工作繁忙时，很容易忽视公关工作，使公关机构形同虚设，难以充分发挥其作用和职能。

（2）隶属于广告宣传部门。这种部门设置方式侧重于公共关系的对外宣传功能。社会组织以公共关系机构作为发言人，配合广告等宣传活动，树立良好的组织形象。同时，公共关系机构对内承担对职工的教育宣传职能。这种部门设置方式强调了公共关系的宣传功能，但却容易忽视公共关系在组织运行管理方面的咨询、协调、服务等方面的功能。

（3）隶属于销售部门。许多企业领导认为，公共关系活动的最终目的就是促进产品的销售，因此十分重视公共关系的促销功能，把公共关系作为促销策略的一部分。这种部门设置方式将公共关系的功能局限在了销售领域，虽然突出了与顾客的联系，却忽视了企业与其他公众的联系及相应的公关功能。

（4）隶属于接待部门。还有些组织领导人认为公共关系活动的本质就是人际关系的协调，其主要功能就是处理好各种人际关系。因此，也有些组织将公共关系部门隶属于接待部门，主要负责日常接待应酬等活动。由于现代组织横向联系广泛，接待应酬等活动日益增多，有一个专门的部门负责这方面的工作自然能把这方面的工作做得更好。但这种部门设置方式及其反映出的公共关系理念的确不够全面和深刻。

2. 部门并列型

这种模式中，公关部门与组织的其他部门平行排列，处于同一层次，其模式如图 3－5 所示。

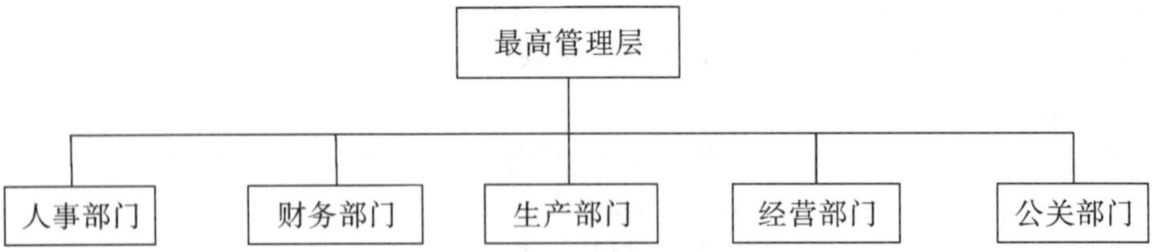

图 3－5　公关部门与其他业务部门并列

与部门隶属型相比，部门并列型模式里，公关部门在组织中的地位相对较高、权力较大，反映了公关在组织职能中的独立性和重要性。在这种结构中，公关部门可以直接参与最高决策，并有足够的职权去调动资源，协调关系，其传播业务也更加完整。公共关系的信息收集功能、宣传功能与咨询功能较易发挥。但往往只有较大型的组织才需要或可能这样来设置公关部门。中小型组织中，公关部门的规模与其他部门相比，一般要小一些，假如作为二级机构与其他重要部门并列，就显得不太平衡了。有的组织将原来从事类似公共关系活动的一些职能部门，如宣传教育科、广告科、接待科等合并为公关部，作为组织的二级部门，既整合了公共关系工作，又避免了机构重复。

3. 高层领导直属型

这种模式中，公关职能部门处于整个组织系统中的第三层级的职能部门，但作为一个第三级机构，它并不隶属于哪一个二级机构，而是直属于组织的最高层领导，直接向最高决策层和管理层负责。如图 3 -6 所示。

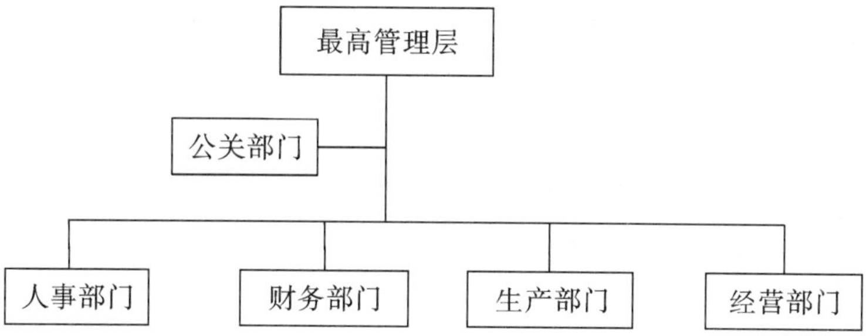

图 3 -6　公关部门作为三级部门但直属于最高层领导

这种类型的部门设置结合了上述两种类型的特点。公关部门独立于其他职能部门，可以超脱于其他具体的管理职能活动，较为客观地与这些职能部门进行双向的信息交流与沟通，同时它也因直属于最高管理层，有较大的权限来协调各职能部门之间的关系。在这种组织形式下，公关的信息功能、宣传功能、咨询功能、协调功能及其服务功能都能较充分地得到发挥。而且从总体的机构设置来看，这种组织形式也比较灵活精简。这是一种较为理想的组织形式。

4. 公共关系委员会

这种模式中，由组织的主管领导牵头，各职能部门负责人共同组成的公关工作协调委员会，统一指导和协调全局的公共关系活动，下设公共关系办公室，负责日常工作。特别是当组织需要筹办大型的公关活动项目时，可以设立专项性的、跨部门的公共关系协调委员会，以策划、统筹、协调专题活动涉及的公共关系事务，发挥公关“总调度”的作用。

总之，各类组织在具体设置公关工作机构的时候，必须根据自身的性质、特点、需要、规模等具体情况来考虑。如果条件不具备或不是管理工作所必需，也不一定要设立专门的公共关系职能部门，而采取指定某个现有职能部门（如行政办公室、宣传部、外事部等）兼管和负责相关事务，使组织的公共关系事务纳入组织的目标体系和管理系统。

（三）公共关系部门的内部结构

对于那些业务量大、业务范围宽、人数多的内设公共关系部门，在公关部门内部也会再分设若干下属部门，以更好地进行分工与管理。通常，存在着三种常见的公关部内部部门设置方式，具体如下：

1. 按公共关系工作手段设置（如图 3－7 所示）

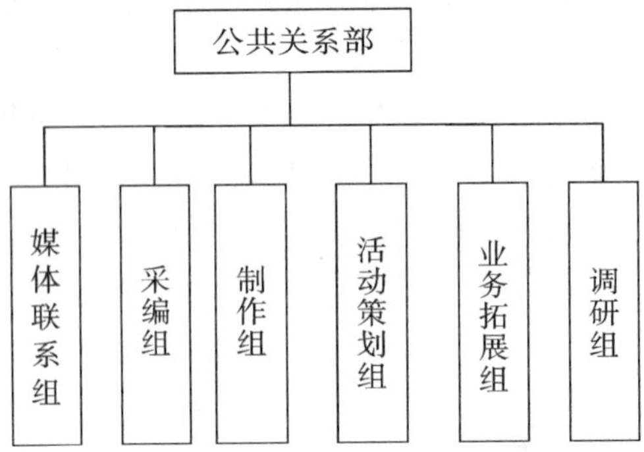

图 3－7　按工作手段设置的公共关系部

2. 按公共关系工作对象设置（如图 3－8 所示）

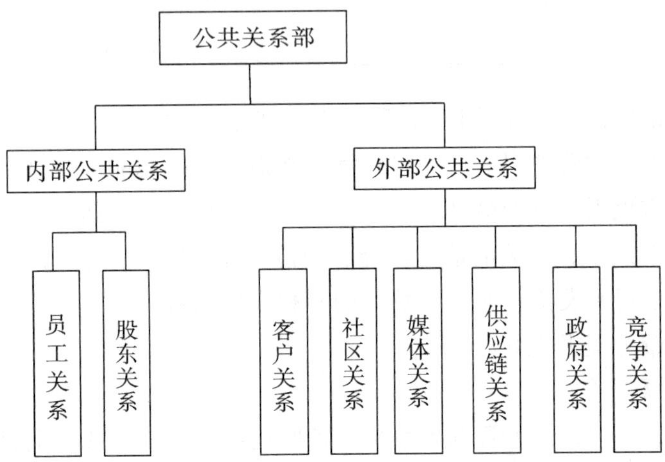

图 3－8　按工作对象设置的公共关系部

3. 按公共关系工作区域设置（如图 3－9 所示）

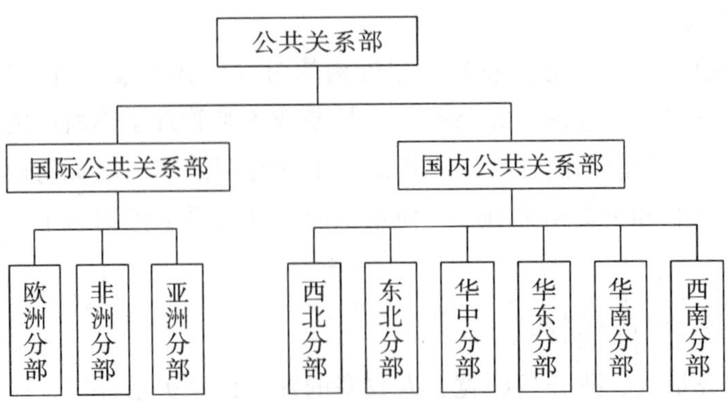

图 3－9　按工作区域设置的公共关系部

（四）组织内设公关职能部门的优缺点分析

从公共关系实际操作的角度看，社会组织内部设立自己专门的公关职能部门的组织形式，通常具有以下主要优点：

1. 了解内情，活动实施有针对性

组织内设的公关部门对本组织的业务活动和其他机构相对比较熟悉，有利于它们开展实施的公共关系活动。而且这些活动能有直接的影响。

2. 便于协调内部机构间的关系，活动实施相对灵活

内设公关部门直接受最高管理层的领导，直接与其他部门及各基层单位沟通，比较方便，容易协调。工作任务的临时增减，及工作目标与计划的随时调整都比较方便。

3. 公关活动，尤其是应对突发事件的效率较高

当公关部门成为常设部门，就可以时刻做好准备，随时发挥其功能，尤其是发生突发事件时，应对效率较高。

4. 公关成本较低

相比于专业的公共关系公司，内设的公关职能部门因为可以自行控制其编制和预算，较好地量入为出与控制活动成本。

内设的公关职能部门最大的缺点在于：

（1）公关活动难以实现客观性。内设公关职能部门的活动受到组织内部因素的制约，难以完全做到客观公正。内设的公关部门毕竟是组织内部组成部分，必然受到自身目标和利益的驱动，受到组织高层领导的影响和制约，也受到自身视野的局限，很难保持高度的公正与客观。特别是当组织与公众利益相冲突时，更难以做到公正与客观。

（2）公关活动的专业性不强。内设公关职能部门的公关人员长期从事的是日常的公关活动，对于重大的公关活动的实施缺乏经验与必要的准备，特别是对于重大的公关危机的处理更是没有专业系统的训练与实践，是以一旦面临重大事件时，内设公关职能部门的员工可能会因为缺乏锻炼而没有专业的应对。所以大多数社会组织在有重大公关活动时会倾向于选择专业的公关公司。

二、专业的公共关系公司

公共关系公司是专门为客户提供有偿公共关系服务的信息型、智力型、传播型的专业机构。从 1903 年艾维·李创办第一家公关公司至今，全球已涌现出了许许多多的公关公司。今天，在经济发达的国家和地区，公关公司已成为各类社会组织进行公关活动和公关管理的重要依托力量，其中博雅、伟达、宣伟、爱得曼等众多的优秀公关公司为社会提供了高水平的、全面的公共关系服务，在社会经济生活中发挥着难以替代的作用。目前，公关行业已逐渐发展为“第四产业”中的一个独立行业。

（一）公共关系公司的经营范围

概括地讲，公关公司的业务主要分为两个方面：一是咨询业务，即根据客户要求提供专家式的咨询；二是代理业务，即根据客户的要求，帮助客户开展具体的公关活

动。具体的经营范围包括：

（1）咨询诊断，即总体的公共关系顾问咨询。如提供对各种公关问题的调查研究，帮助客户分析各种公关问题，确定公关目标，预测发展趋势，设计形象，制定公关计划，设计实施各具体公关项目方案，编制实施程序等。

（2）联络沟通。协助客户与有关的公众联络沟通，制订并实施企业对内、对外沟通/交流的战略性计划等。

（3）收集信息。收集新闻剪报、市场信息、民意资料以及各种政治、经济、金融、文化、科技等方面的资料。

（4）新闻代理。为客户策划新闻传播，包括为客户撰写新闻稿件，选择新闻媒介，联系新闻界，组织新闻发布会等。

（5）广告代理。通过企业广告、实力广告、公益广告、观念广告等形式向大众传递公关信息，树立、维持、改变或强化组织的公众形象，从而建立起公众和组织之间的良好关系。

（6）推广产品。不同于一般的产品销售广告，而侧重于推广产品的创意、形象、声誉以及能为客户带来的价值等信息。例如组织各种形式的媒体与企业的座谈会、交流会，促进媒体对企业及其产品的了解。

（7）策划活动。协助客户策划实施展览会、展销会、研讨会、产品推介会、大型晚宴、酒会以及各种文化、体育、公益活动等。

（8）礼宾服务。如安排迎送、会见与会谈、宴请、签字仪式、出席文娱活动、参观访问等。

（9）印刷及音像制作。为客户设计、编制、印刷各种文字的宣传材料或纪念品、制作影片、音像制品、宣传网页等，如宣传册、活页、公共关系杂志、带有客户单位标识的徽记、招牌、礼品等。

（10）培训服务。举办公共关系和传播人员的培训班，传授公共关系的相关理念、原理、技术、实务等知识，提高培训人员的执业素质和能力。

（二）专业公关公司的特点

与内设公关部门相比，外部的专业公关公司有其长处及短处：

（1）公关活动较为客观公正，易于为公众所接受。专业公关公司以专业的眼光从外部公众的角度去处理客户的公关问题，不受客户内部主观因素的干扰，容易做到客观、公正。而且因为它是客观的第三方，社会公众对其相关宣传容易接受。

（2）公关人员技术全面，专业性强。专业公关公司能够利用其技术专长和丰富的经验为客户工作，比客户掌握更多的专业信息、社会关系和传播媒介，为客户提供较高水准的专业服务。而且专业公关公司的公关人员通常因为实践了许多不同的公关问题与活动，其经验也比内设的公关人员要丰富。

（3）公关方案较为灵活，适应性强。可以根据社会组织的具体需要随时提供不同的公关服务，不必增加客户的正式人员编制即可应付意外的公关事务，具有时间和空间上的机动性和适应性。

但专业的公关公司与内设的公关职能部门相比，也存在以下两点问题：

（1）专业公关人员不了解内情，方案的实施没有针对性。由于专业公关公司难以参加客户的决策过程，与客户内部机构和人事关系疏远，难以得到完整的信息和资料，对组织运行及管理活动的介入性差，所提方案的可行性往往会受到影响。

（2）公关活动的运作成本较高。聘请专业公关公司的运作成本一般比自己处理公关事务要高。但如果能建立长期的良好合作关系，得到高水平的策划服务，使公关的资源投入更为合理和有效，对客户来说还是值得的。

三、公共关系协会

公共关系协会等公关专业性社团组织，是非官方、非盈利性的群众社团组织。行业协会的建立和发展，是公共关系成熟程度的一个标志。国际公共关系协会成立于1955 年，中国公共关系协会成立于 1987 年。公共关系协会的基本任务包括：加强从业人员之间的交流、协调与合作；维护本行业专业人员的基本权利和利益；推动公共关系学术理论的发展，编辑出版会刊和专业资料；传播公共关系学知识；规范本行业的职业道德和行为准则，维护本行业的形象和声誉；培养和训练公共关系从业人员，不断提高业内人士的专业水准；为会员及各界人士提供公共关系专业方面的咨询服务；建立和发展本行业与社会各界及国外同行之间的交流与合作。2009 年 6 月中国国际公共关系协会获利民政部分发的行业协会资质证书，成为了我国全国性的公关行业组织，这为我国公关行业更加健康快速的发展提供了相应的基础。

第三节　公共关系人员的素质

公共关系的专业水准和工作质量，与公关人员的素质和能力直接相关。从微观层次看，公共关系人员是最基本的公共关系活动主体。

公共关系人员（简称公关人员）的定义有广义与狭义之分。狭义的公关人员是指那些专门从事公共关系工作的职业人员。而广义的公关人员，除了包括狭义的公关人员外，还包括那些从事公关教学和相关理论研究的人员，以及公共关系社团的从业人员。我国劳动与社会保障部对公共关系人员的定义是：专门从事组织机构公众信息传播；关系协调与形象管理事务的调查、咨询、策划和实施的人员。

一、公共关系人员的基本条件

（一）良好的职业道德

公共关系是塑造形象、建立信誉的活动，因此作为公共关系人员，首先要使自己有一个良好的形象，在公众中建立起信誉。世界各国对公共关系人员的要求都很严格，国际公共关系协会和各国公共关系协会都制定了明确、详细、严格的公共关系人员的职业道德和工作准则。

1. 公正

公共关系的本质是人际关系的协调，而要做好协调工作，就必须持有公正的立场。态度的偏向是协调成功的最大障碍。公共关系人员对于自己所服务的客户（无论是以前的客户还是现在的客户）、同行、媒体，都应一视同仁、公平对待。

2. 正派

要诚实可靠，作风正派，行为良好，不谋私利。不能搞不正之风，不能从事腐蚀新闻界或政府机构的活动，不能为了谋取自身利益而违背法律法规和职业道德。

3. 对社会负责

要使自己的活动不仅符合客户的利益，而且符合公众的利益。对于客户提出的那些有损于社会公德和公众利益的要求，要坚决予以拒绝，并以恰当的方式加以解释和说服。

4. 真实

在沟通信息时，必须真实准确，实事求是。公共关系活动的基础是信息的传播，而当信息失去了真实性时，信息的传播者的信用也开始丧失。因此，公关人员在公关活动的各个环节都要确保信息的真实可靠，虚报、瞒报、假报，甚至故意歪曲事实、提供虚假信息的做法，迟早是要被揭穿的，不仅达不到目的，更会使组织的形象和声誉受损，有关人员也必然要为其行为负责。

5. 保密

公共关系工作人员为了更好地开展工作，必然要接触一些客户的机密。无论何时，他都必须严守机密，即使不再为这一客户工作，也应该如此。

（二）较高的政策水平

公共关系活动是随时与公众和社会发生交互作用的活动，较高的政策水平是公关人员保证其所从事的工作方向正确、结果有益的必然要求。

（1）要掌握国家的有关法律法规及方针政策，并使自己的工作不与之相违背。

（2）对自己组织内部的有关政策和方针要能熟悉运用，并使自己的工作都能为实现组织目标服务。

（3）要能适当地利用其他社会组织的有关政策和方针，使自己的工作尽可能顺利进行。

（三）广泛的学科知识

公共关系本身是一门边缘学科，涉及许多学科的相关知识，所以要求公关人员具有广泛的学科知识，乃至较高的学历。公关行业本身是一个飞速发展的行业，既需要专家，又需要杂家。

（1）在进行形象调查与分析时，要求公关人员具有市场调查与预测的相关专业知识。公共关系的主要功能在于影响消费者的认知，因此多角度、多维度的认知调研是公关策略制定的重要基础，所以关于调研的专业知识在公关人员的知识结构中是必不可少的。

（2）在进行形象设计时，要求公关人员具有市场策划、形象设计的专业知识；同时，因为要对公众进行分析研究，所以要求公关人员具有社会心理学方面的知识。

（3）在形象推广活动实施时，要求公关人员具有传播学方面的专业的知识。

简而言之，一名优秀的公关人员的知识是十分广泛而丰富的，他（她）对于新闻传播、社会心理、政治、经济、法律、社会、伦理、逻辑、历史、调查与统计、编辑与平面设计、写作、外语等多个学科和领域的知识和最新动态都有一定的了解和研究，并擅长将各种知识与信息综合分析利用。

（四）多种多样的能力

1. 组织能力

公关人员经常组织各种公关活动，如发布、聚会、庆典、联谊、接待、游艺活动等。要使这些活动有条不紊地进行，达到活动的预期目的，使每个（至少是大多数）参与人员都满意而归，公关人员就必须具备较强的组织能力和应变能力。

公关组织能力主要体现在三个方面：

第一，计划能力，也就是对公关活动能事前作出合理、周详而不失灵活的计划，做到项目安排合理，程序有条不紊，时间紧凑，内容丰富，预算节约。

第二，能够有效地调度活动所需各方面的资源，使其井井有条。

第三，在活动中能够熟练地调动和控制现场气氛，而且能够随机应变。

2. 交际能力

公关人员必须具备相应的交际技巧，主要包括：

第一，学会推销自我，即在人际交往中，能够让对方承认赞同其个人的价值观念、行为方式、知识、能力、水平。这一方面要有相应的实力作基础；另一方面要有相关的交际技巧，特别要注意控制自己的弱点与不足。

第二，寻找双方的共同语言，使沟通能够发生并顺利地进行。

第三，换位思考，能够站在对方的角度来考虑问题。

第四，学会聆听。这既体现了对对方的尊重，也能更好地了解对方的想法。在许多情况下，仅仅是倾听就足够了，对方的需求就已经得到了满足。

第五，真诚地赞赏。这将大大有助于建立起良好的人际关系。

第六，要有随机应变的能力。这是因为任何人都不可能准确地预测将要发生的事情。

3. 较强的写作能力

写作是将信息组织起来并通过书面形式表现出来，进而传递出去的最重要技能之一。但很不幸，写作也恰恰是大多数刚出校门的毕业生基本能力中最薄弱的环节之一。无论是公共关系的入门者，还是有着长期职业经历的老手，都应当具备这种能力——为出版（发表）和讲演写作出语法上正确的、格式上规范的、通俗易懂的、吸引人的、信息大的、有说服力的甚至是震撼人心的稿件。

4. 较强的口语表达能力

口语表达是信息传递的另一种极重要的方式，在公共关系活动中，特别是在双向交流活动中有着其他表达方式难以取代的独特作用。良好的口语表达能力往往需要经过长期的训练得到，它要求口齿清晰，发音标准流畅，语音大小适中，语调自信而沉着，意思表达清晰、完整、明确、严谨、通俗易懂，而且还能根据“听众”特点相应地调整具体的表达方式。

5. 创造能力

从本质上说，每一次成功的公关活动都是一次创造性的劳动，包括CI策划、形象定位和宣传、危机公关等。公共关系人员不仅要有广博的知识，还要有敏锐的判断力、丰富的想象力、深刻的洞察力，并且有创造性的灵感。只有这样，才能成为决策者的足智多谋的参谋和助手，才能胜任公共关系策划的工作。

6. 装饰才能

精美而独特的装饰可以使公关活动的媒介产生强大的吸引力和冲击力，标新立异的活动可以迅速地抓住人们的注意力。一个优秀的公关人员是一个善于将自己的装饰才能发挥到极致的人。

（五）适宜的心理素质

1. 气质

气质是个人心理活动和行为方面的稳定的动力特征。根据心理学家的研究和分析，气质一般分为四种类型，即多血质（兴奋型）、黏液质（活泼型）、胆汁质（安静型）和抑郁质（荏弱型）。不同气质类型的人在生活和工作中会表现出不同的心理活动特征和行为方式。

多血质的人活泼、好动，反应灵敏，喜欢与外人交往，能较快地适应环境的变换，但情绪不够稳定，兴趣和情趣容易变换；胆汁质的人精力旺盛、行动果断，但脾气急躁、容易冲动，心境变换剧烈；黏液质的人安静稳重、沉默寡言，显得庄重，情绪不易外露，有很强的自制能力，但不善随机应变；抑郁质的人行动迟缓、性格孤僻，善于观察他人不易觉察的细节，具有内向性。

气质虽然分为四种，生活中却很少有人简单地属于哪一种，多数人都属于混合型或中间型气质。气质本身并无好坏之分，某种气质特征对职业既可能有积极的作用，也可能有消极的作用。但如果单从气质类型与职业的匹配来说，多血质的人适合那些对外交往比较多、挑战性比较强的职业，如外交官、律师、驾驶员、记者、管理者、运动员等；胆汁质的人适合那些需要经常与人打交道，工作内容和工作环境不断变换，且比较热闹的职业，如推销员、公关人员、导游员、节目主持人等；黏液质的人适合那些稳定的、按部就班的职业，如会计、出纳、保育员、话务员、播音员等；抑郁质的人适合从事那些安静、细致的职业，如校对、打字、质检员、保管员、化验员等；相反，黏液质和抑郁质的人就不适合从事营销等“说服”他人的职业，而胆汁质的人就不宜当会计等。

同样，不同职业对从业者的气质也有一些特定的要求，就公关人员而言，多血质和黏液质相对于胆汁质和抑郁质更为合适。

2. 性格

性格是指个人在对现实稳定的态度和习惯化的行为方式中所表现出来的个性心理

特征，主要体现在态度、情绪、感知和意志等方面。相对于气质，性格具有更大的可变性，更容易因为经历和遭遇的不同而改变，同时，性格也可以在一定程度上掩盖和改造气质。性格一般分为外向和内向两种：内向性格的人，有耐心、谨慎，适合从事类似研究的工作；而外向性格的人爱好交际，善于活跃气氛，适合从事与人交往的工作。

一个人身上也往往兼有内向与外向两种性格，生活中屡见不鲜的例子是一个从前腼腆内向的人最后却成了成功的企业家，而一个看起来开朗好动的人在安静的实验室中度过了一生。性格和气质不同，它有明显的好坏之分，例如：真诚与虚伪、勤劳与懒惰、细致与粗心、谦虚与傲慢、自信与自卑、热心与冷酷等等。

在现实生活中，许多职业对从业者的性格品质有着特定的要求，公共关系人员的性格应该是开朗、坚韧、容忍、随和。公关人员需要与各种各样的人打交道，参加各种各样的社交活动，因此，他的性格应该是开朗的，也就是要外向热情、幽默风趣，具有很好的亲和力。由于公关活动是一项持久的细致的工作，公关人员应具备坚忍不拔的精神，不能急于求成、急功近利，对挫折要有很高的容忍度。在与公众打交道时，特别是谈判时，需要有耐心和包容力。公关人员既要做一个耐心的听众，对别人的观点表示出兴趣和关切，对别人的一些过激言论能够容忍和克制；又要做一个耐心细致的说服者，使别人愉快而心甘情愿地接受自己的观点；对别人一时的固执或抵触态度要善于等待。公关人员还应擅长中庸之道，性情随和、稳重。既能在任何情况下坚持原则，又能不计小节，善于为别人提供台阶，为尴尬的局面圆场。这种“外圆内方”的性格才有利于顺利地调和折中各方观点，缓和冲突，加强合作。

二、全员公关管理

公关工作的成功不仅需要依靠专职的公关部门和公关人员的不懈努力，而且有赖于一个组织各个部门和全体人员的整体配合。所以，一个组织上至最高领导，下至每一个成员，都是有形与无形的公关人员。

（一）全员公关管理

所谓“全员公关管理”，即通过全员的公关意识，提高全员公关行为的自觉性，加强整体的公关配合与协调，全面发动全员的公关努力，形成浓厚的组织公关氛围与公关文化。由于公共关系的责任是管理一个组织的知名度、信誉度、公众舆论和关系网络等无形资产，综合性较强而难度较大。公共关系工作的成功，不仅需要依靠专职的公关部门和公关人员的努力，也需要组织中各部门和全体人员的共同努力与配合。从这个意义上讲，组织的每一个成员，上至一把手，下至最基层的普通员工，都是组织的公关人员。因此，全员公关管理与专业公关管理非但不矛盾，而且是相辅相成的。公关工作需要组织的专家、专业公关人员和每个员工都参与到其中才能成功。

1. 领导的公共关系意识

一个组织的领导，必须对自己组织的声誉和形象承担直接责任。因此，领导们都应具备强烈的公共关系意识，关注组织的公共关系状况，在运行管理中提出公共关系方面的要求，在实际工作中支持和指导公共关系工作。公共关系工作的特殊性在于，它渗透到日常工作的各个环节，必须从全局的和战略的角度加以协调管理。即使是具体职能部门或基层的负责人，也需要了解自己的公共关系责任：首先，要弄清自己的工作职责与公共关系活动的关系；其次，要努力使所属部门的业务支持整体公共关系目标；再次，要在工作中及时向公共关系人员寻求忠告和协作；最后，要让公共关系部门了解本部门的计划、作业、人员变动及新产品等最新信息。

2. 全员的公共关系配合

要将公共关系的经常性工作与全体干部、职工的日常行政、业务、生产工作结合起来。各职能部门和生产单位在自己的工作范围内作决策、计划时，都应该自觉地配合组织公共关系的目标。公共关系的好坏，也应该是对各部门业务工作进行评价考核的一项指标。相应地，应该在有关的规章制度中明确每一个部门或岗位对公共关系应负的责任，如宣传部门负责处理好与新闻界的关系，销售及售后服务部门负责抓好服务质量，生产部门负责产品质量，人力资源部门负责员工关系，门卫要注重仪表仪态，电话接线员要做到态度亲切和声音悦耳等。因此，需要经常在全体员工中开展公共关系方面的教育和培训，开展公共关系方面的考评和奖励。

3. 组织的公共关系氛围

全员公共关系有赖于在组织内部形成一种浓厚的公关风气、公关氛围。所以，应该在组织内部普及公共关系教育，使全体员工认识到，一个组织的形象、信誉等无形资产比有形的资金、设备更为珍贵。而营造和维护良好的形象和声誉人人有责，需要每个员工的重视和付出。凡是为组织赢得了声誉的人和事都要表彰和奖励，凡是损害组织声誉的人和事都要受到惩处。应使干部、职工在内外交往中自觉注意公共关系。

（二）公共关系意识

所谓公共关系意识，属于一种现代化经营管理和行政管理的思想、观念和原则，它是公共关系实践在人们思维中的反映，并由感性认识上升为理性认识。其内容有：

1. 塑造形象的意识

塑造形象的意识是公共关系意识的核心。公共关系意识中，最重要的便是珍惜信誉、重视形象。只有具备塑造形象意识的人，才能清醒地懂得知名度和美誉度对自己组织的生存和发展的价值。

2. 服务公众的意识

形象是为组织的特定对象所塑造的，这些特定对象必然与组织有着某种联系，他们是组织的公众。任何组织的公共关系工作都必须着眼于公众，“赢得公众的赞词”。而具有服务公众意识的人，能时时处处为公众利益着想，利用条件、创造条件来为公众服务，努力满足公众方方面面的要求。

3. 真诚互惠的意识

任何组织都想塑造自己的良好形象，但这种形象的塑造，必须建立在真实、透明、真诚的基础上；任何组织都想通过公共关系工作，追求自身经济效益的最大化，但这种追求，必须建立在彼此尊重、平等合作、互惠互利的基础上，而非建立在欺骗他人、坑害公众的基础上。

4. 沟通交流的意识

沟通交流的意识，实际上也可以说是一种信息意识。组织为了塑造良好形象，更好地为公众服务，以实现其目标，就必须构筑一个信息交流的网络，来掌握环境的变化，保护组织的生存，促进组织的发展。

5. 创新审美的意识

塑造组织良好形象是一个创新审美的过程。首先，要创造和发展组织的良好形象，就必须有创新、有突破、有超越，既超越自己，又超越其他组织。其次，公共关系是一门艺术，因此，它必然要求具有审美价值，唯有美的形象，才能为人们所欣赏、所接受；唯有美的活动，才能使人们乐意参与、投入；而只有具备创新审美意识的人，才能透彻地体会到塑造形象的奥妙与乐趣。

6. 立足长远的意识

塑造良好形象，不是立竿见影的事，而是需要通过长期努力，不断积累，才能取得成功。

第四节　公共关系的基本原则规范

公共关系的基本原则和规范是企业公共关系工作人员在处理公共关系事务或从事公关活动时所必须遵循的行为准则和应达到的基本要求。企业公共关系的基本原则和规范共有五个方面：以求实守信为基础，以满足公众需求为出发点，以双向信息交流为条件，以科学为指导，以效益为归宿。只有切实遵循这五条原则和规范，才能真正地搞好各项公共关系活动。

一、公共关系必须以求实守信为基础

实事求是，诚实可靠，值得信任，这是开展公共关系活动的基础。“求实守信”是公共关系工作的根本原则之一。

开展公共关系活动必须建立在把握真实事实的基础之上，向公众如实传递有关信息，并根据事实的变化来不断调整公关活动的政策与行为。

事实是既有的客观存在。在公共关系范畴里，事实不仅是简单的客观现象或状况，而且还承载着一定的社会信息，全面、客观地掌握有关事实对公共关系活动具有决定性的作用。任何一个组织，都是存在于一定社会环境中的组织，组织和环境之间不断地发生着相互作用，不断地产生着各种各样的交互行为。公共关系工作人员首先考虑的不是技巧，而是对事实的准确把握，他必须通过各种办法收集关于公众情况的信息，及关于组织与环境的相关情况的资料，收集双方可能存在的不平衡、不协调的各种事实。

公共关系创始人艾维·李认为，开展公共关系活动必须“说真话”，也就是说必须以事实为根据，并以此作为公共关系的“生命线”。如果没有对事实的准确把握，组织

的公共关系活动便失去了生存的基础；如果组织不能真实地传递信息，公正地评价信息，也就无法实现增进相互了解、提高企业形象的目标。倘若不遵守“求实”原则，有意掩盖、隐瞒或歪曲事实真相，采取愚弄和欺骗公众的手法，那只能使公众产生怨恨，使企业失掉信誉。

公共关系工作不仅要“求实”，而且要“守信”。市场经济就是信用经济。良好的信誉是现代企业追求的目标，企业的信誉决定着企业的生存和发展。公共关系的首要目标就是要建立良好的组织形象和组织信誉。只有在信息传播过程中坚持“求实守信”的原则，才能实现上述目标。因为，“求实”和“守信”是两个相互联系、相互依存的方面，没有“求实”就谈不上“守信”；做到了“求实”，才能做到“守信”。良好的信誉是靠实事求是赢得的。

“求实守信”原则要求组织及其员工在从事公共关系工作时，树立起如下思想：

首先，面对社会公众时，既要考虑企业的利益，又要考虑公众的利益。企业追求自身利益是天经地义的事情，但这种追求不应妨碍或损害公众的利益，而应尽可能关注和兼顾公众的利益，这样企业才能与环境之间保持融洽和谐的关系，才能使自身利益长久化。

其次，公共关系人员要树立为对象服务的思想。本书第一节中就谈到了服务功能是公共关系的基本功能之一。良好的服务意识十分有助于把求实守信的原则转化为自觉的行动。

最后，组织在公共关系宣传活动中应实事求是，既报喜，又报忧，不夸大自己的优点，更不避讳自己的缺点。用真诚促进组织与公众之间的沟通了解，换取公众的理解、信任与合作；用信用树立起组织在公众心目中的良好信誉。

二、公共关系必须以公众的需求为出发点

公共关系的工作对象归根到底都是人，人的需求是人行为的根本动力。了解公众就必须先了解人，了解人又必须了解人的需求。一般人的需求可以分为三个层次：首先是生存需求，其次是享受需求，最后是发展需求。这三层需求由低层次向高层次递进，但高层次的需求以低层次的满足为前提。随着环境及自身条件的变化，人的需求呈现出动态的变化。与此相适应，公共关系的活动应立足于公众的各种需求，以满足人们的需求作为基本准则。

就精神需求而言，知晓需求是其首要表现。知晓需求就是人们了解周围事物真相的要求，具体表现为对真实、客观、公正的事物真相的了解欲，即人们常说的“好奇心”。知晓需求是人类的一种出于本能的心理要求。从企业公共关系的角度来看，企业组织满足公众的知晓心理需求是十分必要的，因为组织将有关事物的真相传播给公众，不仅能够增强他们对组织的信任感，而且可促使他们成为组织的长期、稳定的公众。如果公众的知晓需求得不到满足，就容易产生猜测，反而对组织不利。

当人的基本生存需要得到满足以后，更高层次的享受和发展需求就会滋生和增强。随着社会的不断发展与进步，人的需求也在不断变化与提升。一般说来，任何一个正常人都有独立自主的意识与需求。人们在社会交往中普遍希望受到他人的尊重，其待

人处事往往表现出明显的独立性、自主性、主动性。现代社会中，人们普遍希望得到更多的尊重和发展机会，其独立性、自主性和主动性都比以往来得更为强烈。因此，从组织的形象和利益出发，从职业道德和对公众负责的角度考虑，组织在公共关系工作中应当更多地关注人们独立自主的人格需求，并贯彻到公关工作的每一个环节之中。具体地，组织在公关活动中，要设身处地地为公众着想，交往中注意礼仪，对公众一视同仁，尊重公众的意见、主张及风俗习惯。

公共关系人员在设法满足人们不断转移、升华的精神需求时，还必须注意以下几个问题：首先，要不断了解公众需求的内容及其变化，大致分析出公众中的有关精神需求的性质。其次，衡量公众有关精神需求的强与弱，外向或内向，高文化层次或一般文化层次，以便工作实施时区别对待。最后，在了解、把握了精神需求的特点之后，应因人而异地采取针对性的方式予以满足。

三、公共关系必须以双向信息交流为条件

公共关系是一种包括物质、信息、情感在内的复杂交流关系。“以双向信息交流为条件”这一现代公共关系的基本原则，其基本涵义是指：一个组织在开展公共关系活动时，既要求有信息输出，又要有信息输入和反馈；从协调组织与公众的关系角度来看，信息输入和反馈较之于信息输出来说，具有更重要的意义和价值，有了信息输入和反馈，才能够寻找到评价企业公共关系活动效果的客观依据和尺度。

“以双向信息交流为条件”原则中所说的条件，既是保证组织公共关系成功的条件，也是能否真正落实“求实守信”等其他公共关系基本原则的条件。离开了双向信息交流，“求实守信”就难以核实，公众需求就难以把握。组织应高度重视信息网络和信息系统的建立和维护，利用信息技术和信息系统做好信息交流工作，并更高效地利用信息创造价值。

把组织的有关信息及时、准确地传播给公众，是公共关系的一个重要职能。良好的公共关系是优良行为和诚实、正确报道的结合。信息交流离不开对外传播，但从调节组织自身活动的角度看，收集和反馈信息可能比发布信息更为重要。现代组织必须随时监测环境的变化，及时对外部信息作出反应。能否及时收集、处理和传递信息，对组织的生存和发展至关重要。

值得注意的是，“以双向信息交流为条件”不仅立足于信息的互相交流，更注重情感的相互沟通、心灵的彼此耦合。如果忽视了情感的交流，组织的形象就会变得枯燥乏味、生硬而缺少人情味。感情联络、感情传递和交流，也是一种双向的关系，称为感情互动，需要组织与公众双方的行动。企业既要设法影响公众，也要接受公众的影响；既要了解社会，也要让社会了解自己；既要让别人适应自己，自己也要主动适应别人。

四、公共关系必须以科学为指导

以科学为指导，就是说组织的公共关系实践应当凭借科学的理论和方法，在系统

观念的指导下进行，而不能仅仅依靠直觉、经验和主观判断来进行。

公共关系同管理一样，既是科学，又是艺术。作为组织运行管理的重要实践活动，公共关系常常需要根据具体情况作出创造性的发挥，体现出艺术性。同时，作为一门新兴的边缘性交叉学科，公共关系学综合运用了多个学科的成就，结合公共关系实践活动中的经验，发展出其自身的理论体系。应用公共关系学的有关理论和方法，能够指导人们的公关实践活动，使其在科学的指导下规范而高效地进行，减少因随意性带来的误差和低效。例如，组织可以利用一整套科学规范的方法定量地考察组织的公共关系，研究企业与环境相互作用及相互影响的过程，分析公众的构成及其变化，从而获得各种具体的材料和数据，用以精确地进行公关决策。

五、公共关系必须以效益为归宿

任何组织开展公共关系活动都是为了达到树立良好形象和声誉的目的，对公共关系的投入也必定是为了获得相应的回报。企业作为经济生活的基本单位，是一种重要的社会组织形式。企业的存在是以提供对社会有价值的产品（含服务）为代价，交换获得它所需要的利润。因此，企业各项活动的归宿都是效益，公共关系活动也不例外。同时，每一个企业都是环境中的企业，它在谋求自身利益的同时，也不能无视社会的利益，不能无视作为其赖以生存的基础的公众的利益。

由于公共关系活动实际上就是借助于信息传播活动，树立企业的良好形象。因此一切公关活动的细节都必须考虑到带给社会公众的影响和将产生的效果，也就是必须以取得良好的社会效益为目的。当然，公共关系活动在考虑其社会效益方面的贡献时，又必须量力而行，即必须同时兼顾企业自身的经济效益，认真地进行核算，保证既对公众有利，又对企业有利。

总之，企业为了生存和发展，必须实现两个目的，即确保企业利润和为社会提供产品和服务。提供产品和服务，这是企业对社会应尽的义务；确保利润，这是企业尽义务应得的报酬。当企业和公众都从公共关系活动中得到了各自的利益时，公共关系活动的效益才真正得到了实现，到达了它应到的归宿。

案例 3 - 1

今日集团——借新闻形式，树企业形象

1994 年 1 月 19 日，今日集团购买马俊仁“生命核能”配方技术转让签字仪式在广州中国大酒店举行。这一活动，吸引了全国 97 家媒体共 211 位记者到现场采访。

马俊仁积 24 年体育执教经验的生命核能配方，由今日集团出资 1000 万元独家购得，这是当时国内价格最高的个人与企业之间的技术转让，备受全国媒体瞩目。最初，马俊仁曾提出以今日集团提供赞助，而他将配方作为回报无偿捐赠给今日集团的方式来完成这一交易。但今日集团出于树立企业形象的考虑，坚持采用购买的方式。的确，采用赞助的方式来处理这一事件，未免显得过于普通，完全抹杀了该事件原有的新闻

价值。而今，今日集团以1000万元不仅得到了配方，同时还买到了轰动效应，买到了全国97家媒体不遗余力的报道，这不仅提高了企业的知名度，更给社会留下了企业尊重知识、尊重人才、尊重知识产权的好印象，实在是极妙的一招。

（根据相关新闻报道编写）

案例3-2

河南信心药业集团有限公司

河南信心药业集团有限公司其前身为郑州市中药制药厂，是河南省规模较大的中成药制药国营一类企业，具有45年中成药生产历史。它的主要产品有165个，能生产口服液、片剂、注射剂、丸剂、气雾剂、散剂等十多个剂型，下设三个附属厂。1993年下半年以后，由于领导班子不力，内部矛盾激化，经营管理不善，最后资不抵债，终于在1996年4月29日宣告破产。在此情况下，河南花园集团整体收购郑州制药厂。但对如何振兴中药厂，花园集团也面临各种困难，有专业上的问题，更有管理上的问题，特别是如何使涣散的人心聚拢起来。企业被花园集团收购后，企业性质的变化叫职工们一时难以适应，对收购方的猜测、疑虑甚至由于不敢信任而产生的抵触也如一股涌动的暗潮。花园集团为了使企业迅速走上正轨，聘请专家来企业协助实施“信心文化工程”，开展了一系列内部公关活动。

当时企业中遗留下来的一系列严峻的问题：

（1）领导班子不够团结。

（2）思想观念跟不上时代发展，缺乏战略规划与有效手段，缺乏统一的理念。

（3）管理水平下降，成本费用上升，非生产人员越来越多。

（4）以前的用人不当、分配不公、不规范行为，极大地挫伤了广大职工的积极性，缺乏规范的制度与手册。

（5）破产引起思想动荡，人心浮动，怨气大。收购后怀疑、沮丧、迷惘、观望与重振雄风的愿望同时存在。

而当前管理者所需实现的是如何通过内部公关稳定军心，重整旧山河，顺利完成破产后的机制转型，力争尽快恢复正常生产；通过构建信心药业的理念系统，实施企业文化工程，设计员工手册，凝聚那一盘散沙，统一思想，规范行为，以此为突破口，提高整体素质。

针对这一情况专家提出了以下建议，并予以实施。

（一）关怀与送暖活动

（1）针对当时企业破产后，大多数员工听说国有企业要被民营股份企业收购，有一种失落感，有一种怀疑和观望的心理，为尽快争取员工的支持信任，企业拨出经费，在临近中秋节和国庆节的时候，为每位职工送去了两斤月饼，一篮苹果，这在员工中引起极大的震动。作为下岗待业的破产企业职工，很久未能感受这种关怀了，尤其是此刻花园集团在尚未正式收购之时，就已经把温暖送来了。

（2）接着又为恢复生产，先修职工车棚，随后又为退休职工补上欠款。

几项措施一下子拉近了收购者与被收购者之间的距离，一些员工表示，盼着尽快完成收购手续，希望尽早上班开工。

（二）信心药业的理念系统

理念是一种企业整体的价值观和经营理念，它的形成往往来自企业内大多数员工对企业存在的社会使命、发展方向和发展目标的认定，然后在具体的生产经营中才能凝成一股强大的精神力量，信心药业企业理念系统如下：

（1）主题理念口号："心正药精。"

（2）企业事业领域："以药为基点，以健康为半径，圆幸福生活一个梦。"

（3）企业使命："制中州药，泽天下人，承医圣志，扬民族魂。"

（4）企业精神："平康万民，信心情系千秋业，强国济世，上下同欲石变金。"

（5）企业哲学："皮之不存，毛将安附；事业不存，幸福何来？"

（6）企业铭："金石草木为我所用，炮制提炼必求其精。"

（7）司训："制中州药，泽天下人，承医圣志，扬民族魂，平康万民，信心情系千秋业，强国济世，上下同欲石变金。"

在企业理念建设的基础上，信心集团领导决定搞好信心文化建设，培养新型"信心人"。

（三）企业文化建设工程

信心公司文化建设工程从五个方面进行了策划。

1. 信心文化传播工程

（1）总经理精神灌输，通过报告会的形式，向管理人员和一线员工阐述企业哲学和企业精神的内在涵义，讲述一个合格"信心人"应具备的品格和敬业观、服务观，每年举办两次。

（2）编定信心理念讲义，制定公司特有的精神、道德、行为准则，工作作风等方面的培训教材，简称《信心铭》，在新员工上岗之前进行训导，对在岗员工每年进行一次培训，同时，组织专人赴南阳学习编印《医圣张仲景的故事》发给员工阅读，写读后感，并通过内部广播、报纸、讨论、演讲等形式交流。

（3）举办信心文化讲座，主要内容包括：企业理念与企业文化；角色与敬业；人、企业与社会；企业公关与企业形象；现代企业管理……每月举办一次，到目前为止，已累计举办22场次。

（4）创办《信心人》报和《信心之声》广播室，《信心人》报每月两期，分设新闻、知识长廊、副刊、新视野等，《信心之声》广播室，早、午各播一次，除播新闻外，《信心之歌》为首播节目。

（5）建立上下沟通制度：通过各种形式，每月向员工报告一次生产、经营情况和公司重大事件。

（6）成立信心文化研究会，不断赋予信心文化更深的内涵，从1997年初开始，每半年举行一次。

（7）建立厂史展览室，教育员工和新聘人员不断增强在花园旗帜下办好信心公司的信心。

（8）重塑医圣张仲景像，于1997年将张仲景像立在办公楼大厅内，以形象为载体，使员工更深刻地理解公司的理念，以医圣的生平业绩教育激励员工。

2. 信心文化育人工程

（1）成立信心学校。在原中药厂技校的基础上，由人事部主抓，负责员工的岗位培训、专业技术培训和在职员工培训，培训内容还包括企业理念系统，每年举办各种培训班达10多次。

（2）制定信心育人计划。1997年同郑州大学联办大专班，抽调50名骨干进行为期一年的学习，毕业后，全部充实到营销等重要岗位，发挥了积极作用。

（3）开展“做合格信心人”和“假如我是厂长”大讨论，启发员工为搞好信心公司出谋献策，此项活动自1997年开始后，先后有10多篇稿件发表在花园集团公司主办的《花园人》报上。

（4）开展“质量大比武”活动，在车间及员工中间进行，每年举办一次，评出竞赛标兵，促使员工勤奋学习技术，苦练操作本领，增强质量意识。

（5）开展质量找差距活动，对出现质量问题的典型事例进行分析、讨论，1997年5月，对原中药厂库存及退货中的不合格品、近300万元的过期产品进行了当众销毁，不断增强员工追求高品质的质量意识。

3. 信心文化激励工程

信心公司劳动效率的高低和经济效益的大小，不仅取决于信心人的基本素质与技能，更取决于信心人的积极性与创造性，只有强化企业文化的激励功能，把蕴藏在员工肌体内的聪明才智、劳动潜能充分挖掘出来，并且引向一个目标，才能使企业形成强大的凝聚力，产生无限的生机与活力，为此：

（1）实行“年功工资制”和“持股计划”，对高层、中层管理人员实行“年功工资制”，对全体员工按不同级别实行了“持股计划”，人均量化股份5000元以上。

（2）建立员工福利和慰问金制度，1997年投资200万元，对员工住房、生活区道路、车棚、配电房等进行了修建，稳定了员工思想，对员工结婚、生日、伤病按规定进行祝贺和慰问。

（3）设立总经理奖励基金制度。对为公司作出重大贡献和提出合理化建议等的员工进行奖励，如：1998年对公司销售状元奖励1万元，对获得国家级认证的OC（QualityControl，质量控制）小组成员奖励1万元。

（4）制定培育文化楷模计划。对历年来的先进模范人物典型如岳朝贤等进行宣传，通过《花园人》报或板报、广播宣传他们敬业爱厂的事迹，掀起“学先进、树新风”的热潮。

（5）建立家属慰问制度。每年春节给员工家属发慰问信，邀请参加公司的联欢会等，以此取得员工家属对公司的支持。同时，对有特殊贡献的退休老职工组织看望活动。

4. 信心文化活动与文化礼仪工程

开展丰富多彩的文化活动与建立各种文化礼仪是建设信心文化的载体，通过这种载体，既能活跃员工的生活，减轻工作紧张感和疲劳感，增加人们的生活情趣，又能够使员工置身各种活动和礼仪之中，潜移默化地受到企业价值观和企业精神的熏陶与感染。

（1）制订体育活动计划。每年节假日由工会组织进行体育活动，如拔河比赛、羽毛球比赛等活动。

（2）制订文娱活动计划。重大节日活动如：公司成立庆典、节假日等组织员工进行卡拉 OK 赛、征文、书画、智力竞赛、棋牌比赛、歌咏比赛、读书等活动，丰富员工的精神文化生活，陶冶员工的情操。

（3）建立工作惯例和纪念性礼仪：坚持“早训”制度。每天上班前，组织员工背司训两遍；唱司歌《信心之歌》和《团结就是力量》；重大节日或活动组织升旗活动（国旗和公司旗帜）；建立生活惯例礼仪，对离退休老干部每年举行两次座谈会，对员工退休组织欢送会。

5. 信心文化宣传推广工程

（1）编制《信心理念手册》向员工传播，人手一册。

（2）制订社会公益活动计划。近两年来，公司内组织三次分别对三名特困员工进行的捐款活动，总额达 3 万元。

（3）利用各种形式开展公司的宣传活动。如，同《漫画月刊》社联办“信心药业杯”全国漫画大奖赛，联合《城市早报》赞助公益事业，和《小小说》共同举办“信心”杯全国小小说征文活动。

（4）在销售本公司产品时向用户推出“服务承诺”。

为使上述五项工程顺利推进，公司成立了以企业党、政、工领导为主要成员的“信心文化建设领导小组”，有计划、有步骤、有分工地进行统一领导，协调文化建设的推广工作。

内部公关的最终效果显著：

（1）通过成功的内部公关与整改工作，信心药业从 1996 年 11 月 4 日重新开工，第一期 580 名员工回到工作岗位，恢复了清肝利胆口服液、婴儿素、健儿药丸、清热解毒、抗病毒等主要产品的生产，两年完成销售额 3400 万元，上缴利税 270 万元。产值比两年前翻番，销售回款超过了历史最辉煌的时期，实际利润今年预计比去年增加 400 万元以上，出现了近几年来的首次盈利，员工们又看到了希望，增强了信心。

（2）内部公关工作使信心理念深入人心，信心文化初现规模，日益发挥着重要的作用，成为企业参与竞争、重夺市场，为社会作贡献的巨大精神力量。

（3）通过近两年来的企业文化传播工程的开展，极大地激发了员工的自我约束功能，增强了员工的自豪感、责任感和使命感，使员工迅速从刚开始破产时的无所适从、困惑、企盼、观望的痛楚中走了出来，充分认识到破产—收购—重振，绝不仅仅是一个更名过程或改制过程，而是一场思想变革，一场脱胎换骨的革命，从而形成了一股强大的凝聚力，劳动生产率比破产前提高 50% 以上。员工们严格按照生产工艺规程操作，两年来没有出现任何产品质量事故。1997 年投资近百万元进行了厂区环境改造，草坪绿化面积占厂区的 1/4，安全、文明生产已成为员工的一种自觉行动，于 1998 年被二七区命名为文明单位。

（4）员工生活福利得到改善，工资收入比两年前提高了一倍。集资筹建一栋家属楼，社会统筹金公司按时交纳，各项福利均比过去有所提高，这使在职员工能够心情愉快地投入到工作中去，毫无后顾之忧，仍然把信心药业作为自己的家。

（5）社会影响。尽管进行企业文化建设是内部之事，但企业改制后整体素质的提高，为破产企业找到了一条新路，省、市新闻部门从不同的角度进行了报道，省、市医药、人大、政协等有关部门领导亲临视察，给予了高度评价，一些国有企业也到公司取经，经走访全国各地用户，对信心药业的形象及产品质量都给予了高度评价。

（资料来源：张景云，于涛．100个成功的公关策划．北京：机械工业出版社，2002：139.）

案例3－3

上海锦江饭店公关部的三项基本职责

上海锦江饭店是一家闻名遐迩的高级宾馆，也是我国较早设置公共关系部的企业。在饭店公共关系部成立之初，其活动仅仅限于对外宣传，接受及处理顾客投诉等方面。随着锦江饭店业务经营范围的不断扩大，该饭店公共关系部的从业人员在认真总结实践经验的基础上发现，对外宣传、接受及处理顾客投诉尽管是很重要的工作，但仍是一种防守型的公共关系活动，已经不适应饭店飞速发展的需要了。为了改变这种状况，变消极为积极，变防守为进攻，他们通过大量的调查研究，制定了全方位公共关系活动的方针，更加明确了饭店公共关系部在饭店整个经营活动中所担负的基本职责，这就是：

第一，代表饭店接受顾客的投诉，建立饭店与顾客之间的相互了解、相互信任及相互支持的关系，树立“锦江属于公众”这一良好的企业形象。

第二，加强信息传播工作，主动收集来自顾客的各种意见和反映，及时地向管理部门通报各种信息，协助管理部门制定经营决策，监督饭店的各个业务部门的工作情况，督促它们不断提高管理水平与服务质量。

第三，不断地向顾客传播锦江饭店“服务至上”的经营观念，组织开展各种有特色的服务项目和活动，如积极联络社会各界公众，主动承办形形色色的以宣传锦江饭店的形象与信誉为宗旨的酒会、招待会、新闻发布会、学术研讨会及其他各种以密切饭店与公众感情联系为目的的联谊活动，向来沪的外商和旅游者主动介绍中国的优秀文化艺术，为外国客人提供良好的商业洽谈环境等。

（资料来源：林汉川，李觅芳．公共关系案例教程．上海：复旦大学出版社，1997：378－379.）

案例3－4

摘掉总统的乌纱帽——“水门事件”
违反公关原则的后果

1974年7月底，美国国会弹劾总统尼克松，其罪名是：“妨碍司法程序，滥用职权，蔑视国会。”8月8日，尼克松被迫辞职，摘去头上的乌纱帽。

对于尼克松，人们记忆中最鲜明的恐怕就是两件事：尼克松访华，改善中美关系；

水门事件丑闻曝光后被迫辞职。作为一位对人类历史曾作出过杰出贡献的美国总统，为何会被迫辞职呢？这得从“水门事件”说起。

美国社会有两大政党：共和党和民主党。这两大对手的力量对比往往突出地表现在总统竞选上。对两党而言，用尽一切办法使自己的党内成员竞选为总统，无疑是至关重要的大事。

尼克松总统是共和党领袖。1972 年在总统任上时，他手下的 5 名“争取总统连任委员会”成员于 6 月 17 日假扮维修工，潜入民主党总部大厦，在主席奥布莱恩的办公室里秘密安放了窃听器，被警方当场抓获。这就是著名的“水门事件”。

丑闻被揭露后，舆论哗然，对于总统的这种不道德做法，各大媒介纷纷指责，并要求就此事展开调查。

面对此种情形，尼克松总统采取了不明智的做法，不向公众发出任何与此事有关的信息，他认为还是“少说为妙”、“人们很快会忘记这件事的”。

然而，急于得到解释的公众对白宫这种缄口不言的做法产生了激烈的抵触情绪。在此背景下，《华盛顿邮报》的两位记者穷追不舍，力图促进国会对事件的调查。

沉默的总统还想封住别人的口，他为此做了以下几件事情：

第一，1973 年初，美国参议院成立了“水门事件调查委员会”，要求总统及其助手出面协助调查，但被尼克松拒绝了，方式是采取了“行政特权”。这一不合作的态度引起了调查委员会的极大愤慨，他们立即将这一消息向新闻媒介透露，新闻界又大肆渲染，从而使总统的形象严重受损。

第二，尼克松命令助手开列一份反政府人士的记者名单，使用“可使用的联邦机器去勒紧我们的政敌”。这种对着干的态度使得美国新闻界那些本来就爱挑刺的记者们大为恼火，心中十分气愤。

第三，在被迫向公众解释“水门事件”时，他们以“国家安全”为理由来搪塞，其陈述是：“为了国家安全，我们不得不获取情报，我们不得不在机密的情况下做这件事。”

第四，1973 年 7 月，一位总统助理证实尼克松将他办公室里进行的谈话都秘密录了音。最高法院决定迫使他交出这 64 盘录音带，但尼克松一口回绝。当特别检察官科克斯坚持这样做时，尼克松下令首席检察长理查解除科克斯的职务，遭到拒绝后他竟然免去了检察长的官职，副检察长拉克肖也遭到了同样命运。

这种做法被披露出来之后，人们坚决要求弄清“水门事件”的真相。

第五，在调查此事的过程中，尼克松一再指示手下人用不正当手段掩盖真相，包括作伪证、收买被告使之缄默等。这些后来都被公之于众。

在舆论压力和法律压力之下，尼克松的助手开始分化并提供证据。在录音带风波之后，国会终于弹劾尼克松总统。

（资料来源：奎军．公关经典 100．广州：广州出版社，1998：65.）

资料 3-1

2008 年度由中国国际公共关系大会评选的在中国的 20 大公关公司

TOP20—（按公司英文名排序）二十大公关公司
信诺传播（AcrossChina）
安可顾问公司（APCO）
注意力（APR）
蓝色光标（BlueFocus）
博雅（Burson - Marsteller）
迪思传媒（D&S）
福莱国际（Fleishman - Hillard）
际恒公关（Genedigi）
海天网联（HighTeam）
伟达（Hill & Knowlton）
智扬公关（InSight）
凯旋先驱（Ketchum Newscan）
灵思传播（Linksus）
传智整合（MI）
新势整合（NTI）
奥美公关（OgilvyWorldwide）
普纳营销（Push）
罗德（RuderFinn）
宣亚国际（Shunya）
万博宣伟（WeberShandwick）

（资料来源：中国公关业 2008 年调查报告．国际公关，2009（2）：60.）

资料 3-2

部分著名公关公司简介

（1）美国博雅公关公司。它是全球最大的公关公司，于 1954 年成立，目前在全球近 40 个国家和地区拥有近 70 个办事机构。其业务涉及 100 多个行业。《财富》500 强中，有 75% 是博雅的客户。1985 年进入中国。

（2）美国伟达公关公司（希尔—诺顿公司）。它是全球最大的公关公司之一，在全球设有 56 个办事处。伟达为全球 1800 多个官方机构和工商企业服务，全美最大的 500 家企业中有 1/3 是它的客户，业务领域广泛。1985 年进入中国。

（3）英国宣伟公关公司。它也是全球最大的公关公司之一，是一家公关集团公司，在世界各地有 70 多个附属公司，在全球的客户超过 5000 家。

（4）世界传播集团公司。它是全球最大的公关网络集团公司，由 36 个国家和地区的 105 个独立的公关公司组成。总部设在纽约。

（5）中国环球公关公司。它是中国内地创办最早、规模最大的公关顾问公司，于1986年成立，隶属于新华社，总部设在北京。它在中国的省会及重要地区均设有分支机构。其客户分布领域广泛。

资料3－3

中国国际公共关系协会会员行为准则

公共关系是组织机构进行信息传播、关系协调和形象管理的一门艺术和科学，它通过一系列有计划、有目的、有步骤的调查、策划、实施、评估以及咨询等手段来实现。公共关系职业在我国是国家正式认可的一个职业，中国公共关系业服务于社会主义市场经济建设和改革开放，促进物质文明和精神文明的建设，推动社会的进步和发展。

鉴于公共关系业是一个严肃的职业，每个公共关系专业公司和从业人员应该追求崇高的职业道德并遵循职业的行为准则。为此，CIPRA所有会员（单位会员和个人会员）均同意遵守本准则。

第一章　总　则

第一条　教育、引导原则。为组织机构提供有效的、负责任的公共关系服务，教育社会公众并正确引导公众舆论，以服务公众利益。

第二条　公平、公开原则。以公平、公开的态度对待组织机构、社会公众乃至竞争对手，争取良好的商业环境，促进社会进步。

第三条　诚实、信誉原则。以诚实的态度服务组织机构和公众，准确、真实地传播信息；讲求商业信誉，将公众利益放在首位。

第四条　专业、独立原则。运用专业技术和经验服务组织机构和公众，为组织机构提供客观、独立的建议和服务；通过持续的专业开发、研究与教育来推动本职业的发展。

第二章　行为准则

第一条　信息传播是公共关系服务的基础，唯有准确、真实的信息传播才能更好地沟通组织机构与新闻媒体、政府、公众之间的关系，真正服务组织机构和公众利益。CIPRA会员：

1. 确保信息传播手段和信息内容符合国家法律的有关规定；
2. 应该确保信息传播的完整性、真实性、准确性；
3. 应该兼顾公众利益和组织机构利益；
4. 不应该隐瞒事实真相或欺骗公众，有责任迅速纠正错误的传播信息；
5. 不应该向媒体赠送“红包”或其他形式的报酬，媒体必须的版面费、车马费除外。

第二条　以组织机构利益为导向是本行业赖以生存的基础，应该通过不断完善的专业技术和经验来满足组织机构的需求，帮助组织机构实现既定的目标。CIPRA会员：

1. 应该诚实地告知组织机构自己的专业能力，说明代理业务的规范流程，提交标准文案，明示收费标准；

2. 代表组织机构与公众沟通时，应该明示组织机构的名称；

3. 服务组织机构时，不应该在媒体上宣传自己和自己的组织；

4. 不应该承诺自己不能直接控制的结果；

5. 不应同时服务两个利益冲突的组织机构，除非在详细陈述事实之后得到组织机构同意。

第三条　专业服务涉及组织机构众多秘密，因此严格保守组织机构秘密和个人信息是获取组织机构信任、保持商誉的根本。CIPRA 会员：

1. 应该保守组织机构过去、现在以及将来的秘密；

2. 应该保护组织机构及其雇员的隐私；

3. 如发现组织机构秘密外泄，有义务向组织机构提示；

4. 严禁利用他人秘密获取商业利益。

第四条　避免现在、潜在的利益冲突可以建立组织机构和公众的广泛信任，是本行业健康发展的基础。CIPRA 会员：

1. 应该做到个人利益服从组织机构利益，组织机构利益服从公众利益；

2. 应该避免因外界因素而引起个人利益与行业利益的冲突；

3. 有责任向组织机构提示可能影响组织机构的利益冲突；

4. 有义务帮助本行业解决可能存在的利益冲突。

第五条　优胜劣汰，唯有保持公平、公开的竞争，才能不断完善健康、繁荣的行业大环境。CIPRA 会员：

1. 应该尊重平等的竞争，避免因竞争而损害竞争对手的行为发生；

2. 应该通过提高专业技术水平和服务品质来增强竞争能力；

3. 严禁采取欺骗组织机构、诋毁竞争对手等手段来取得竞争优势；

4. 有责任保护知识产权，不应将他人的劳动成果据为己有；

第六条　人才资源是行业发展和繁荣的基本条件，只有不断培养和吸收优秀人才进入本行业，才能不断壮大行业队伍，提升本行业在社会的地位。CIPRA 会员：

1. 有义务对其员工进行专业培训，同时将自己的经验和成果与行业分享；

2. 应该允许人才流动，但不得通过猎取人才来争取相关客户；

3. 流动人员应保守原公司的秘密和知识产权（如客户资料等）；

4. 流动人员不得主动争取原公司的客户资源。

第七条　没有行业的繁荣，也就没有个体的利益。每个成员应以不懈努力，创造一个不断发展、繁荣的行业为已任。CIPRA 会员：

1. 应该积极宣传和传播公共关系知识；

2. 应该不断追求专业技术水平的提高；

3. 应该正确诠释成功的公共关系案例或经验；

4. 应该维护和巩固本行业的职业地位；

5. 应该要求下属及相关人士同样遵守本准则的有关规定。

第三章　附　则

第一条　如果CIPRA有足够证据证明某会员在履行其职业义务过程中有违反本准则的行为，该会员将受到CIPRA的劝诫、警告、通报以及开除等处罚。

第二条　本准则中所指的“组织机构”，即通常所指的“客户”，包括政府机构、企事业单位以及非营利机构。

第三条　本准则最终解释权归中国国际公共关系协会。（2001年12月14日，中国国际公共关系协会二届理事会四次会议在北京审议通过。）

（注：CIPRA为“中国国际公共关系协会”的英文缩写。）

本章思考题：

1. 公共关系的功能有哪些？
2. 公共关系的宣传功能具体体现在哪些方面？
3. 公共关系活动主体包括哪些形式？这些形式各自的优势与劣势是什么？
4. 公共关系人员的素质要求有哪些？
5. 公共关系活动的基本原则与规范有哪些？

第四章　公共关系的客体——公众

国内外有些专家认为，公共关系实际上就是公众关系，事实上的确是这样：社会组织的形象是由公共关系的客体——公众来确定的。那么社会组织在运行中将面对什么样的公众？公众有何特点？公众对社会组织的反应如何？这些都与社会组织的形象能否按预期设想建立起来有直接的关系。换言之，这对公共关系工作目标的实现、公共关系活动的成就有直接的影响。公共关系是一种组织与公众之间的双向关系，研究“公众”的理论便构成公共关系学的重要内容。只有了解公众，才能真正了解公共关系的对象和内容，才能制定正确的目标、策略和方法。本章介绍公众的特征及其分类，公众的心理现象及社会组织的目标公众。

第一节　公众及其分类

公共关系的活动对象被统称为“公众”，因此，“公共关系”也称作“公众关系”。“公众”这一概念在公共关系学中有其特定的涵义，所以需要社会组织正确地理解这种涵义，树立适当的公众意识，对于理解和把握公共关系工作的实质具有重要的指导意义。在公共关系活动过程中社会组织必须对“公众”进行具体分析，这是制定正确的公共关系政策和措施的根据。

一、“公众”概念与公众意识

（一）“公众”概念

从国外的研究资料可见，目前对公共关系学中“公众”的理解和解释都十分混乱。不少人只是把公众理解为与私人相对的群众。有的以为公众就是指大众传播或中继传播中的受众那一类的群体，有的只知道公众是指某企业的职工、社会、消费者等公众。对“公众”认识的混乱，不仅影响了公共关系理论研究的发展，而且对公共关系实践也造成了不利的影响。其实，公共关系中公众一词是有其特定的涵义的，它与日常生活中人们常采用的一般意义上的“公众”、“大众”及“群众”等概念是不相同的。公共关系中的“公众”这一概念特指公共关系活动对象之总和，即与公共关系主体相互联系、相互作用的个人、群体或组织的总和。其基本涵义有以下五个要点：

1. 群体性

群体性指的是公众是一种群体而非少数的一个或几个人。公共关系要解决的实际上是与以群体形态出现的公众的关系问题。公众的群体一般可分为三大类型：

（1）社会组织，即人们为了某种目标，有计划、有组织地建立起来的一种社会机构。这种机构的组织、领导、成员间有明确的职责范围，有一套运行规范，有明确的目标。

（2）初级社会群体组合，即人们在面对面交往中所形成的具有亲密性的人际关系群体，如家庭等。这类群体如单独看，人数较少，但这类群体的组合就可构成公众。

（3）其他同质群体，即不能归入以上两类的同质群体，指那些不存在某种社会关系而联结在一起，但因为共同面临着某一问题，从而转化为公共关系的对象的群体。在公共关系领域内，共同面临着某一问题，则可转化为公共关系的对象，形成公众群体。例如：面临着某种环境污染的居民，同在某一火车、轮船、飞机上的乘客，发生某一事件时的目击者，面临某社会问题的老年人、儿童或某一种族的公民等。这些并非在社会交往中结合在一起的群体，都可能转为某个公共关系问题的对象公众。

总之，公众的群体性强调公众对象不是单一的，而是与某一组织运行有关的群体环境。任何组织的生存与发展都离不开一定的公众群体环境。而要达到与公众环境的某一种动态平衡，必须将其公众对象视为一个完整的整体，用全面系统的观点来分析组织的公众，以处理、协调与各类公众之间的关系。

2. 共同性

能被称之为某一组织的特定公众，他们之间必定具有某种内在共同性。这种共同性就是相互之间的某种共同点，比如，共同的利益、共同的需求、共同的目的、共同的背景等。这些共同点使一些群体和组织具有相同或类似的态度和行为，构成组织所面对的公众环境。这些共同点导致了社会组织的公关对象的同质性，它是公众存在的基础，也是公共关系活动的最佳切入点。因此，分析和了解自己的公众，必须了解和分析其内在的联系，这样才能从公众群体中区分出不同的对象来，才能找出与公众建立关系的切入点。

3. 多样性

多样性是指社会公众存在的形式是复杂多样的。“公众”仅仅是社会组织公关工作对象的统称，具体分析会发现公众对象的存在形式可以是个人，可以是群体，也可以是团体或组织。日常的公关工作对象，包括多种多样的个人关系、群体关系、团体关系、组织关系等。即使是同一类型的公众对象，也可以有不同的存在形式。如媒介关系可以表现为与采访记者们的关系，也可以是与记者协会、新闻学会的关系，或与报社、电台、电视台编辑部等新闻单位的关系。公众对象具体形式的多样性，决定了公共关系沟通方式和传播媒介的多样性。

4. 变化性

由于社会组织的运行处于动态过程中，因此公众对象也处在变化之中。这主要表现在，社会组织在运行过程中解决了公众原来所面临的共同问题，那么，原来的公众自然消失，随着新的问题的产生，又形成新的公众。此外，公众在与社会组织的交往中，其内部也是不断变化的，随着社会组织对公众面临的共同问题的解决程度的变化，公众的态度和行为也会不断变化，或者即使态度不变，其行为的数量比例也会变化。

所以，任何组织的特定公众的性质、形式、数量、范围等都会随着主体条件、客观环境的变化而变化。公众环境的变化必将导致公共关系工作目标、方针、策略、手段的变化；反过来，组织自身的变化也会导致公众环境的变化，这种变化的结果又可能倒过来对组织产生影响和制约作用。

5. 相关性

公众不是抽象的、标准化的，而是具体的、与特定的公关主体相关的。“公众对象”总是相对于一定的公关行为主体而存在的，与该主体相关，该主体的行为会影响公众的观点态度及其行为反应，制约着他们利益的实现、需求的满足、问题的解决；同样，公众对象的观点、态度、行为对主体具有实际或潜在的影响力和作用力，甚至决定组织的成败。

（二）现代公众意识

公众意识是现代公共关系观念的重要内容，也是现代经营思想的重要标志。面对日益开放、日益多元化和信息化的社会环境，任何组织都不可能漠视公众的压力。无论是制定目标和政策，还是从事管理和经营活动，都必须高度关注公众的利益，了解公众的意见，满足公众的需求，必须加强与公众的沟通，争取公众的理解，赢得公众的支持。公众意识这一概念主要包括如下两层涵义：

一方面，公众意识是对公众地位、作用的认识。公众的地位和作用概括起来主要包括三个方面：一是公众，特别是内部公众，是实现组织目标和组织整体利益的主要依靠力量。二是公众，特别是内部公众，是树立组织良好社会形象的决定性因素。三是公众，不管是内部公众还是外部公众，在对组织产生意见的情况下是一种现实威胁。内部公众产生意见，令组织的凝聚力和向心力涣散；外部公众对组织产生意见，对组织的生存和发展造成强大的压力。

另一方面，公众意识是对影响公众的必要性和能动性的认识。公共关系主体应当而且能够影响公众，表现在四个方面：

（1）公共关系主体是有意志、有目的、有改变事物的主观能动性的人，它既能够认识到公众的地位和作用，也能对公众施加影响。

（2）公共关系主体的地位不是自然形成的，也不是外部施舍的，而是自己争取到的，因而它具有自觉性和积极性，能够充分发挥自己意识到的潜能。

（3）现代公共关系理论和公共关系实务逐渐普及，使各级各类的组织团体对开展公共关系活动的意义具有理性的认识，对开展公共关系活动的方法更能够熟练地把握。

（4）即使在现代公共关系理论尚未普及的地方，组织团体受自身利益的驱使，也会在一定程度上自发地认识到影响公众的必要性和自觉地开展影响公众的活动。

二、公众的分类

从公众的定义和特点可知，公众是一个集合概念，它有着广泛的涵义和极其复杂的结构。为了把握其复杂的结构，对公众进行分类是十分必要的。对公众的分类，可以从不同的角度来考虑，可以按公众内部联系的紧密程度划分，也可以从公众与社会组织的关系角度或关系密切程度来划分，还可以根据社会组织对公众的看法来划分等。一般而言，我们应该根据不同的层次、不同的角度、不同的标准对公众作出不同的分析。所以公众分析的层次有三方面：一是不同的组织有不同的公众；二是同一类组织也有不同类型的公众；三是同一类型的公众又有不同标准的分类。下面我们详细分析对于同一类型的公众的不同分类标准：

（一）按公众的组织结构分，将公众分为个体公众和组织公众

（1）个体公众是指形式上分散，以个人作为意见、态度和行为的表达者，以个体形式与公共关系主体发生联系的公众对象。个体公众按其群集形式和稳定程度，又可分为：流散型公众，指最为松散、最不稳定的公众对象，如来去匆匆的过客；聚散型公众，指因偶发事件或活动而临时聚集，又随该活动或事件结束而分散的公众群体；周期型公众，指依一定的节律和周期有规律地出现和聚集的公众对象；稳定型公众，指长期、稳定按常态出现和分布的公众对象。

（2）组织公众是指以一定的组织或团体形式出现，以组织团体作为意见、态度和行为的表达者，并与公共关系主体相互交往的公众对象集合。组织公众按其组织形式的不同，又区分为：社团型公众，指一般的组织机构，没有严格的权力组织和结构，其领导权威不是制度赋予的，而是由于其技术或技能等方面较为优秀而具有的领导权威；权力型公众，指具有严格的权力组织和结构，其领导权威是由制度赋予的。

（二）按公众与组织的关系的重要程度分，将公众分为首要公众和次要公众

（1）首要公众即关系到组织生死存亡、决定组织成败的公众对象。这类公众是组织必须高度重视、必须投入较大公关资源来重点保证的对象，如 VIP。

（2）次要公众即对组织的生存和发展有一定影响，但没有决定性意义的公众对象。次要公众一般是兼顾的对象。

但值得注意的是，次要公众与首要公众之间的划分是相对的，它们随时有相互转化的可能。

（三）按公众的态度和意向，可将公众分为顺意公众、逆意公众和边缘公众三类

（1）顺意公众指那些对组织的政策、行为和产品支持赞成意向和支持态度的公众对象。公共关系部门对其采取维持型公共关系活动。

（2）逆意公众指对组织的政策、行为和产品持否定意向和反对态度的公众对象。对其应采取矫正型公共关系活动。

（3）边缘公众指对组织持中间态度，观点和意向不明朗的公众群体。对其应采取进攻性公共关系活动。

当逆意公众成为舆论的主体，公关传播无疑将面临巨大的障碍。对于逆意公众的有效传播不仅要考虑传播的力度与方式，更要回到公关的起点来进行思考。需要组织运用相应的沟通技巧，如：求同存异，寻找最大公约数；释出善意，创造良好的沟通语境；拿出诚意，勇于承担相应的责任；先易后难，循序渐进推动和解与互信等。总之当面临逆意公众时组织需要有技巧地与其进行有效沟通，使其由逆意公众转向为顺

意公众，争取更良好的公众舆论环境。

（四）按公众不同的发展阶段及其对组织的影响程度，可将公众分为非公众、潜在公众、知晓公众和行动公众四类

（1）非公众是公共关系学中特殊的概念，指处在某组织的影响范围之中，但与该组织无关，其观点、态度和行为不受该组织的影响，也不对该组织产生作用的公众对象。把这些非公众排除在组织的公共关系范围之外，有利于减少公共关系工作的盲目性，增强针对性，避免不必要的浪费。

（2）潜在公众有两种：一是指尚未与组织发生任何直接关系的公众，或称之为未来公众，即未来可能与组织发生利害关系的公众。二是指已经同组织发生了某种直接关系，由此引起了某种问题，但尚未意识到这一问题存在的公众。我们主要研究后一种。潜在公众在一定时间内，至少在意识到他们面临的问题之前不会采取行动，他们对组织的影响是潜在的。

（3）知晓公众是由潜在公众发展而来的。它是指明确意识到自己的权益与特定组织有关，并已考虑与该组织联系，但暂时还未付诸行动的公众对象。知晓公众一旦形成，他们急切想了解问题的真相、原因和解决的办法，有惶惶不可终日之势。公共关系工作的重要任务之一，就是面对事实，必须向知晓公众讲真话，必须毫不隐瞒地向他们讲清一切，以争取知晓公众的理解、谅解、合作，防止事态的激化，使知晓公众的态度和行为向有利于问题解决的方向转化。

（4）行动公众是由知晓公众发展而来的。它是指采取实际行动与组织相互作用，对组织构成现实的行为压力的公众群体。他们的形成对组织的生存发展有极大的影响。不利于组织的行动公众，会对组织的生存和发展构成直接威胁。对这类公众开展公共关系工作，比对潜在公众和知晓公众开展公共关系工作的难度更大。

各类公众的关系如图 4 －1 所示。

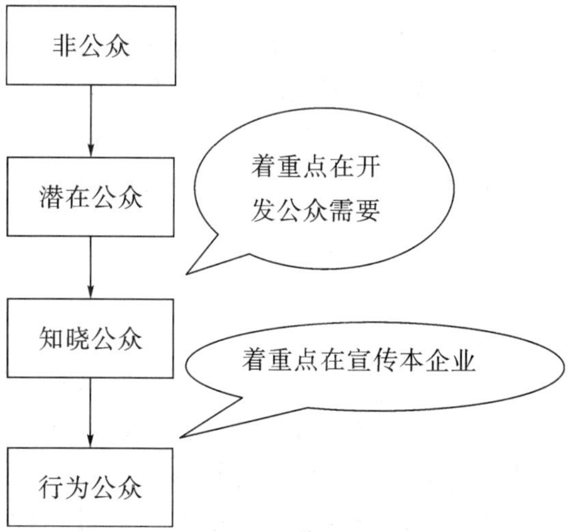

图 4 －1

三、公众分类的意义

根据公关传播的实际需要，可以从不同的角度和用不同的标准去分析公众，使公关工作的目标更加准确，政策更加适当，措施更加可行，投入更加合理，效果更加显著。这一分类对于公关管理活动的公关调研、公关方案设计、公关实施及公关效果评估四个环节都有显著影响。

（1）公众的准确分类可以为公共关系的调研和组织形象评估确定适当的范围。要了解组织的公众形象，首先要找到组织的目标公众，确认组织的公众范围，避免因为公众范畴不清楚造成公共关系工作的盲目性和不必要的浪费。

（2）合理的公众分类可以为制定公共关系政策、设计公共关系方案明确目标和方向。实际的公关工作目标总是对准特定的公众对象，即在公众环境中精心选择出某部分公众群体，这样才能形成适当的政策和可行的措施。

（3）正确的公众分类可为公共关系活动的组织与实施打下良好基础。在细分公众的前提下，才能有效、合理地分配公共关系的各种资源，使人、财、物的投入更为科学，使整个公关活动得到良好的控制和管理。

（4）有效的公众分类可以为科学评审公共关系工作的效果提供依据。只有细分公众，才能准确判断公关工作的针对性、适应性、有效性，才能正确收集公众的评价和反应，才能准确分析公关传播的效果。

第二节　公众心理的分析

表面的公共关系问题常常隐藏着更深层的内在原因。在现实生活中，对同一事物，不同的人会有不同的反应，会采取不同的行为。从公众心理的角度看，这些不同的反应和行为都是不同的公众心理差异作用的结果。而公共关系的效果最终又要落实到组织公众群体中每个活生生的个体身上。因此，研究公众对象的一个重要内容是分析公众的心理和行为，以便使传播沟通工作具有较强的针对性和科学性。影响公众行为的心理因素很多、很复杂，这里仅介绍最为常见的几种心理定势。

一、模仿与流行

（一）模仿

模仿是指个人、组织和群体受非强制的社会刺激所形成的一种心理行为，其行为特征是再现他人行为方式或姿势。社会心理学和社会学家的研究表明，人类在社会行为上有模仿的本能，这一本能存在于人们的各种行为中。在社会公众中有一些社会公众会作出示范性的行为。这些公众也可能是普通公众，但他们的兴趣广泛，个性独立，消费行为有独创性；也可能是一些名人，如影视歌星、运动员、政界人士等；还可能是某行业的消费专家，如美食家、资深“发烧友”等。这些特殊公众的示范性行为会引起其他公众的模仿，模仿者也以能仿效他们的行为而感到愉快。这类模仿行为，大致有以下特点：

（1）模仿行为的发出者，即热衷于模仿的社会公众，大都对该活动有广泛的兴趣，喜欢追随时尚和潮流，经常被别人的生活方式所吸引，并力求按他人的方式改变自己的行为与习惯。他们大多对新事物反应敏感，接受能力强。

（2）模仿是一种非强制性行为，即引起模仿的心理冲动不是通过社会或对群体的命令强制发生的，而是公众自愿将他人的行为视为榜样，并主动、努力加以学习和模仿，模仿的结果会给公众带来愉悦、满足的心理体验。

（3）模仿可以是社会公众理性思考的行为表现，也可以是感性驱使的行为结果。成熟度较高、行为意识明确的社会公众，对模仿的对象选择通常经过深思熟虑；相反，观念模糊、缺乏明确目标的社会公众，其模仿行为往往带有较大的盲目性。

（4）模仿行为通常以个体或少数人的形式出现，因而一般规模较小。当模仿规模扩大，成为多数人的共同行为时，就发展为从众行为或爆发为流行了。

在这一心理现象中，关键是榜样力量的大小，对社会公众是否有吸引力，能否刺激公众采取相应的行为。所以，在利用这种心理现象时，公关人员应该有目的、有计划地树立和宣传一种榜样行为。

（二）流行

流行是指社会上相当多的人在较短的时间内，由于追求某种行为方式，而使之在社会上到处可见的竞相模仿的连锁性感染。流行是在一定的时期和范围内，大部分社会公众呈现出相似或相同行为的一种社会现象。具体表现为多数社会公众对某种事物或行为同时产生兴趣，从而使该商品或行为在短时间内成为众多社会公众狂热追求的对象。流行的关键是某行为方式具有新奇性，许多人竞相模仿和学习。心理学把流行解释为："以某种目的开始的社会行动，使社会集团的一部分人，在一定时期内能够一起行动的心理强制。"

流行的具体形式可以分为两种：一是指时髦，即指人们对新奇物质的追求。如时装、装饰品、烟酒、鞋帽、汽车等。这种流行包括人们生活中的衣、食、住、行的各个方面，其特点都是以某种商品的形式开始流行的。二是指时尚，即人们对行为方式或观念的追求。两者可同时进行，也可各自单独进行。

流行作为一种社会现象，同其他社会事物一样，有其自身的特征，主要表现在以下几个方面：

（1）流行的兴起从速度上看常常表现为一种具有强制性的爆发式的扩展和向外延伸。

（2）流行从持续的时间上看，一般表现为较短的流行寿命周期，即在不长时间内消失。如果能长期保持下去，则逐步演化为一种新的社会风俗。

（3）流行不像伦理道德那样具有社会压力感，它依靠心理作用和吸引力来传播，表现为一种自我追求的自觉行为。

（4）流行如果起始于社会名流、社会权威，则流行的速度更快、范围更广。这是上行下效的结果。

（5）流行对不同消费者具有一定的选择性。

（6）在流行中，一般最初接受者往往是青年人，好奇心、好胜心较强者及外向型性格的消费者，而较为保守的人往往是流行的滞后接受者。

流行对于公共关系人员而言，可以通过创造、引导流行来影响社会公众的行为，因此作为公共关系人员，公共关系工作要能够创造、引导流行。创造与引导流行应该具备以下条件：一是一定要切合公众的某种共同需求。由于流行本身不具备社会强制性，来源于公众的自觉行为，所以要让公众自觉自愿地采取某种行为，必然是因为这种行为能够切合公众的某种需要。同时由于流行是大多数公众共同采取的行为，所以这种行为必定能够满足大多数公众的共同需求。二是流行的趋势必须与文化背景的变迁相符合。流行反映的是一种时尚，具有新奇性，所以它必须能够反映当时文化背景的发展变化趋势。三是建立必要的社会沟通渠道。从流行的兴起来看，它是在短时间内迅速地传递，因此流行得以产生必须借助于充分的社会沟通渠道。同时值得注意的是，公共关系人员在创造引导流行时，必须注意沟通渠道的可信度，只有可信度足够高的渠道才能引导公众的行为。

二、舆论与流言

（一）舆论

美国学者杜·纽萨姆和艾伦·斯各特在《公共关系与实践》一书中提出，公共关系传播活动的结果导致社会舆论的产生，传播技巧的变化会引起舆论的变化。因此，研究舆论并对其进行科学的监测、引导和管理是公共关系人员的重要职责。“对研究公众舆论的人来说，他们的主要任务是了解、测定、分析和评价舆论，而公共关系人员的作用是建设性地帮助人们去对付公众舆论的力量。”

舆论是指社会公众对社会组织的意见与看法的公开表达。“个人意见不是舆论，少数人的意见没有达到集合意识的临界点也不是舆论……舆论不是固有的，通常被认为是权利中心之外的人的意见，表现为公众对事物的综合看法……个人意识在传播中和他人意识交融不断堆积起同向意识，便形成了共同意见。舆论不仅是集合意识，而且是处于传动状态的意识。”

舆论作为一种社会现象，具有表面和深层两个方面的特征。表面特征包括公开性、群众性、倾向性、评价性等；深层特征表现在它的传播特征上，其中包括舆论传播的表层性、弹性和惯性。

1. 舆论传播的表层性

它首先是指舆论传播趋向于外露化，在公众面前运用听觉和视觉可以获得它的全部内容。其次，由于舆论主体分散在四面八方，因此舆论传播还具有发散性的基本特征。再次，舆论是非系统化的意见，观点简略、零碎，而深层意识往往具有复杂的推理过程，凭简单的知觉不能把握它的全部内容。最后，舆论反映客观现实，构成了意识形态领域中的最新动向。在舆论的推动下，深层意识不断更新，推动了意识形态的进步。

2. 舆论传播的弹性

它是指在不同的社会条件下，舆论会以显在的或潜在的形式轮番出现。如我们常说的“敢怒而不敢言”，就是一种被压抑的舆论状态；而当舆论被压抑到极点，或人们发表意见的需要增长到极限的时候，就很可能出现“在沉默中爆发”的情形。

3. 舆论传播的惯性

它是指舆论在新的历史条件下延续发生的影响作用。如成见——人们在社会生活中，总会不自觉地用旧舆论来评价新的人或事。这不利于个体和群体的发展，并容易沦为组织或团体中内耗的手段。

公共关系舆论的形成有一定的规律，其形成过程如图 4 -2 所示。

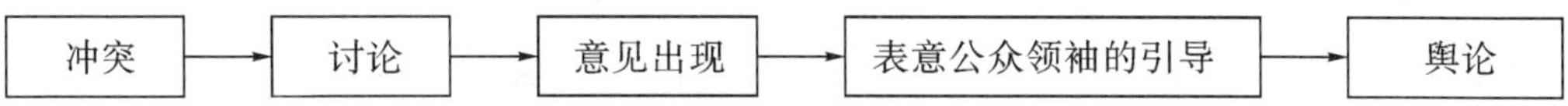

图 4 -2

由于组织与周围环境之间存在着错综复杂的利益关系，冲突的产生是不可避免的。冲突一旦产生，就会在冲突影响最直接的公众那里产生影响，从而引发关于冲突的议论，进而引起公众的大面积的讨论。当议论范围进一步扩大，交流不断增多，公众通过大量的讨论形成了一定的意见：而这些意见通过表意公众或意见领袖将其表达出来，引起了公众的强烈呼应与追随，最终形成一定的舆论。

公共关系舆论形成的模式一般而言有两种。一种是渐进模式。这是舆论形成的一般模式，具有普遍性。另一种是突发模式。这是舆论形成的一种特殊模式，即往往在一两天内突然形成，但此前会有一定的征兆。这是一种特别值得关注的舆论形成模式，因为它往往与企业危机的出现密切相关。

公共关系中需要对舆论冲突进行管理。舆论冲突是指企业生产经营行为和传播行为可能导致的意见冲突，它表现为企业内外形成了对企业不利的舆论。对舆论冲突进行有效管理是公共关系传播管理的重要内容。

公共关系管理中舆论冲突主要有三类，主动性舆论冲突、被动性舆论冲突和文化隔阂性舆论冲突，它们有着不同的特点。

1. 主动性舆论冲突

它是指由企业方主动挑起的舆论冲突。它往往是企业根据自己的经营战略，实施某种经营决策，或对外发表某种观点，引发了公众的回应，主动挑起舆论冲突，以借此向竞争对手“宣战”。这种回应往往表现为在媒介上引起辩论或评论，其结果可能引发行为冲突。例如我国由长虹数次大规模降价引发的关于“彩电价格战”的舆论，以及由“农夫山泉”一则广告引发的一场关于“水”的讨论和评价等。主动性舆论冲突不仅会引发公众舆论，也会导致竞争对手的反应。

2. 被动性舆论冲突

它是指企业并不是舆论的故意发起者，但是导致被动性舆论冲突的原因却是与企业的生产经营行为和传播行为密切相关的。例如20 世纪70 年代在欧美和非洲形成的对雀巢产品的大规模抵制活动，以及近期国内对雀巢公司在中国市场出售的产品中不明示其配方中含转基因原料的广泛抨击。被动性舆论冲突的主动方是公众，实质是反映了公众对于企业的期望和要求。掌握被动性舆论冲突的形成与发展，并采取科学的沟通协调措施，是公共关系传播管理中的重要内容。

3. 文化隔阂性舆论冲突

它是指企业在跨文化环境中进行生产经营和传播活动时遇到的舆论冲突。这种冲突往往是文化背景、意识形态、价值观等的冲突和不一致造成的。例如，对个人权利的理解不同导致企业管理模式和方法上的不同，各国风俗习惯的不同导致公众对企业服务的评价不同。

对于主动性舆论冲突，企业必须要有事先周密的策划，对企业公共关系活动和企业行为可能带来的风险要进行深入研究和评估；并且，随时关注舆论的动向，及时采取措施，尽量减小舆论冲突可能对本企业造成的负面影响。对于被动性舆论冲突，企业要及时作出反应，做好说服、解释、沟通工作。对于危机性舆论冲突则要有科学的危机公共关系管理措施来应对。对于这一类的舆论冲突，处理的关键是充分地了解、沟通和包容。同时组织也应该高度重视公共关系信息管理。一般而言，舆论冲突或多或少地具有突发性，但在发生之前，却通常会有一些征兆。例如，社会上出现了一些流言、谣言，或不满言论、不利评论等。因此，组织应该高度重视对舆论的跟踪、监测、分析和评价工作，及时发现苗头，并迅速采取措施，力争把舆论的负面影响降到最低。此外，对于流言和谣言还必须用事实来揭露、遏制，加强正面信息的传播与沟通，查清并消除其源头。

（二）流言

流言指提不出任何可资证明的依据，而人们又相互传播的特定信息。这种信息往往是消极的，有很大的破坏力。中国历来有“流言伤人、流言杀人”之说。流言如果指向个人，可以置其于死地；流言如果指向群体，可以动摇军心；经济领域中的流言可以引起抢购或倒闭；政治领域中的流言可以引起风潮和暴力冲突。所以流言具有很大的破坏力。对于某些群体来说，流言可能会带来某些机遇，或者它本身就是一种“秘密武器”；但对于整个社会来说，它常常是一个不安定的因素和预兆。

就流言的传播内容来说，它大致可以分为三类。第一类是和人们的切身利益相关的，如物价、地震、瘟疫、环境污染、房租改革、工资调整等；第二类是和人们有着间接关系的，如森林火灾、国家的人事变动、国际关系、外星人光临等；第三类是和一般人没有直接关系的奇闻趣事，如明星丑闻、名人隐私、特异功能、野人等。一般说来，流言传播的内容越是被大家所关心，传播的速度就越快，传播的范围也越广。由于流言传播的途径主要是口耳相传，所以它往往会扩张和变形，越来越离奇；反过来，离奇的内容又更容易吸引人。正是从这个意义上说，流言和谣言往往是同义语。

流言也是一种社会现象、一种心理定势的表现形式。流言能够在一定社会成员中传播流行，有它的心理依据。这种依据主要包括两个方面：

（1）流言是人们情绪的反映。传播流言是人们情绪发泄的途径之一。流言所反映出来的情绪大多带有担心、恐惧、怀疑、不满、幸灾乐祸等消极成分。流言和时尚不同，时尚往往在社会安定、生活富足时流行，反映人们精神上、物质上多方面的追求；流言则往往在社会动荡或变化剧烈或出现天灾人祸时流行，反映人们一种惶惶不安或激愤不满的情绪。

（2）流言是人们一种愿望的反映，而且往往是一种负愿望。流言不仅反映人们的情绪，也反映人们的愿望。这种愿望有的是正向的，有的是负向的。正向的愿望是希望发生这样的事情，负向的愿望是希望不要发生这样的事情。两种愿望经常交错在一起，而又以负向的愿望为主。当然，除了流言的内容反映人们正向的或负向的愿望以外，人们对流言的态度，即听信和传播流言本身也是某种愿望反映。这种愿望的心理基础显然还包括好奇和炫耀。

由于流言是一种情绪和一种愿望的反映，所以流言的传播具有必然性，甚至流言的产生也具有必然性。另一方面，同样由于流言是情绪和愿望的反映，它在传播过程中会不断地加入传播者的情绪色彩和个人愿望，使之成为流言传播的动力，这也是必然的。隐藏在流言背后的情绪和愿望既是流言产生的温床，又是流言扩散的动力，所以它是一种心理定势。

从流言的传播来看，其传播具有以下两方面的特征：一是流言传播的速度和广度非常惊人。尽管流言一开始就是无中生有，因而对流言应当采取“不信、不传”的态度，但实际上却往往做不到。当一种流言同人们的某些情绪和愿望合拍时，人们即使主观上想“不信”，心理定势的作用也驱使其“不由得不信”，同时，由于流言正好切合人们切身利益的要求，所以人们也不由自主地传播流言。因此，流言往往是在人们尚未求证的情况下进行传播，其传播速度与广度都非常惊人。二是信息内容通常是越传越离奇。由于流言的传播往往都是借助于人际传播来实现，而人际传播的信息失真度非常高，因此流言的信息内容往往是越传越离奇。

流言常见的传播形式有：“磨尖”，即传播者对自己接收到的信息断章取义，使信息有继续传播的可能性；“削平”，即传播者将所接受的信息情节化，加强其故事性以使其更有吸引力；“同化”，即传播者根据自己的经验将信息润色，使之更符合自己的人格特点。

在公共关系工作中，公共关系人员必须要避免流言的产生，并且要对已产生的流言采取某些措施处理。对于流言这种心理定势，公共关系人员应做到以下几点：一是对流言及时进行澄清。澄清事实的责任往往是由现代大众传播媒介来担负，或通过大众传播媒介进行的。二是寻找意见领袖、借助权威机构引导意见。流言其实是一种负面舆论，如前所述，舆论的产生与形成源自意见领袖，所以在制止流言进一步传播时，可以借用权威来引导流言。三是大量进行反宣传。从另一角度来陈述针对某一特定的事件或人的相关态度，引导公众从另外一个角度来分析问题，从而引发公众对该问题的理性思辨。四是针对流言的兴起，及时向公众如实传播信息。流言往往是公众在没有完全掌握事件的全部信息时产生的，所以为了避免流言的产生，社会组织应该及时向公众传递相关信息。

三、暗示与好胜

（一）暗示

暗示又称提示，是指以含蓄、间接的方式向公众传播思想、观念、意见、情感等广义信息，使公众在理解和无对抗状态下自然受其影响的一种现象及其影响公众心理的一种方法。暗示的作用在日常生活中几乎随时随地都可以见到，它比我们想象的要普遍得多，尤其是在觉醒状态下的暗示。俄国著名学者别赫捷列夫认为，暗示性是每一个人所固有的一种普遍的心理现象，是人类精神方面的正常特性。

暗示分为他人暗示和自我暗示两种。他人暗示是指从别人那里接受了某种观念，这种观念在他的意识或无意识里发生作用，并实现于动作或行为之中。自我暗示则是指自己把某种观念暗示给自己，并使这种观念化为动作或行为。公共关系所关注的是他人暗示，即公共关系人员如何通过暗示来引导公众的行为。暗示的关键是要使公众在理解和无对抗状态下自然受其影响，所以其暗示技巧的关键是公共关系人员是否能取得暗示对象的理解、认同，能否遵循公众的感知规律。感知规律有：

（1）感知强度规律。暗示要有一定的刺激强度才能被对象所感知，过小容易被忽略，过大则又可能引起反感。为了调整感知强度，必须要注意暗示者的身份、地位，注意暗示的方式，调节暗示的内容。

（2）感知对比规律。暗示要有一定的对比度才能被对象所感知，对比度过小就不清晰，对比度过大也有副作用。

（3）感知的协同规律。暗示要和对象各种感觉器官感知到的信息相协同才能有效地产生影响。我们知道，感觉是对事物个别属性的反映，知觉是对事物整体属性的反映，知觉是建立在各种感觉基础之上的。因此，各种感觉器官对同一事物感知到的信息如果不一致，势必会像盲人摸象一样顾此失彼，自相矛盾，无法形成统一的知觉。

（4）感知的滞后规律。暗示须与公众已有的观念、知识、情感等具有某各种暗合的关系才能有效地影响对象。人们的观念、知识、情感等是具有滞后效应的，即它们会长期地发生作用。暗示的内容和方式如果和对象的这些已有的东西不合，它就不会产生有效的作用。

（5）感知的情急规律。暗示在对象情急之时最能够发挥功效。心理学家的实验和无数生活中的实例都证明，人们在焦虑、困惑、急于摆脱危险或困难的时候最容易接受暗示。情急规律告诉我们，有意暗示的特定目的要和帮助暗示对象解决困难相结合，要善于在帮助别人的暗示中体现特定的目的。

（二）好胜

好胜是存在于公众内心的一种不甘落后的心理。其特点在于这种心理定势是在社会公众总是相互比较的状态下存在的。在公共关系中运用好胜这种心理可以激发公众的某种特定的行为，但在具体实施时公关人员选择的比较对象一定要适当，即要与目标公众有可比性。

四、从众与服从

（一）从众

从众是指个体在群体中受到真实或臆想的压力，采取与多数人一致的观点或行为。与模仿相似，从众也是社会生活中普遍存在的一种社会心理和行为现象。其行为本质是指公众自觉或不自觉地跟从大多数人的行为，以保持自身行为与多数人行为的一致性，从而避免个人心理上的矛盾和冲突。这种个人因群体影响而遵照多数人行为的方式，就是从众行为。

社会心理学研究认为，群体对个体的影响主要是“感染”的结果。个体在受到群体精神感染式的暗示或提示时，就会产生与他人行为相类似的模仿行为。与此同时，各个个体之间又相互刺激、相互作用，形成循环反应，从而使个体行为与大多数人的行为趋向一致。上述暗示、模仿循环反应的过程，就是心理学研究证实的求同心理过程。这种求同心理正是从众行为的心理基础。具体而言，之所以产生从众行为，是人们寻求社会认同感和安全感的结果。在社会生活中，人们通常有一种共同的心理倾向，即希望自己归属于某一较大的群体，被大多数人所接受，以便得到群体的保护、帮助和支持。此外，对个人行为缺乏信心、认为多数人的意见值得信赖，也是从众行为产生的另一个重要原因。有些个体由于缺乏自主性和判断力，在复杂的情况下往往犹豫不决，无所适从，因此，从众便成为他们最为便捷、安全、可靠的选择。

从众作为一种心理现象，有其自身的一些特点，具体表现如下：

（1）从众行为往往是被动接受的过程。许多个体为了寻求保护，避免因为行为特殊而引起群体压力和心理不安，被迫选择从众。在从众过程中，个体会产生复杂的心理感受，除安全感、被保护感等积极感受外，还会有无奈、被动等消极的心理体验。

（2）从众行为现象涉及的范围有限。也就是说，从众行为不可能发生在所有的活动中，它的产生需要一定的客观环境和诱因刺激。

（3）从众行为发生的规模较大。从众现象通常由少数人的模仿、追随开始，继而扩展为多数人的共同行为。多数人的共同行为出现后，又刺激和推动了更大范围内更多的个体选择相同或相似的行为，从而形成更大规模的流行浪潮。

基于上述的基本理论，公共关系人员利用从众这种心理时应该注意以下几点：一是要注意形成积极的群体气氛，让目标公众感受到真实或者臆想的压力，被迫采取与之相适应的行为。二是通过创造有利的社会舆论来引导公众的行为。三是由于从众行为往往是被迫采取的，公众在采取行为时必然会有相应的消极情绪的产生，此时公共关系人员更应注意消极情绪的疏导。

（二）服从

服从是对权威、命令等的服从，有控制性。它与从众的不同之处在于，公众若不采取相应的行为，则会受到制度或其他权威的处罚。从众的压力来自于人们的心理层面，而服从的压力则是有形的制度或规章。

五、首因效应与近因效应

（一）首因效应

首因效应即第一印象。公众第一次进入一个新环境，第一次接触某一新事物所留下的深刻印象，发展成一种心理定势，以致难以改变。因为和从来没有接触过的人或事第一次打交道，人们总给予更多的注意，所以印象也往往特别深刻。如果以后还有机会接触，第一印象先入为主，实际上已经戴上了“有色眼镜”，所以总会有意无意地把以后的印象同第一印象相联系，把以后的印象当做第一印象的补充。第一印象良好，以后的不良印象相对来说不那么使人反感；而第一印象不良，以后的印象也会相应失色，这种心理现象非常普遍。

第一印象具有层次性、广泛性、推延性。当人们第一次和一个美国人接触的时候，得到的第一印象不仅仅是对这个人的印象，也是对广义的“美国人”的第一印象；当人们在某个商店受到某营业员的热情服务的时候，他所得到的第一印象也不仅包括对这个营业员的印象，还包括对这个商店的印象。所以第一印象是有层次的，人们也会不自主地将其进行推延或者推广，所以它难免会以偏概全，妨碍人们准确地、全面地认识事物。

第一印象不仅来自于直接接触，而且来自于传播媒介的间接接触。没有去过青城山的人总想有机会能去那个地方游览一次，这种愿望来自于传播媒介的影响，来自于对青城山的良好印象；有了去青城山的愿望，又听某传播媒介介绍某旅行社收费低、服务好，又会产生对该旅行社的良好印象，就有可能找时间随该旅行社去青城山旅游。所以第一印象不一定是第一次直接接触的印象，而是指第一次形成的对某个事物的印象。因为间接接触也可以让公众产生第一印象，所以就有了近代才开始的、愈演愈烈的“广告战”。

第一印象是指第一次接触留下的深刻印象，因而它又不等同于第一次接触。印象的产生和三个要素的状况有关：第一，印象的产生和公众当时的情绪、兴趣、智力状况、注意力等有关；第二，印象的产生和当时的情境有关；第三，印象的产生和对象的表现范围和表现程度有关。因此，有时候留下深刻印象，产生“首因效应”的并不是“第一次接触”而是以后的某一次接触。

在公共关系活动中，一方面公众因为首因效应而上当受骗的例子不胜枚举，另一方面不会利用首因效应主动开展宣传，或利用首因效应欺骗公众的行为也大量存在。为了达到“内求团结，外求发展”的目的，树立良好的公共关系主体的社会形象，需要十分重视对公众的首因效应这种心理定势的认真研究。

（二）近因效应

近因效应是指事物最后给公众留下的印象，对首因效应有强化或削弱的作用。近因效应对首因效应起到补充与完善的作用，而对公众行为起决定性作用的仍旧是首因效应。近因效应只能对公众已经形成的与之相同的首因效应起到强化的作用，而对与之相反的首因效应起到削弱的作用。

六、光环效应

光环效应也叫做“晕轮效应”，是指认知主体将认知对象的某种特征推及对象的总体特征，从而美化或丑化认知对象的基本过程。其特征是认知主体是在信息不充分的条件下作出判断。光环效应与首因效应一样普遍。人们走进礼品店，选购的往往是包装精美、价格偏高的物品，因为精美的包装、偏高的价格往往使人产生晕轮效应：认为里面的东西会像精美的包装一样好，会和偏高的价格相一致。所以晕轮效应不仅和首因效应一样普遍，同时也和首因效应一样，带着强烈的主观色彩，往往导致一叶障目，只见树木不见森林。

光环效应与首因效应主要的区别在于：首因效应是从时间上来说的，由于前面的印象深刻，后面的印象往往成为前面印象的补充；而光环效应是从内容上来说的，由于对对象的部分特征印象深刻，这部分印象泛化为全部印象。所以这两种心理定势是不一样的，不能混同。但是有些情况下，光环效应与首因效应也会交织在一起。因为这两种心理定势尽管表现的方式不一样，但其实质是相同的，都是以主观代替客观、以树木代替森林。首因效应妨碍人们以后正确认识该事物，产生一种固执的认识上的偏见和情感上的偏心，必然连带地产生“光环效应”，所以首因效应往往是光环效应的前奏；但光环效应本身不等于首因效应，它也不一定以首因效应为前提，甚至有的时候它还是首因效应的“前效应”。

光环效应既是无意识的，又是固执的。所以近年来随着商品经济的发展，公共关系意识的提示以及相互攀比等不良意识的增长，一些企业、商店纷纷装修门面，讲究包装，以期利用光环效应扩大企业的影响，提高产品的销量。在公共关系人际交往中，名片越印越精致，出现了所谓“名片效应”等。

公共关系活动是主动开展的活动，利用光环效应来进行自我宣传是对这一心理定势的充分的利用，但要特别注意，必须是实事求是的自我宣传。

第三节　社会组织的目标公众

每个组织都有特定的目标公众对象。组织的性质、类型不同，具体的目标公众对象也就不完全相同。比如政府的目标公众对象、企业的目标公众对象、学校的目标公众对象之间会有很大的差异。以下列举一般社会组织常见的、带有一定共性的目标，并简要分析其内容、目的和传播意义。

一、内部公众

内部公众是指组织内部沟通、传播的对象，包括组织内部全体成员构成的公众群体，如企业内部的员工、股东，政府部门内部的干部、工作人员等。内部公众既是内部公共关系工作的对象，又是外部公共关系工作的主体，是与组织自身相关性最强的一类公众对象。

内部公众与社会组织的关系即为员工关系。它是指组织在管理过程中形成的人事关系，其中包括组织机构中的上下级关系，各个职能部门之间的关系以及内部员工之间的关系。

内部公众是组织的主体，是组织赖以生存和发展的细胞，他们的思想和情绪无时无刻不影响着组织机制的运行。组织的存在价值和发展目标，组织向社会提供的优质产品和服务，都要通过他们的身体力行去实现。因此，成功的组织能够激发群体中每一个成员的智慧和潜能，把各种分散的力量聚成一股强大的合力。可见，良好的员工关系是组织凝聚的黏合剂。所以组织需要通过自身成员的认可和支持来增强内聚力。一个组织的存在价值和整体形象在取得社会的认可以前，首先需要得到自己成员的认可；组织的目标和任务在赢得社会支持之前，首先需要赢得自己成员的配合与支持。

内部公众是组织形象的设计师和创造人，是组织与外部接触的触角。他们每天工作在生产经营的第一线，他们的衣着、风貌、举止、言行，都是组织形象的体现和象征。他们和蔼可亲的态度，热情周到的服务，正直诚实的美德，将给组织带来无穷的效益。因此，每一个员工都是组织中“兼职”的公共关系人员。良好的员工关系有助于培养员工的主人翁精神，使人人珍惜组织的信誉和形象，从根本上改善和提高组织的素质，使组织真正做到内求团结，外求发展。所以组织需要通过全员公关来增强外张力。一个组织的对外影响力有赖于全体成员的努力与配合。因为每一个组织成员都是组织与外部公众接触的触角，都处在对外公共关系的第一线，组织的整体形象必须通过他们在各自工作岗位上的良好行为具体体现出来。也就是说，在对外交往中，每一位组织成员都是非常重要的公共关系行为主体。这种主体性的发挥则有赖于他们对组织的认同感和归属感、向心力和凝聚力。

由此可见，现代公共关系首先是促使组织把自身的工作做好，然后才是对外沟通传播。要把自身的工作做好，首先需要内部员工精诚团结，因此，增强组织的向心力和凝聚力就成为公共关系工作的起点。

如何处理员工关系呢？其艺术与技巧在于以下三个方面：

1. 加强双向沟通，实现信息共享

信息沟通是指信息在人与人之间，组织与组织之间，通过语言、文字、图形以及感情、态度等形式传递。员工作为组织的一分子，如果对组织的情况不了解，特别是对与自己切身利益相关的信息知之甚少，便会产生猜疑、烦恼、对抗的心理和行为，从而造成人们之间的隔阂、争斗和内耗。实行信息共享，既是为了形成良好的人际关系，也是为了求得员工在认识上和行为上与组织的根本目标保持一致。

组织内部的信息沟通是多流向的，既有纵向信息传递、横向信息传递，又有立体交叉式信息传递。纵向信息传递是指组织内部上下级之间的双向信息交流，即通常所说的“上情下达”和“下情上达”。纵向信息交流可以使组织的意图和职工的要求达到和谐统一，从而上下一心、同心协力。横向信息传递是指组织内部各部门、各层次之间的平行信息交流。横向信息交流可以沟通各部门之间的信息，拓宽管理人员的视野，支持彼此的工作。交叉式信息传递是指组织各界人员，不分上级和下属，都以群体一分子的平行身份进行交往。这是一种开放式的交往，它可以打破部门界限、职务的隔阂，在组织中创造一种从上到下相互理解、相互信任的和谐气氛，使组织充满活力，富有朝气，从而达到“人和”的境界。

2. 建设企业文化，增强组织内聚力

企业文化是指一个企业组织及其员工所具有的一整套价值观念体系。它包括相互联系、相互依存的两个方面。就“软”的一面来看，就是指员工的思想意识、精神风貌和价值观念；就“硬”的一面看，就是指决定企业价值观念的各种具体活动，如技术活动、福利活动和娱乐活动等。企业文化是一种无形的管理方式，它可以使人们改变原来只从个人角度建立的思想意识，树立一种以企业为中心的共同的价值观念，从而在潜意识中对企业产生一种强烈的向心力，培养良好的集体意识。具有强烈集体意识的员工会对企业所承担的社会职责和企业目标有深刻的理解，从而自觉约束个人行为，使自己的言行与企业整体联系在一起。

由此可见，内聚功能是企业文化最显著的一种功能，它把员工的意志和行为引向同一目标，并为这个目标而协同动作。同时，具有优秀企业文化的企业，向社会展示了它良好的管理机制、经营素质和企业风貌，无形之中向市场提供了可以信赖的信息，这就使企业塑造了良好的整体形象，树立了良好的市场信誉。

3. 掌握用人之道，加强组织的向心力

组织的员工是“社会人”，而不是“经济人”，他们生活在复杂的社会机体中，除了要满足经济方面的需求外，还受到社会环境、社会组织及家庭的影响，追求友谊和爱情，要求生活得充实、愉快，渴望实现自身价值和受人尊重，因此，在卓越的中外企业中，都非常注重满足员工的精神需求。聚力必先聚心，聚心必先尊重人。因此，搞好员工关系，必须要从个体价值入手，使团体中的每个员工都在团体的环境中充分展示自己的个性，追求和实现个人的价值。这样才能加强每一个成员的向心力，通过许许多多的个体活动，去追求和实现组织的整体目标。

4. 创造“家庭气氛”，协调与非正式组织的关系

组织的成功固然有赖于管理水平的高低，同时也有赖于“情感维系”作用的强弱。现代组织非常重视建立“家庭情感”，将浓厚的人情味注入企业管理之中，让员工犹如在家里一样，有一种安全感、舒畅感和归属感。

在组织中一般存在着一些非正式组织，如同乡会、同学会、兴趣团体等。非正式组织是一些自由、松散的人际活动圈子，是以感情为纽带，以共同的追求为目的而自发聚合形成的组织。因此，比起自上而下正规化的组织系统来说，其联系交往更亲密、更有效、更富有弹性。非正式团体在组织管理和公关工作中一方面具有积极作用，可以发挥沟通意见、稳定情绪、互帮互学的效应；另一方面，也有不可忽视的副作用，容易传播流言蜚语，带来“哥们义气”，削弱正式团体的控制力和影响力。因此，要发挥非正式团体积极的作用，避免消极的影响，就要靠公关人员的引导、协调和疏通。

公共关系人员在与非正式组织联系时，应注意三个方面的问题：一是要重视“意见领袖”的作用，因为“意见领袖”在非正式组织中有号召力和影响力，他们的言谈举止会获得他人的尊重和信任。二是要避免非正式组织的消极作用和破坏作用，就必须加强同非正式组织成员的感情联系，使他们信服，而不是被压服。三是要注意防止

组织内部小道消息的蔓延，因为小道消息的传播会对正式组织的信息传播造成干扰和破坏，从而影响组织的统一和一致。

二、顾客公众

顾客公众是指购买、使用本组织提供的产品或服务的个人、团体或组织。顾客是与组织具有直接利益关系的外部公众，是工商企业组织市场传播沟通的重要目标对象。顾客与社会组织的关系即顾客关系。在激烈的市场竞争中，越来越多的企业努力探寻有效的经营途径，忠诚地奉服务顾客为宗旨，确定以市场顾客为导向的经营哲学。因此，“让顾客满意”（Customer Satisfaction，CS）活动便在全球兴起，成为20世纪90年代公共关系的亮点。现代企业家清醒地认识到：“顾客满意”就是经营。让顾客回到经营的起点上来。“顾客至上”的经营意识，其核心是使顾客满意。“顾客满意”集中表现在顾客重复购买的程度，这种“重复购买”，不仅仅体现在由顾客满意而产生的个体直线效应上。顾客就是上帝，顾客就是效益，谁拥有顾客，谁就拥有发展的机会。

在处理顾客公众与社会组织的关系时，可以遵循以下基本技巧：

1. 塑造为顾客服务的形象

当今世界上经营卓越的组织，不管它们从事的是机械制造业，还是技术工业，或者是生产汉堡包的食品业和迪斯尼娱乐园那样的娱乐场所，都以“服务业”自居，努力塑造为公众提供优质服务的形象，以争取社会各界的信任和支持。

2. 提供优质的配套服务

在现代人的消费心理中，产品本身的使用价值固然重要，但产品所体现的审美价值和附加价值将是左右其购买行为的最后决定因素。顾客购买“产品”，实质上是在购买他从“产品”中期望得到的一系列利益和满足。美国市场营销学家里维特教授说过：“未来竞争的关键，不在于工厂生产什么产品，而在于其产品所提供的附加价值：包装、服务、广告、用户咨询、购买信贷、及时交货和人们以价值来衡量的一切东西。”因此，良好的顾客关系在于把对顾客的诚意贯穿在售前和售后服务的整个运营链条中。

3. 对顾客实行科学管理

即把广大而又松散的顾客组织起来，使他们改变盲目被动的消费习惯，形成积极的、自觉的、科学的消费意识，使他们成为企业产品的主要消费者。这种方法也被称为消费者系列化。它通过消费教育、消费引导和完善的销售服务，培养对本企业的拥护者、爱戴者，培养本企业稳定的顾客队伍和稳定的市场关系。

4. 保持与顾客之间通畅的信息渠道

企业要建立与顾客的良好关系，就必须与顾客保持通畅的信息交流，以了解和掌握顾客的消费需求、消费心理和消费习惯，搞好市场预测。沟通信息的手段有：进行舆论调查，利用信息反馈，把有关的反应和信息及时地报告给企业的有关部门，并协同其他部门，进行全方位的公共关系活动。

5. 及时妥善处理顾客投诉

在社会中，顾客与组织发生冲突、纠纷和隔阂是常见的事情。在处理顾客同企业的纠纷时，首先要做到善于听取顾客的意见。情绪激愤的投诉者往往会采用偏激的态度、尖锐的措词，公关人员应平心静气地听取顾客投诉，尽量让他们倾吐不满、宣泄情绪，这样会起到“降温”和“灭火”的作用。其次，不论顾客采用何种批评方式，都要以他们所提的意见为线索，对事实的真相作调查，在查清事实的基础上，与顾客充分交流意见，求同存异，达成谅解。纠纷的处理和解决，要努力使顾客满意。对顾客的承诺一定要及时实施。同时，还将解决的结果通过新闻媒介加以传播，这样，就有可能把不利于企业的舆论引导到有利于企业的方向上去。

三、媒介公众——最主要、最敏感的公众

媒介公众是指新闻传播机构及其工作人员，如报社、杂志社、广播电台、电视台及其编辑、记者。新闻媒介是组织与社会公众联系的最主要渠道，也是组织最敏感、最重要的公众之一。对于公共关系人员而言，媒介公众是具有双重人格的特殊公众，它既是公关人员赖以实现公关目标的重要媒介，又是公关人员必须尽力去争取的重要公众。新闻媒介有着不可忽视的特性，它传递信息迅速、影响力大、威望高，可以左右社会舆论，影响和引导民意，对社会的经济、政治局势的变化具有不容忽视的作用，因此，在欧美被看做立法、司法、行政三大权力之后的“第四权”。任何组织和个人都不敢轻视新闻媒介这一重要舆论工具。

新闻媒介对于组织的发展具有举足轻重的作用。首先，新闻媒介是塑造组织形象的“把关人”。新闻媒介常常利用手中的宣传工具，利用舆论的力量维护着公众的利益；新闻媒介通过记者对组织的采访，收集经济新闻，对企业的生产、经营活动和产品质量进行褒贬评价，从而影响组织形象；通过引导社会舆论，扩大组织影响，提高组织知名度。其次，新闻媒介是组织与外界沟通的中介。它可以为组织发布广告，介绍新产品，传播新技术；为组织召开新闻发布会，扩大社会影响，提高组织知名度。特别是现代化大众媒介形式的多样化，足以使公共关系活动的宗旨通过不同方式传递给公众，加之新闻传播已成为现代生活的主要信息渠道，人们通过它们来理解、支持社会组织时会更自然、更便捷。最后，新闻媒介对于组织具有反馈信息的功能。新闻媒介可以帮助和监督企业的经营，对企业内部的管理人员、销售人员以及广大员工都起着鼓舞士气和教育警戒的作用。

在处理与媒介公众的关系时，社会组织应注意以下几方面：一是尊重新闻界的特点。公关人员同新闻记者的目的和职责并不完全相同，有时甚至是矛盾的。在这种情况下，就必须尊重新闻界的职业特点，即重视新闻报道的客观性、及时性和公正性，而不受其他势力所左右。尊重新闻界的职业特点，就必须尊重新闻记者地位的独立性，而不能把新闻媒介纯粹看成是宣传企业的工具，诱使或强迫它们报道有利于本组织的消息，而拒绝其采访和报道不利于本组织的消息。二是加强与新闻界的合作与联系。良好的媒介关系应是一种相互合作的关系。在实际工作中，公关人员和新闻记者总是互为中介的。一方面，公关人员需要通过记者把组织的信息及时准确地传递给公众；另一方面，新闻记者也需要通过公关人员来了解有关组织的信息，发掘具有新闻价值的素材，丰富新闻报道的内容和品种。组织在乎时就应积极主动地与新闻界保持联系，有意识地了解新闻报道的重点和新闻界的动向，向新闻界介绍企业的特点和成就，以

便及时提供对方需要的、具有新闻价值的消息。三是真实传播组织信息。新闻界的大忌就是新闻失真，在组织与新闻界的交往中，要特别注意提供真实的信息，做到不隐恶，不溢美，实事求是，新闻界也客观地报道组织的信息，这才是真正的合作与支持。

四、政府公众——最具权威性的公众

政府公众是指政府各行政机构及其官员和工作人员，即组织与政府沟通的具体对象。任何组织都必须接受政府的管理和制约，因此需要与政府的有关职能机构和管理部门打交道。任何社会组织都不能忽视与政府的关系，协调社会组织与政府之间的关系，是公共关系人员开展外部公关的一项重要内容。与政府建立良好的关系，常常会给社会组织带来意想不到的效益。

在处理与政府公众的关系时，社会组织的公共关系人员应该注意以下几方面：一是与政府部门沟通信息。组织的公共关系人员应熟悉政府的法令、法规和政策，随时注意其变动和变化趋势，研究其适用范围，注意其变通性和灵活性，并提供给决策部门作参考，使之成为组织决策的依据，使组织的一切活动都保持在政策法令许可的范围内，并随时按照政策法令的变动来修改组织的政策和活动。另外，公关人员应及时将组织的发展动态通报政府主管部门，协助发现及纠正政策执行中出现的偏差和失误，同时争取政府的指导和帮助。如果政府的政策与组织的实际情况不相符，应及时反映，以求融通。二是与政府人员广为联系。处理政府关系，需要熟悉政府机构的内部层次、工作范围和办事程序，还要与各主管部门的工作人员增进友谊，保持良好关系。三是扩大组织在政府部门中的信誉和影响。要赢得政府的支持，就要争取政府有关部门领导人对本组织的重视。这就需要把握一切有利时机，扩大本组织在政府部门中的信誉和影响，使政府了解组织对社会、对国家的贡献和成就，如利用新厂房落成、新生产线投产、企业周年庆典等机会，邀请政府主管部门领导及党政要人出席组织的重大活动，主持奠基仪式或落成剪彩仪式，参观新设备、新产品，通过各种专题活动，提高政府部门对本组织的信心和重视程度等。

五、社区公众

社区公众是指组织所在地的区域关系对象，包括当地的管理部门、地方团体组织、左邻右舍的居民百姓。社区关系也称区域关系、地方关系、睦邻关系。发展良好社区关系的作用在于：一是可为组织创造稳定的生存环境。社区公众是由特定的活动空间所确定的，区域性、空间性很强。地方性组织的活动直接受社区的制约，社区关系则直接影响着组织其他各方面的关系。跨区域性组织也不能脱离特定的社区，甚至要善于同各种不同背景的社区公众打交道，以争取社区提供各种地方性的服务和支持，使跨区域性组织能够在各种完全不同的社区环境下生存和发展。二是社区关系直接影响公众形象。社区公众涉及当地社会政治、经济、文化、教育等各个方面和阶层，类型繁多，涉及面广，对组织客观上存在着各种不同的感受、要求和评价。由于处在同一社区，对组织的某一种评价和看法又极容易相互传播，形成区域性的影响，从而形成组织的某一种公众形象。

处理社会组织的社区关系可以考虑以下几方面的工作：一是创办和扶持社会公益事业。社会的公益事业，除了地方财政拨款外，主要依靠社区的企业组织。组织通过提供资金和劳务等形式来创办和支持各种公益事业和活动，以博得社区公众的好感。二是为社区创造一个良好的生态环境。组织作为社区的一员，应该自觉地保护环境，有效地控制环境污染。除此之外，组织还应该进一步帮助社区美化环境，以赢得社会公众的欢迎。三是为社区增添荣誉。组织作为社区的一部分，应该努力为社区争得荣誉和骄傲，使社区居民为有这样的“家庭成员”而感到无比的欣慰与自豪。四是主动维护社区的安全。组织应尽力为社区提供就业机会，帮助社区消化待业人员，增加社区和谐亲善的气氛，减少不安全的因素。五是对社区开放参观。邀请社区各界公众前来参观，使参观活动具有特色，能够给公众留下深刻印象，增进公众对本组织的了解，解除存在的误解和偏见。六是加强社区的情感交流。组织要培养同社区公众的良好感情，必须通过有效的方式进行沟通，以便及时了解社区的意见和态度，并使组织的意见迅速准确地传播出去。沟通的方式可以是多种多样的，如邀请地方政府官员或各企业、商店、居民区中的领导人一起聚会，增进了解，赢得合作与支持；放映电影、录像，举办音乐会、舞会以及体育活动等，丰富社区的文化生活，同时，扩大组织在社区的影响。

六、投资者公众

投资者公众又称为金融公众、财经公众或股东公众，它是股份制企业维持与投资者良好的沟通关系，争取投资者信任与支持的重要对象。它包括了国有资产管理部门和持股法人、机构投资者、散户投资者和境外投资者。

投资者公众通常具有以下两方面的特点：一是他们具有身份的双重性。一方面投资者公众是企业的“准自家人”，应视为内部公众；另一方面从行政隶属关系来看，这些群体又具有相当大的非可控性。二是投资者公众的作用的双重性。一方面他们作为投资者，他们对组织的生产经营状况与业绩非常关注，希望企业能够实现自身收益最大化；另一方面作为社会组织的特定公众，如消费者、顾客，他们又是组织竭力争取与维持的社会公众。

针对这一部分公众实施的传播也称作财经传播，这一传播具有以下几方面的特点：

（1）专业性。财经传播是股份制企业特有的一种专业性很强的信息传播工作，其最终目的是要维持、促进公司股价的稳定和上扬。其任务是通过系统化、规范化的信息披露，以及各种形式的沟通协调活动，使全体股东了解企业的财务经营状况，增强投资信心，加强彼此沟通，争取合作与支持。

（2）法规性。各个市场经济国家对上市公司的信息披露都有明确的法律法规

（3）复杂性。其复杂性主要表现在以下两个方面：一方面是财经信息传播的内容相对复杂；另一方面传播对象的复杂性。包括各类直接投资者以及影响其投资者投资意向的各种中间力量。

（4）持续性。财经信息的传播要求持续进行，这样投资者公众才能够进行前期与本期信息的对比，以便作出相应的收益的预测。

协调与投资者公众间的关系时有三方面的关键措施：一是这些关系管理措施能够充分地激发股东的主人意识，以其“准自家人”的身份能够进入这些群体的思想意识，这对于扩展投资者公众与组织间利益的一致性有益。二是通过主人意识的培育，努力让投资者公众成为组织的推销伙伴。三是采取各种可能的措施与途径与投资者保持有效的沟通。这些沟通内容包括：定期向股东报告企业的经营状况和有关信息；及时搜集股东本人的情况，并将这些信息反馈给决策部门。而沟通方式有：年度报告、股东会议、信函、定期发放调查表、自制媒介与个别访问。

本章思考题：

1. 公共关系公众的特征是什么？
2. 公共关系公众的分类有何意义？
3. 模仿与流行区别是什么？公关人员如何创造流行？
4. 舆论冲突有哪些类型？如何管理这些舆论冲突？
5. 社会组织的内部公众应该如何管理？
6. 投资者公众对于社会组织而言有何意义？
7. 媒体公众的关系管理的原则是什么？

第五章　公共关系的管理过程

现代公共关系活动的重要特征就是它是有计划、有目的、有组织的公共活动。而社会组织与公众间的双向传播与沟通活动是公关活动的核心，这是一个复杂的过程，需要对其进行规范管理。因此我们需要清楚公共关系管理过程的基本模式及其这一过程中的主要环节和具体内容。本章主要介绍公共关系管理过程的四个基本步骤，即公关调查—公关策划—公关实施—公关评估，介绍每个步骤中的具体管理活动。

第一节　公共关系管理过程的基本模式[①]

一、公共关系管理的意义

公共关系管理即根据公共关系工作的内在联系及其规律，按照一定的公共关系工作模式，设计、组织、协调与控制公共关系活动的实际过程，使公共关系成为完整独立的职能系统。对公共关系活动的各环节加强管理，其意义主要在于以下几方面：

（一）增强公关活动的系统性与统一性

公共关系活动的对象和业务纷繁复杂，活动内容十分繁杂，活动类型也五花八门。面对这些日益复杂的公共关系活动，社会组织发现对这些公关活动间缺乏整合，整体活动显得杂乱无章。通过管理，将公共关系活动的各种要素有机地组成一个操作系统，才能配合组织的性质、目标、任务，完整地发挥公共关系的各项功能，综合地体现公共关系各项活动的整体效应。

（二）提高公关活动的可控性

由于社会组织所面临的公众环境复杂多变，相应的公共关系活动也带有较强的随机性和灵活性。通过加强公关活动的管理，能够使所有的公共关系活动围绕相同的目标，合理地配置各种资源，科学地处理各种相关因素，正确地运用各种传播沟通技术，恰当地控制组织的形象。

（三）加强公关活动的预测性

公共关系活动的特征之一是对环境信息作出反应，或调整自身以适应环境，或改变环境以适应自身。这就需要加强预测性。通过对其的规范管理，使公共关系活动建

① 王乐夫，廖健民．公共关系学概论．北京：高等教育出版社，1993．

立在研究和计划的基础上依据大量的公众资料和环境数据，预测趋势，分析后果，充分发挥监测环境和决策参谋的功能。

（四）促进公关活动的成熟性

公共关系属新发展起来的一种经营管理手段，专业化和职业化的程度还比较低。通过加强公关管理，使公共关系的职能机构和职能人员按照一定的规律和程序，科学地组织和实施公关传播活动，提高传播沟通工作的专业水准，促进公关职能的成熟。

二、公共关系管理过程的基本模式

作为一个完整的管理过程，公共关系的运作遵循一定的程序，形成基本的模式，勾勒出公共关系工作过程的概貌。

一般而言，我们将公共关系工作过程划分为四个基本阶段：公关调查、公关策划、公关实施和公关评估。如图5－1所示。

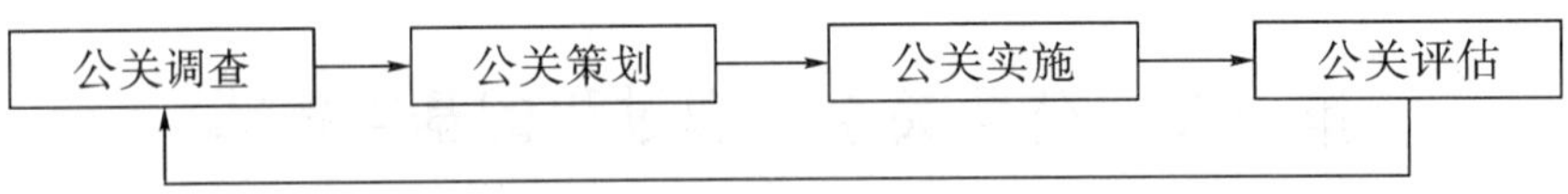

图5－1　公共关系工作过程的四个基本阶段

三、公共关系管理过程中需要考虑的相关因素

公共关系的管理过程涉及的相关因素比较复杂，在管理过程中需要考虑尽可能多的因素，以适应复杂多变的市场环境及其相应的技术条件与自身能力等。一般来讲，公共关系管理过程的相关因素大致有以下三个方面：

（一）环境因素

即对公关主体的决策和行为构成直接或间接影响的外界因素。这是客观方面的因素，如公众对象、舆论状态、市场环境、时间和空间、媒介种类、工作条件、社会传统文化背景、各种社会动态等。

（二）主体因素

公关决策和行为过程本身涉及的主体内部因素。这属于主观方面的因素，如领导人的观念、组织的目标、机构与人员、财务预算、工作方法、产品和服务的特色等。

（三）传播技术因素

即公关活动实施过程中的技术性因素。这属于媒介技术方面的因素，如印刷媒介、电子媒介、实物媒介、活动媒介、各种设备与传播制品等。特别是当前数字媒体的兴起对传统的媒体模式产生的颠覆性的冲击，这对于公关策划而言，是一个需要仔细分析与考虑的重要因素。

第二节　公共关系调研——形象分析

公共关系的主要功能在于影响消费者的认知，因此多角度、多维度的认知调研是公关策略制定的重要基础，其中市场终端调研、媒体认知调研是非常重要的两类调研。这一调研的目的是为了甄别公众对象，测量民情民意，评价组织形象，在掌握大量信息的基础上寻找差距，确定问题，为公共关系工作指明方向。这是公共关系目标管理的主要环节。

一、调研目的

公共关系调研是公关人员运用一定的调查研究方法，收集必要的资料，综合分析各种因素及其相互关系，对社会组织的公关状态及公众的整体意见进行考察，从中发现组织存在的公关问题及差距的过程。公共关系是从掌握事实开始的，公共关系调研的目的主要体现在以下三个方面：

（一）找到差距，发现问题，明确公关工作的目标与方向

通过公关调查，可以使社会组织了解实际情况，准确地把握其在公众中的形象地位，找到差距，发现问题，明确地把握公关工作的目标与方向。

（二）通过调研，为公关策划提供科学依据和参照标准

公关调研是策划的生命，公关调研对客观情况的准确把握，不仅使公关策划有客观性、针对性、可行性，而且在公关调研中收集来的信息，成为策划创意的源泉。在审定方案的过程中，要对策划方案进行价值论证和优化，公关调查所收集的信息又成为审定者审定方案的客观参照标准。

（三）公关调研本身具有公关活动效应

通过开展公关调研活动，组织的调研人员广泛地接触公众，了解民情民意，客观上密切了与公众的关系，使组织在公众心目中的形象更具体贴切。调研结果本身也能起到一定的公关效应。理想的调研结果，对组织内部员工具有激励鼓舞作用，对外部公众具有展示形象的说服力。而欠理想的调研结果，对组织而言，具有监控环境，早期预报，发现问题，成为激发组织员工扭转形象的压力和动力的作用。对外部公众而言，也能反衬组织通过努力后即将达到的良好效果。调研报告本身也能够起到用事实说话，转变公众态度的效果。

二、分析内容

公共关系调研的形象分析内容主要包括组织自我形象分析、实际形象分析和形象差距分析三个方面。

（一）自我形象分析

1. 涵义

自我形象即组织自己期望建立的社会形象，这是一个组织公共关系工作的内在动力、方向、目的和标准。自我形象的设计要注意组织的主观愿望和实际可能相结合。作为动力和方向，自我形象的要求越高，组织自觉作出公共关系努力的可能性越大；但作为标准和目的，自我形象的要求越高，实际的成功率也可能越低。公共关系工作首先需要通过组织内部的调研分析，了解组织的自我评价，揭示组织对公关工作的期望值，这是公共关系调研的第一个环节。

2. 内容

自我形象分析包括以下几方面：

（1）组织现有状态和条件的调研分析。自我形象的设计不能脱离组织客观的实际状态和基本条件。因此，首先需要明确：组织处于什么行业？其行业现状如何？组织正在做什么？能够做什么？做得怎么样？具备哪些有利条件和不利条件？如一个企业，它生产什么产品，提供什么服务，其生产状况、技术状况、财务状况、产值和利润、市场销售状况、组织人力资源状况等，都需要进行客观、准确的分析。

（2）员工阶层的调查研究，即了解本组织广大基层和一线人员对自己组织的看法和评价。一个组织的目标和政策须得到其广大成员的认同与支持，才可能有效地转化为该组织的实际行动。因此需要通过内部调研，了解员工对组织的凝聚力、满足感、权利要求及各种批评建议，了解他们对领导层提出的总目标的信心和支持程度，发动全体成员寻找组织公关的薄弱环节及改善措施，鼓励大家积极参与公关目标和计划的拟定。

（3）管理阶层的调研分析。一个组织的行政和技术业务管理阶层是一个组织的核心力量，他们对组织的看法和评价既对基层员工产生影响，也对决策上层产生影响。因此需要重点了解和分析管理阶层的观点、意见和态度，从中分析本组织的优势和弱势。

（4）决策阶层的调研分析。一个组织的形象蓝图首先来源于决策阶层。决策阶层决定着组织的总体目标，从而决定着组织形象的基本定位，决定着公共关系的总政策。决策阶层的价值观和行为方式，也影响着组织形象的个性和风格。形象设计之前，必须尽可能领会和熟悉决策阶层的观点、意见、态度，以此作为组织自我形象规划的主要依据。

通过上述几个方面的调查，就可以结合主观愿望和实际可能，确立组织的自我形象。

（二）实际形象分析

1. 涵义

实际形象即社会组织的实际行为及其表现在公众环境中的投影、反映，亦即社会公众和社会舆论对组织的认知和评价。这种认知和评价体现为组织在社会公众中的知名度和美誉度。实际形象分析就是通过舆论调查和民意测验，了解本组织在社会公众中的知名度和美誉度，测定和分析组织在社会上的实际形象状况，这是公共关系调查的第二个环节。

2. 步骤

实际形象分析包括以下三个步骤：

（1）目标公众辨认与分析。目标公众是反映组织形象的基础，要分析组织的公众形象首先需要找到这一基础。谁是本组织的公众对象？他们在哪里？通过辨识、甄别公众对象，确定形象调查的对象和范围。如果关系对象不清楚，就无法实施形象调查与分析，就不可能获得正确的调查结果，或者会增加不必要的调查成本。

（2）组织形象地位测量。在综合分析公众评价意见的基础上，可以根据知名度和美誉度两项基本的形象指标，测定组织的实际形象地位。

知名度是指一个组织被公众知晓、了解的程度，是评价组织名气大小的客观尺度，侧重于“量”的评价，即组织对社会组织对社会公众影响的广度和深度。

美誉度是指一个组织获得公众欢迎、接纳、信任的程度，是评价组织声誉好坏的社会指标，侧重于“质”的评价，即组织的社会影响的美丑和好坏。

良好的形象是由知名度和美誉度构成的，二者缺一不可。但实际上知名度和美誉度并不一定能够同步形成和发展，有知名度不一定有美誉度，没有知名度也不意味着没有美誉度；反过来也一样，美誉度高不一定知名度高，美誉度低也不意味着知名度低。总的来说，知名度需要以美誉度为客观基础，才能产生正面的积极的效果；美誉度需要以一定的知名度为前提条件，才能充分显示其社会价值。

根据知名度和美誉度在现实状况中的不同构成，可以将组织的实际形象区分为四种状态。如图 5－2 所示。

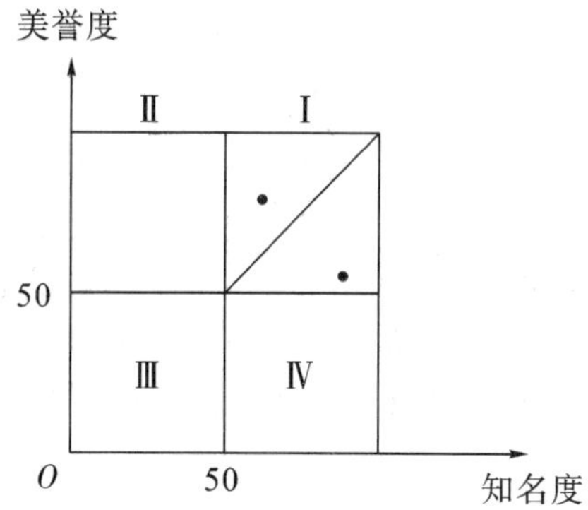

图 5－2　组织形象分析四象限图

Ⅰ象限：高美誉度/高知名度——最佳状态。

其中对角线以上，美誉度的增长速度高于知名度的增长速度。其发展趋势是良好的，如 A 点。对角线以下，美誉度的增长速度慢于知名度的增长速度，其发展趋势可能存在问题，需要具体分析，如 B 点。对一个组织或个人来讲，知名度越高，美誉度的压力就越大。因为在公众高度注目的情况下，对美誉度的要求会变得更加严格和苛刻，美誉度方面即使发生微小失误，都有可能造成较大的负面影响。因此，处于这种公关状态绝不意味着可以高枕无忧、万事大吉。如果知名度超过了美誉度，就更应该警觉，以防美誉度跟不上而造成知名度方面的负面压力。

Ⅱ象限：高美誉度/低知名度——稳定状态。

这个形象地位处于一种较为稳定、安全的公共关系状态，其美誉度高于50点，知名度则低于50点。由于美誉度是形象的客观基础，因此这种状态具有良好的形象推广基础。其缺陷是知名度偏低，公关工作的重点是在维持美誉度的基础上提高知名度，扩大其美誉度的社会影响面。

Ⅲ象限：低美誉度/低知名度——不良状态。

处于这种形象地位，公共关系属不良状态，知名度和美誉度都处于50点以下，既没有名气，公众评价也不好。但因为其知名度低，公众不良印象和评价的影响面也比较窄，负面作用相对比较小，因此也相对安全。在这种状态下，公关传播工作应保持低姿态，甚至从“零”开始，首先努力完善自己的素质和信誉，争取改善美誉度，然后再考虑提高知名度的问题。如果在这种情况下去扩大知名度，便会下滑至Ⅳ象限的恶劣状态。

Ⅳ象限：低美誉度/高知名度——恶劣状态。

在这个地位，公共关系处于“臭名远扬”的恶劣状态，实际上也是一种危机状态：不仅信誉差，而且知之者甚众。在这种情况下，首先应设法降低已享有的负面知名度，向Ⅲ象限转移；再努力挽救信誉，为重塑形象打基础。或者在特殊的情况下，利用已享有的公众知名度，大刀阔斧地改善信誉，将坏名声转变为好信誉，直接向Ⅰ象限跳跃。

可见，测量组织的形象地位，不仅可以确定公共关系的实际状态，初步诊断公共关系存在的问题，而且还能为公共关系的方针、策略的制定提供依据，是公关决策的必要步骤。

（3）组织形象要素分析。实际形象调研还需要具体分析构成某一种形象状态的实际因素，解释形成某种形象地位的具体原因，说明组织形象的要点。不同的社会组织应根据自身的特点，设计出一套反映自身知名度、美誉度的具体指标，对每一指标划分不同档次，以此来衡量组织的形象。这就需要将组织形象分解为公众对组织的各类具体评价，通过统计分析各种具体评价，确定组织形象的要点和特征，勾画出组织形象的细节。在具体操作上，可根据“语意差别分析法”制作“组织形象要素调查表”，作为分析形象要素的工具。

首先，组织形象要素分析的目的是分析构成某一形象状态的实际因素，解释形成某种形象状况的具体原因，说明组织形象建立的要点。

其次，其具体使用的方法为“语意差别分析法”。其具体步骤为：

第一，将事关社会组织形象的重要项目用语意相反的两组形容词表示，如对“经营方针”、“办事效率”、“服务态度”、“业务水平”等项目分别以“好”与“差”来表示。

第二，在正反相对的形容词间设置若干程度有差别的中间档次，以便公众对每一个调查项目均可以作出程度不同的评价。如对“经营方针”，可以用“正直”和“不正直”表示两种截然相反的评价，而中间可以设置“非常好”、“相当好”、“稍微好”、“中”、“稍微差”、“相当差”、“非常差”等不同程度的评价档次。

第三，公众对各项组成要素作出评价，给出相应的分值。调查时，请被调查者就自己的看法给出评价。

第四，计算出各程度档次的百分比。公共关系人员对所有调查表格进行统计，计算每一个调查项目中各种不同程度的评价所占的百分比。

第五，计算平均值。

下面以X公司为例，具体描述组织形象要素分析法。表5－1是X公司对100人进行调查后所获得的统计结果。

表5－1　组织形象要素调查表　单位:%

	非常	相当	稍微	中	稍微	相当	非常	
经营方针正直		65	25	10				经营方针不正直
办事效率高			25	65	10			办事效率不高
服务态度诚恳				15	20	65		服务态度不诚恳
业务水平有创新					20	70	10	业务水平缺乏创新
管理顾问有名气						10	90	管理顾问没有名气
公司的规模大					25	55	20	公司的规模小

以表中的X公司为例，分析这份调查结果，可以勾画出X公司的形象要素如下：经营方针比较正直，办事效率平平，服务态度较差，业务缺乏创新，管理顾问知名度甚低，公司规模较小。这就是X公司的形象地位处于Ⅲ象限的具体原因。公共关系的计划和措施，有必要针对这些原因去制订。

经营方针＝（65×6＋25×5＋10×4）÷100＝5.55

办事效率＝（25×5＋65×6十10×3）÷100＝4.15

服务态度＝（15×4＋20×3＋65×2）÷100＝2.5

业务水平＝（20×3＋70×2十10×1）÷100＝2.1

管理顾问＝（10×2＋90×1）÷100＝1.1

公司规模＝（25×3＋55×2＋20×1）÷100＝2.05

根据计算出的数据，可以绘出图5－3中的曲线，图中的实线部分即X公司的实际形象曲线。

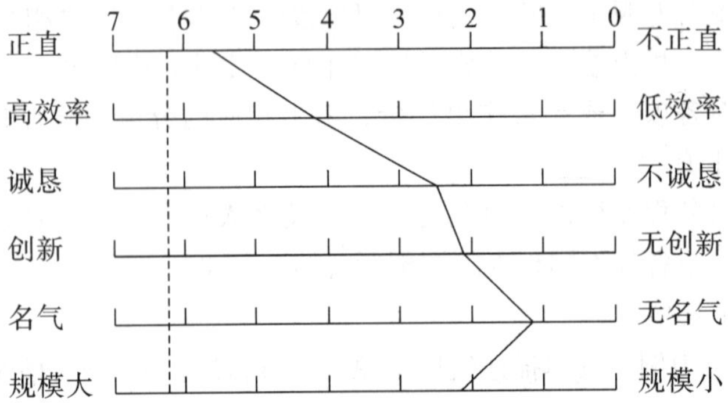

图 5-3　组织形象要素差距图

由此可见，该组织的形象中，其规模大小与知名度可能是它主要的薄弱环节，结合组织的形象地位所处的象限，可以得到更明确的结论。

（三）形象差距分析

管理者将组织的实际形象与组织的自我期望形象作比较分析，揭示二者之间的现实差距，指明公共关系工作的目标和任务，这是公共关系调研的第三个环节。这一环节主要是综合研究“自我形象分析”和“实际形象分析”的结果，为下一步公共关系策划与设计工作提供依据。

“形象要素差距图”可以帮助我们较为直观地显示组织的自我形象和实际形象之间的现实差距。如图 5-3 中的虚线为 X 公司的自我期望形象，把两条曲线进行对比分析，曲线之间的差距就是组织的形象差距。从图中可以看出，X 公司的实际形象与自我期望形象之间存在着较大差距，公司必须通过开展公共关系活动来缩小这一差距。

三、形象分析方法

公共关系是一种有目的、有计划的活动，它有很强的针对性。对于公关人员来说，开展形象分析工作大致可按下列步骤进行：

（一）目标确定

在进行形象分析之前首先要确定目标。具体说来，公关人员在确定目标时需要注意以下几方面的工作：

（1）了解组织所处的物质环境和文化环境。

（2）了解组织所面临的各类公众关系的动态，作出预测。

（3）了解组织与某类公众关系不协调的矛盾症结和成因。

（4）了解与各种媒介公众的关系状况。

公关调研的对象是公众，而公众永远处于复杂多变的环境之中。这就决定了公关调查的复杂性和永恒性，决定了公关调研必须根据不同的情况采用不同的方式，决定了公关调查不可能一劳永逸，而需要持之以恒。

（二）民意测验

了解组织对公众的印象，或者是了解公众对组织某一政策方针的态度和意见，可以用民意测验的方法。这一方法的优点一是能够广泛地获取来自公众的反馈信息，以利于制定或调整组织的公关政策；二是科学性强，且简便易行、准确度较高；三是便于整理统计，能迅速得到所需的信息资料。目前国内外许多组织在进行公共关系调查时，都使用了民意测验的方法。实践证明，民意测验对掌握公众舆论倾向、了解组织公关工作现状、预测组织环境发展变化趋势是大有益处的。通过民意测验，无疑有助于组织制定切实可行的政策方针，达到理想的预期目标。

民意测验一般有以下几个步骤：

1. 确定调研目标和公众对象

用民意测验的方法进行公关调研，必须事先确定一个调研目标，作为整个民意调研工作的导向，即要明确调研的目的，如是为了了解组织的形象好坏还是组织行为的结果，还是组织产品营销状况？调查目标的确定越具体越好。若是调查组织的形象好坏，还应该明确是产品形象还是服务形象、领导形象，而不能笼统地提“形象”。有了具体目标，才可能围绕这个中心来确定调查的范围和设计问卷，才能了解到较正确、周详的情况；否则，费时费力，也不一定能获得自己需要的信息。

围绕调研目标就可以确定调研对象的范围。在民意测验中，将调研对象称为“人口总体”，即民意测验的范围。这个范围是根据目标来确定的，应该排除与目标无关的对象，使下一步的抽样工作能够在恰当的范围中进行。

一个组织面临的公众群体是形形色色的，但我们为某一问题进行民意测验时，却并不需要每一类公众都来参加。例如组织想要知道涉及职工利益的某项措施是否适宜，就不必向外部公众去了解。一家商店若要知道自己的服务质量如何，就应该把目光投向消费者公众。一家工厂想要知道产品是否受欢迎，那就得去问用户。总之，调查的目的不同，调查的对象也就不同，对象是随目标的确定而确定的。确定公众对象，是为了排除不符合调查目标的公众群体，以免付出无意义的劳动。如了解一种女用化妆品的效果和反应，就不需要向全体顾客了解，只需要向顾客群体中的女性了解即可。

2. 抽样——节约成本和时间

抽样是民意测验中的一项关键性技术。方法是从大型的调查人口总体中抽取一部分作为调查样本，以便从样本的特征来推断整个人口总体的特征。

进行民意测验，除了对范围较狭窄的小型人口总体可以用普查的方式外，对大型人口总体一般均采用抽样调查的方式。根据概率论的原理，科学的抽样调查既可以取得可靠的资料，又可以节省大量的人力、财力、物力和时间。其道理就像医生为病人验血时不需要把全身的血都抽出来，只需抽取一点样本血来化验就可以判断一样。在这里，关键在于能否科学地抽取样本。样本的代表性决定了整个民意调查的准确性、有效性。所以，科学抽样是民意测验中的一个关键环节。

为了抽取样本，需要有“抽样框”，即一份反映调查对象人口总体自然特征的基础材料，如地图、姓名地址录、电话簿、工商企业名录、职工花名册等，以便从中抽取样本。抽样的方式主要有“随机抽样”和“配额抽样”两类。

其一，随机抽样。

随机抽样使人口总体中的每一单位都有同等的、可计算的被抽中的机会，并能计算样本对其总体的代表性程度。随机抽样的具体方法有：间隔随机、分层随机、分区多级随机等多种方法。

间隔随机抽样，即将人口总体顺序编号，用等距法，每隔一定间隔抽出一人为样本。这种方法适用于规模不大的人口总体，而且调查内容无需考虑到调查对象群体内部的各种差异。例如，某公司有5 000人，需要抽出50人作样本，则间隔为100。第一个样本是随机确定的数字：人口总体（花名册）顺序中的第48人；然后每隔100抽出一个号码：148，248，……直至抽出50人组成样本。亦可以借用随机数表进行抽样。这种抽样，主要考虑样本在人口总体中的均匀性，以此作为样本的代表性。

分层随机抽样，即将人口总体按特征分层(分类)，然后在每层（每类）中随机抽取样本。例如，按人口总体的性别、年龄、职业、教育程度、居住地等特征分类，或按行政组织的人口数字、人口密度等特征分层。然后按照分层同比或分层异比的方法随机抽样。分层同比抽样是：按上述方式分层（分类）后，按同一比例，以间隔随机抽样法，分别从各层中抽取调查样本。例如，一个5 000人的总体，由4 000名男性、1 000名女性组成，共需抽出500人为样本，抽样比例为1/10。那么，男性和女性两个层次，均按同一比例，各抽出400男性和100女性，组成500人的样本。

分层异比抽样是将人口总体按特征分层后，根据特殊需要，在不同的层次中按不同的比例进行抽样。例如，抽样调查时为了更准确地观察某一层次人口的态度，可以扩大该层次的抽样比例：为了更准确地了解500人总体中女性的态度，可以扩大女性的抽样比例，按1/5比例抽样，从1 000人中抽取200人，而男性仍按1/10比例抽出400人，然后组成600人的样本。最后，分析调查结果时，将男性回答结果扩大一倍，或将女性回答结果缩小一半，综合样本总体的回答结果。

分层随机抽样主要考虑样本的层次代表性，保证不同层次有同等被抽取的机会，而不考虑样本在总体中数量的均匀性。

分区多级随机抽样，即对数量广大而分布散乱的公众，按区域划分为若干群，分阶段渐次缩小选样的地区范围，直至家庭或小组单位。这种方法是建立在分层随机抽样方法的基础上。

例如，需要就某一问题抽样调查全国范围公众的意见，可以把全国地图，省、地、市、县等区域地图作为“抽样框”，分阶段逐次缩小抽样地区。

第一阶段：把全国划分为数百个初级地理区域，编上号码，从中随机抽选100个初级地理区域。这些初级地理区域或是大城市，或是由几个县组成的一块区域。

第二阶段：将选出的初级地理区域划分为由城市、区镇和农村组成的若干层，从中抽选出抽样地区。

第三阶段：在上述地区中抽选出更小的地段，如乡村或街区。

第四阶段：从这些地段中随机抽选出约二、三十户为一单位的地块。

第五阶段：从这些地块中，用间隔随机抽样法，抽取出以家庭为单位的样本。

最后由调研者按地图上的标志和调查要求，直接上门访问调查对象。

其二，配额抽样。

配额抽样是先确定调研对象，人口总体的各项特征，根据“抽样框”，按人口总体中具有各项规定特征的人口比例，确定样本中具有各种特征的人数比例。访问者认真遵守规定的特征比例抽选调研对象，作为调研的样本。

配额抽样须规定两项或两项以上的特征，如性别和文化程度，这些特征可以是相互独立的，也可以是相互交叉的。如，规定200人的样本中，男女性别应各占50%；而文化程度的比例则是大学占20%，高中占30%，初中占50%。对两项特征之间的关系不作具体规定。也可以规定样本性别与文化程度的交叉关系，如规定100名男性中，大学程度占30%，高中占40%，初中占30%；而100名女性中，大学程度占10%，高中占20%，初中占70%。样本中各项特征的人数比例，应尽量与总体对应。

配额抽样按照总体的特征或被研究的特征来分配样本的比例，调研者严格按照预先确定的比例选择调研对象，并需确认其特征。这是一种不完全随机抽样法。

3. 设计问卷

问卷表是进行民意测验的主要工具，问卷的设计具有较强的科学性、艺术性。设计问卷表，就是围绕调研目标，提出各种问题，以探测答题人的情况、认识和态度。问卷设计得好坏，直接影响到民意测验的成败。因此设计问卷时，提出问题不但要考虑调查对象能否全面、准确地回答调查内容，而且要考虑到提问的方式，问题的繁简，程序的先后等多方面因素。

问卷的设计分为封闭式和开放式两种，以封闭式为主。

其一，封闭式。

封闭式问卷在每一问题下列出可供选择的备选答案，请调查对象选择。其形式主要有：

两项选择，即是非题，在问题下面列出两项相对的答案，要求调查对象二择其一。

多项选择，即对提出的问题事先拟好若干答案，要求调查对象选择一个或数个答案。

对比选择，即在问题下面列出多项备选答案，或两组比较性答案，请调查对象根据自己的意愿选择其中的最佳答案。

封闭式问卷的特点为：封闭式问卷答案较规范，便于定量分析，在民意测验中大量使用；易于接受；节约时间；或多或少地限制了调查对象。

其二，开放式。

开放性问卷即自由式提问，主要应用于深度调查和直接访问。自由式提问没有备选答案，在问题后面留出空白供调查对象自由作答，充分发表意见。这种问题较难整理分析，问卷中不宜多用。

开放式问卷的特点为：对调查对象没有限制；调查结果取决于调查人员的自身素质；资料难以整理分析。

设计问卷有几点要求：

第一，问题数量一般不超过30个，时间不超过20分钟，问题最好简单明了，避免使人反感或戒备的提法。

第二，问题顺序应妥善安排：一方面从类型上看，前、中部为封闭式，后部为开放式；另一方面从内容上看，要符合调查对象的逻辑思路。

第三，要遵循对象的心理。

第四，问题的措辞应该简洁、准确、易懂，不带倾向性、引导性和强迫性。

此外，每张调查表按惯例总要有被调查者的简况反映，比如被调查者的性别、年龄、学历、收入、家庭成员组成、政治背景、经济状况等。这一类问题一般排列在调查表开头部分，故称“表头”。表头的设计应根据调查内容的不同而有所区别，表头所列项目是分析结果时不可缺少的基本项目。

4. 实施调查

其一，面访调查，即调查者直接走访被调查者，当面听取被调查者的意见。形式上，可以个别面谈，也可以小组座谈。请被访者当面填写问卷，可以说明目的、解释疑问、消除误会、互相启发、深入探讨、加深印象，故回答率高。但调查对象容易受访问者观点、表情的影响，或附和权威、多数人的意见，从而影响资料的准确性。同时，这种调查方式需要较大量的人力、时间和费用，成本较高。

其二，邮寄调查，即信访，调查者将统一的问卷邮寄给调查对象，要求填写后寄回。通讯调查的问题不宜过多，问题的表述应简明，问题的排列不带暗示；应为调查对象提供回函的地址、信封和邮资。这种调查方式适用面广泛，费用较低，调查对象有充裕时间认真考虑，从容作答，不会受访问者主观偏见的影响。主要缺点是回收率低，一般只有1% ~5%（美国人较习惯这种方法，回收率也仅15%左右）。由于各地区回收率不一致。容易使样本的地理分布发生误差；由于受文化程度的影响，容易因答卷者的误解或请人代填，使样本资料失真。

其三，电话调查，即调查者按照统一问卷通过电话向被访者提问，笔录答案。这种调查方法在电话普及率很高的国家很常用。在我国只适用于电话普及率高的人口总体。电话访问速度快，范围广，费用低；回答率高，误差小；在电话中回答问题一般较坦率，适用于不习惯面谈的人。但电话访问时间短，答案简单，难以深入，且受电话设备的限制。

其四，深度调查。这种调查类似记者采访不使用问卷，不受给定问题的限制，访问者按事先准备好的调查重点（调查提纲），与调查对象深入交谈，以求获知对象的深层动机、大量的感性材料、真实细节以及广泛的背景资料。深度访问需充分发挥访问者的主观能动性，创造融洽气氛，自由探讨，畅所欲言；也可以审时度势，旁敲侧击，善加引导等。但深度访问参入较多访问者的主观意图，谈话内容广泛，整理分析时难以编码统计，因而不能与问卷调查结果混同进行定量分析，而是作为问卷调查的辅助手段，用于重点对象和典型调查。

如果是小规模的调查，调查员面访较为理想。因为面访所得资料的准确性较高，回收调查表也有保证。但大规模调查时，限于人力和时间，面访就比较困难。因此通过邮寄的方式，把调查表分发到当事者手中，便是较常用的方式，也有把调查表印在报纸杂志上散发出去，让读者填写后寄回的。这种方式得来的资料准确度会受影响，回收调查表也缺少保证。优点是涉及面广、省时省力。下面进一步就面访调查这一方式作些具体说明。

面访调查进行前，须做两项准备工作。一是对调查员的指导；二是向调查对象发调查通知书。

调查员指导是民意测验中的重要环节。把调查员集中起来后，先交代调查目的、公众对象特点、调查方法和工作日程安排。然后向调查员讲清注意事项，对调查表的设计加以必要的讲解，也可在调查员中进行一次预演，对调查中可能出现的情况讨论一下对策。最后申明调查员应遵守的规定或纪律，分配调查对象名册和调查表。

面访调查旨在会见当事人，因此，调查开始之前，要向调查对象发出通知。通知书上应说明调查目的、预约调查日期，让对方做必要的准备，保证调查顺利进行。通知发出之后，必须在预约时间内进行面访调查。

调查开始后，调查员应考虑到场合对被调查对象的情绪和心理的影响，尽可能在没有外人的情况下进行调查。假如当事人不在，不应把调查表委托他人转交，或把调查表留下让当事人回答填写，这都会影响当事人意见的如实反映。最好的办法是，另约时间，再行造访。此外，在调查过程中，调查员谦和有礼的态度也很重要。

调查表回收以后，应立即着手统计、登录各类数据并列出分类表，把调查所需的资料归类列表，使人一目了然。例如调查电视台收视情况的调查表回收以后，统计员在整理统计时，就该得出哪档节目收视率达百分之几的数据并用表格反映出来。这个过程可以借助计算机来进行。

在整理调查表的过程中，通过分析发现新情况或意外的情况很重要，这对组织下一步公关计划的制订，常常起到关键作用。这类情况也许在调查表中反映得不普遍，能否发现并重视它，可以衡量出公关人员的业务素质。

民意测验的最后阶段的工作是撰写调查报告，调查报告中应写明调查目的、方法、日期、调查人数、调查表回收情况，以及单项统计及交叉分析的结果。最重要的，调查报告应详细说明调查中发现的新问题、新情况，并对此作出分析、解释和提出建设性意见。

民意测验在组织作自身形象调查或舆论调查时有较显著的作用。一般情况下，民意测验能帮助组织迅速及时地广泛了解各方面公众的反映。

第三节　公共关系策划——形象设计

公共关系工作的第二步是根据现存问题和差距确定组织的公共关系目标，制定公共关系工作规划和实施方案，为组织设计形象，使公共关系工作建立在科学计划的基础上，从而得到良好的控制。这是公共关系计划管理的重要环节。

一、公共关系策划的涵义与基本步骤

（一）涵义

公共关系人员根据组织形象的现存状况和公关目标，运用科学手段设计最佳行动方案的过程。

在这个过程中，公共关系人员首先要依据公关调查中所确定的组织形象的现状，提出新的形象目标和要求，并据此设计公共关系活动的主题，然后，通过分析组织内外的人、财、物等具体条件，提出若干可行性活动方案，并对这些活动方案进行比较、择优，确定能够达到公关目标要求的最适当、最有效的活动方案。

公共关系策划目的在于，在社会公众中不断提高和完善组织的形象地位。科学的策划思想和方法，要求设计和选择出有效的公关活动方案，从而增强组织公关活动的目的性、计划性、有效性，提高组织开展公关活动的成功率。

(二) 步骤

公共关系策划的步骤如下：

1. 确定目标——目标分解

公关活动的目标，即公关人员经过努力要达到的目的以及衡量这一目的是否达到的具体指标。

目标是行为的目的或指向物。行为都是围绕目标而展开的，如果目标不确定，行为就会出现混乱。公关目标不仅是指导和协调公关工作的依据，而且还是评价公共关系活动方案实施效果的标准。因此，确定目标对公关策划具有重要的意义。

(1) 确定目标的原则。

其一，公关活动的目标应保证与组织的整体目标相一致。

公关人员在策划活动目标时，确定的公关目标应与组织的整体目标一致，不能仅从局部利益出发，而有损于组织整体目标的实现。实际上，公关工作只是组织管理的一个组成部分，公关活动也只是组织管理活动的延伸，这种活动不是孤立进行的，必须配合组织的经营、管理、销售等方面的工作去进行。如当新产品问世，新的高级管理人员上任，新的服务项目推出，新技术获得成功等，都是开展公关活动的时机。因此，公关人员在制定具体的公关目标时，应该有全局观念，使该项公关活动方案不仅要实现该项活动的特定目标，而且有助于组织整体目标的实现，以及组织整体形象在社会公众中的不断完善和提高。

其二，公关活动的目标应根据执行的先后顺序、重要程度排序。

公关目标按时间可分为迫切目标、近期目标、长期目标，以便按轻重缓急分别实施。每一项目标都应有具体规定性指标及定量指标，并指明完成任务的时间期限。

(2) 公关目标的内容。

任何组织的公共关系工作都要在公众心目中树立起良好的组织形象。但良好的组织形象是由多种因素决定的，形象的树立也是通过每次具体活动的策划实施而树立的。根据不同的情况，公共关系的目标主要分为以下几类：

其一，传播信息，即组织向公众开展传播宣传活动，让公众知晓组织的有关真实情况，以提高组织的知名度，加深社会公众对组织的了解，维持组织与公众之间的联系，消除误解。目的是致力于就组织信息及其他信息与社会公众沟通。

其二，增进感情，即通过自己的行为向社会表达自己的美好愿望，以获得社会公众的好感和信任，争取政府、公众、社会团体对本组织的支持。目的是增进与公众的感情，赢得公众的好感。

其三，转变态度，即组织通过引导、沟通来改变公众对组织的态度，适应与组织提供的产品和服务有关的消费方式和生活方式。转变态度是公共关系的主要目标。尤其是一个组织在初创时，或推出新政策、新产品时，或组织出现危机、形象受损时特别需要制定以改变公众态度为目的的公共关系策划活动。目的是转变公众对组织整体形象的某一方面的看法和态度。

其四，引起行为，指公共关系在开展一系列活动之后，公众从认知组织到采取对组织有利的行动，这是公共关系促销策划的最高目标，也是组织争取政府、社会投资者对组织的支持的最高目标。目的是在取得公众了解、信任和支持的基础上促使公众产生组织所期望的行为。

以上只是公共关系活动的总体目标。在公关活动的具体策划时，所定目标应是具体的、明确的，能用数量方式表达出来；要具有可行性和可控性，既要通过努力可以达到，又要有一定弹性，留有余地，以适应变化。

2. 公众研究

任何特定时期内，公关活动的对象都是具体的公众，都是与公关目标的实现相关联的公众。但公关活动的各种对象公众与组织的密切程度是不一样的，有关键对象、重要对象、一般对象之分。关键对象与组织的发展、利益关系最密切，组织的发展要依赖这些公众的理解、支持和帮助，若脱离了这些公众，组织的利益是要蒙受损失的。当然，与其他公众对象也应保持一定的关系。这样才能使公共关系活动有的放矢、重点突出，才能顺利达到某一特定时期的特定目标。组织在策划公关目标的同时，也就是在明确公众的范围。任何一个组织面对的公众都是一个既庞大又复杂的系统，而任何一次公关活动都只能针对该系统中与本次公关目标相关的那一部分，根据公众分类标准，来确定公关活动的对象。

在确定公共关系活动的对象公众之后，还要就每一类对象的公众提出一系列问题、分析对象公众的利益和要求。不同的公众在组织中的利益和对组织的要求是不一样的，如内部员工希望组织有合理工资福利、培训和晋升机会，了解组织内情、人格尊重和心理满足，有效的领导、和谐人事关系等；政府则希望组织按规定缴纳各项税收，实行公平竞争，遵守各项法律、法规等。不仅如此，同一类公众内部各公众的利益和要求也不尽相同。

在进行公关策划时，对对象公众的分析至少应包括以下几个方面的内容：

（1）了解公众的群体环境。对象公众分属于哪些不同的社会组织和社会群体？他们居住在什么地方？他们当中谁是意见领袖？

（2）了解公众的共同利益要求和特定的利益要求。对象公众的共同利益和要求及特殊利益和要求是什么？

（3）了解对象公众接触的媒介方式。对象公众习惯读什么书刊？喜欢收看什么电视节目？收听哪些广播节目？

（4）了解对象公众与组织的关系状况及其成因。对象公众对组织的看法如何？他们对本组织感兴趣的原因是什么？对象公众与本组织的关系如何？这种关系是如何造成的等。

对这些问题分析得越透彻，公共关系目标就越有针对性，策划就越有可行性。

3. 设计主题——高度概括性

任何一种公关活动都是围绕一定主题进行的。公关活动的主题是对公共关系活动内容的高度概括。它提纲挈领，对整个公共关系活动起着指导作用。主题设计得是否精彩恰当，对公关活动的成效影响很大。

公关活动主题的表现方式是多种多样的，它可以是一个口号，也可以是一句陈述和表白。比如，日本精工计时公司，为使精工表走向世界，利用在东京举办奥运会的机会，进行了以“让世界人都了解精工计时是世界第一流技术与产品”为目标的公关活动，活动的主题是：“世界的计时——精工表”。

公关活动的主题看上去是非常简单的，但设计起来却并不容易。设计一个好的活动主题，必须做到：

（1）独特新颖，个性鲜明。表述公关活动主题的信息，要独特新颖，个性鲜明，突出本次活动的特色，表述上也要有新意，词句能打动人心，要使之具有强烈的号召力。

（2）适应公众的心理需要。公关活动主题设计还要适应公众心理需要，主题形象要富有激情并使人有亲切感。

（3）简明扼要，易于记忆。公关活动主题设计要简明扼要，能高度概括本次活动的宗旨、目的和意义，还要易于记忆，切忌空泛和雷同。

4. 传播媒介的选择

公关活动的目标、公众、主题一经确定，就要针对公众的特点选择能突出主题、实现目标的传播媒介，与对象公众进行双向信息交流。

公共关系活动通常采用的传播媒介如下：

（1）个体传播媒介，即个人对个人所进行的传播。这种方式对象最明确，能够深入、细致地解决一些特殊问题，但传播面较窄，适用于针对个别特殊公众和关键公众的传播。

（2）群体传播媒介，即个别人面对一群人所进行的传播。可针对一群人的特殊要求、特殊问题进行传播，如报告会、演讲会等。

（3）大众传播媒介，主要有印刷媒介和电子媒介。它传播迅速，辐射面广，影响力大，有利于解决共性问题。

5. 费用预算

公关活动和其他活动一样，都需要耗费一定的钱财，这就需要在策划时正确合理地预算出公关活动的经费。进行费用预算的目的就是预先估算和分配每项具体工作所需的花费，做到心中有数，从而保证公关工作的正常进行。

公关活动的经费，随组织的类型和规模、公共关系活动的目标和要求而定。一般来讲，组织公关活动所需经费开支主要包括以下几项：

（1）宣传作品设计费，包括开支在报纸、杂志、广播、电视上面的费用，以及开支在制作各项印刷品、纪念品、摄影设备和材料、工艺美术器材、视听器材、交通和通讯设备、展览设施和用品等上面的费用。

（2）劳务预算，包括公关部门的主管、职工、编辑、摄影、秘书等人员的劳务报酬。

（3）实际活动经费，如举行记者招待会、召开座谈会、举办大型活动、组织展览和参观及其应酬费用，公关赞助费及公关人员活动费。

（4）日常的行政办公费用，如房租、水电费、电话费、办公用品费、保险等。

（5）公关礼品费。

（6）其他机动或应急费用。

对公共关系活动经费的预算主要可采用以下方法：

（1）按销售量抽成法，即按组织过去（或将来）的总体销售量或纯销售量，拨出一定百分比的款项作为公关活动经费。

（2）目标作业法，即按目标和工作计划详细列出完成公共关系任务所需各项活动经费，以最后核定金额作为预算的极限。

6. 撰写公关项目策划书

撰写公关项目策划书是公共关系策划的最后一步。公关项目策划书包含几大要素。

（1）内容。

公关项目策划书的内容依照解决的具体问题的不同，会有一些差别，但总的来说，可以包括以下几个基本方面：

其一，前言，主要介绍策划本次公关活动的指导思想、理论依据及事实依据以及相关典型事例。

其二，形象分析，简要分析组织情况及其他相关的组织形象问题。这部分与前面的形象分析内容与方法大体相同。了解目前社会组织所具有的优势，及其面临的公众环境与市场环境等，为下一步的公关策划提供依据。

其三，目标战略，即该项公共关系活动要达到什么目标。它主要介绍公共关系目标设想、战略方法、阶段工作任务、目标公众定位、整体形象设计以及企业市场战略等方面的内容。

其四，创意说明，即说明该项策划有哪些方面的创意，可从哪些方面吸引社会公众的注意。这部分主要介绍公共关系宣传的意境设想、创意的独特之处、创意的合理性、宣传主题、标题、标语、口号、正文，以及创作思路、意图、形象图景、表现格式样本、样本图画、布局方面的构成参数等。

其五，媒介策略，即该项公关活动选择什么类型的媒体作为活动的主要宣传手段。主要介绍媒介的分配规划、组合方式，以及媒介单位、选用理由、选用方式、选用次数、日期、持续时间、媒介启用中的注意事项、社会组织内容、媒介制作与启用、公共关系宣传物品制作与发放等。

其六，总体计划，即设计实现目标的一系列活动和相应措施，包括该公共关系项目要开展哪些活动和工作，如何开展的基本思路。包括公共关系宣传作品推出的时机及其文化、心理上的象征意义，系列公共关系活动的总主题与分项目主题，时间安排，活动情节编制，战术布置，活动高潮设计，各子项目联系负责人、主持人，地点及其意义。

其七，经费预算，即确定公关活动所需的费用。

其八，效果展望，即预计该项活动会达到什么效果，对公众有何影响，对组织形象的提升有无作用。

（2）公关策划书的表达方式。

公关策划书常见的表达方式有两种：条文形式和表格形式。条文形式即按照条款的逻辑顺序，逐条陈述策划书的内容；表格形式即借助图表来简洁明了地表述策划书的内容。在一份策划书中，一般以条文形式为主要表达方式，少量地运用表格形式。

（3）公关策划书的编写要求。

其一，文字的简洁性。公共关系策划书的文字叙述，要力求简洁、明确、朴实无华。

其二，内容表述的写实性。运用简洁的文字，表述复杂的计划内容，是编写公共关系策划书的重要技巧之一。在具体写作中，内容表述一定要完整，即使是细节性内容，也应有专门项目加以表述。

其三，结构的条理性。策划书实际上是一种工作指南，既要便于公共关系人员理解工作要点，明确工作任务，又要便于公共关系人员按照策划书的规划开展公共关系工作。因此，必须强调条理性。

其四，计划安排的周密性。公共关系策划书涉及多方面的操作性内容，因此一定要注意计划的周密、严谨，确保公共关系工作的顺利进行。

（三）公共关系策划的条件

1. 能切实把握公众心态

因为任何一个组织，无论是营利性组织，还是非营利性组织，其生存的主要依据就是社会的需要或公众的需要，背离了社会的要求，无视公众利益的组织，在现代化社会中是无法找到自己的生存领地和生存空间的。所以，以公众利益为导向，是企业组织为了自身生存而必须确定的价值观念，也是企业一切行为，包括公共关系策划行为所必须遵循的最终价值准则。

2. 要有出奇制胜的谋略

公共关系策划是一种创造性活动，而不是一种重复性的机械劳动，它与因循守旧、墨守成规、不思进取的行为是格格不入的。它推崇的是标新立异、独辟蹊径、大胆创新、奇中取胜。总之，公共关系策划要刻意求新，善于策划出有别于其他公共关系活动的新方案。角度选择得巧妙，时机把握得准确，对形势的运用恰到好处，方式方法奇妙，就能使公共关系活动的效果出人意料。

3. 要有深厚的文化底蕴

公共关系策划方案要有新意，要能吸引公众，必须要有浓厚的文化氛围，才能得到在同种文化背景下的公众的认同与积极地参与，公共关系活动才能取得预期的效果。

二、CIS 战略

现代市场竞争的核心是企业形象的竞争。目前，企业形象的提升已经成为决定市场竞争成败的关键。CIS 就是通过一系列的设计，用鲜明的、统一的、可以识别的方法和技巧，把公共关系树立的企业形象展现在公众面前。根据心理学理论，人类日常从外界获取的信息有 70% ~80% 是经视觉器官得到的，而目前在国内外流行的 CIS 就是企业传播形象信息，与社会公众沟通最直接、最有效的手段。

有学者认为，作为一种企业形象的建设手段，CIS 管理最早开始于第一次世界大战之前的欧洲，德国一家名为 A. E. G 的厂商率先将此理论应用于其一系列产品上。到 20 世纪 50 年代，欧美各国相继开发出不同形态的企业形象识别系统。20 世纪 60 年代后，CIS 可以说是进入了一个全盛的时期。近年来，则更是成为一种成熟的、流行的规范化和系统化的企业形象设计方法和传播工具。

（一）CIS 的涵义

CIS 是英文 Corporate Identity System 的缩写形式，中文译为“企业形象设计”或“企业形象识别系统”。实际上，在企业界和学术界，对 CIS 的理解目前尚无定论。鉴于社会科学的特有属性，任何一门理论都不可能像自然科学那样达成认识上的高度一致，对 CIS 的理解也是如此。有的人认为它是一种经营观念，有的人认为它是一种手法，还有的人认为它是企业的经营战略，种种看法，众说纷纭。

我们认为，CIS 就是企业将自身的理念、行为、视觉识别系统进行全方位的传播，塑造出富有个性的企业形象，使公众对企业产生一致的认同感和价值观，以达到公共关系目标的企业战略。

（二）CIS 的本质属性

企业形象识别系统（CIS）以企业识别标志（CI）为中心，包括视觉识别（VI）、行为识别（BI）、理念识别（MI），是以理念识别为基础、行为识别为主导、视觉识别为表现的整合工程。

它有两大不可或缺的基本特征。

1. 独特的识别性

这是指形象的差异性和视觉上的识别性。它包括语言识别、图形识别和色彩识别。通过 CIS 的这种独特的识别性，把这一企业及产品与另一企业及其产品从根本上辨识区别开来。企业识别系统应该强调和突出企业的个性，忽视了这一点，就会把 CIS 等同于企业形象系统。

2. 同一的系统性

这是指表现上的统一性和传播上的整合性，要求把企业识别标志贯穿于产品系列、时空环境、信息流程的各个方面和所有环节之中。所以，企业形象识别系统应该强调和突出企业的整体性，忽视了这一点，就会把 CIS 等同于单一的企业识别标志。

从这个意义上说，独特的识别性和同一的系统性是 CIS 的本质属性。

由于 CIS 工程是深入到企业“灵魂”（企业文化）的革命，因此设计 CIS、导入 CIS 均不应仓促行事，不能用短期眼光把它当成临时性的权宜之计，而应把它作为一项企业的长期性战略来实施。

（三）构成要素

完整的 CIS 系统基本上是由三要素所构成：理念识别（Mind Identity，简称 MI）、行为识别（Behavior Identity，简称 BI）和视觉识别（Visual Identity，简称 VI）。三者的交集即是最完整的 CIS。如图 5 -4 所示）

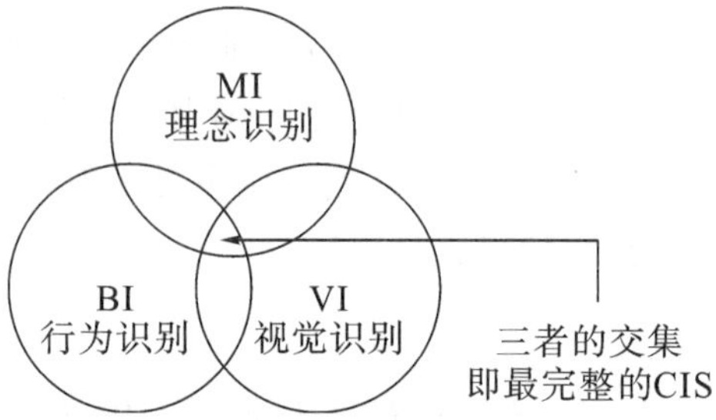

图 5 -4　CIS 的构成要素

1. 理念识别系统（MI）

理念识别是企业经营理念的定位，即形成有别于其他企业的、个性鲜明的经营理念，从而确立企业在市场上的形象，相当于企业的“心”。

企业的经营理念是企业独特的文化和价值观，包括企业的经营指导思想、价值观、企业精神、企业文化、经营战略等。企业经营理念是组织的灵魂，它可以影响和引导一个企业的行为方式，同时对企业成员产生强大的激励作用。

理念识别是 CIS 系统的核心，完整的企业识别系统的建立，首先必须依赖企业理念的确立。它既是 CIS 系统的深层内容，电是企业精神文化的集中概括。企业理念识别意在确立企业的宏观发展战略，倡导与此发展战略相适应的企业精神和价值观念，为企业的社会地位和经济地位定向定位。理念识别总的来说比较抽象，它应该既体现出企业的经营性质，又勾画出企业的精神实质，使社会的同一性和企业的独特性有机地融为一体。

MI 是一种内在的力量，是企业的精神支柱，它具有强大的凝聚力、导向力、感染力和影响力。这种内在的精神力量可以激发与强化企业成员为社会服务的意识、企业整体精神和热爱企业的情感，可以催生和强化企业成员有利于企业发展的行为，促进企业物质文化的发展。

2. 行为识别系统（BI）

行为识别是指企业在其独有的经营理念指导下，形成有别于其他企业的经营活动、管理活动和社会公益活动等。行为识别系统是企业形象识别系统的动态表现形式，是 CIS 战略的执行部分，可以比做企业的“手”，主要以企业对内、对外的行为体现企业的经营理念，是实现企业战略理念目标的保证，也是企业实施其发展战略的必要的行为规范。

企业行为识别包括对内和对外两部分：对内活动，包括企业的经营管理活动、企业内部的信息沟通、职工福利和工作环境的改善、员工教育、礼仪规范、研究开发等等；对外活动，主要有公关活动、产品开发、产品推广、社会公益活动、营销对策、市场调查、股市和金融的对策、公害对策等等。无论对内对外活动，都始终围绕企业经营理念而展开，行为识别（B1）只不过是理念识别（M1）的动态表现和经营理念的具体化。例如，麦当劳的行为识别系统，就是其经营理念的具体化。其经营理念，可用Q、S、C、V来代表，即高品质的产品、快捷微笑的服务、清洁优雅的环境和物有所值。他们通过制定一整套十分具体的准则来规定员工的行为，这些准则有MDT（Management Development Training）即管理人员训练手册、OTM（Operation Training Manual）即营业训练手册、SOC（Station Operation Checklist）即岗位检查表、QG（Quality Guide）即品质导向手册。只要实施了这些行为规范就可保证QSCV经营理念的实施。

由于理念识别是它的动力源，因此不同企业经营理念的差异，决定了各自经营活动的侧重点、争取公众方式和具体方法的独特性。这种行为差异是行为识别的立足点。

3. 视觉识别系统（VI）

视觉识别即根据企业的市场定位、发展战略和经营理念，精心确定和系统设计最能代表企业形象的视觉标识，再通过特定的传播媒介，以最快速度让社会公众了解这些信息，从而使社会公众能够识别某一固定的企业形象。视觉识别是CI系统中最能形象化、直观化地表达企业特征，最具有传播力与感染力的一个系统，也是CI战略的静态识别符号，是CI战略的展开面，可以比做企业的“脸”。

任何一个企业要把自己推荐给社会公众，都必须建立一套易于识别的符号系统，以便给社会公众留下深刻的印象，并逐步得到认可。视觉识别就是要运用文字、符号、图案、色彩甚至模型等一切视觉手段，把企业形象、企业文化信息尽可能集中地、概括地、形象地、鲜明地表现出来，使人过目不忘、印象深刻，从而使企业形象具体化为人们心目中的丰碑。一般来讲，视觉识别可分为：

（1）基本要素识别。

包括企业名称、品牌名称、企业标志、商标、标准字、标准色彩、象征物、专用图案以及音乐、歌曲等。这些基本要素一经设计定型，列入CI手册，就应该保持稳定，不得随意改动。

（2）应用要素识别。

其一，办公用品系列。名片、信纸、信封、文件夹、工作证、单据、笔、证章、表册、公事包等。

其二，产品系列。款式、色调、包装（包括包装箱及盒袋绳纸）、工艺设计风格、产品说明书、标贴、产品目录等。

其三，经营系列。销售专柜和设备、橱窗、样品货架、合同、纪念品以及陈列室、展览会、订货会等方面的布置。

其四，环境系列。建筑物、建筑风格、门面招牌、室内装修情调、标语牌、雕塑物、家具、路标、指示牌、专题活动的现场装饰与布置等。

其五，宣传制品系列。公司简介、画册、报刊、小册子、海报、挂旗、悬空气球、宣传单、目录书、公关礼品等。

其六，人员服饰系列。工作制服的样式、颜色、厂徽、帽徽、领带、胸章、纽扣、皮带扣、领带夹等。

其七，设备与运输系列。运输车辆、交通车辆、集装箱、生产设备、船舶等。

其八，事务用品系列。茶具、热水瓶、饮水机、毛巾、垃圾桶、碗碟、打火机、烟灰缸等。

其九，广告宣传系列。广播、电视、报纸、杂志等广告设计、路牌和灯箱等广告平面设计。

除此以外，还有包括标准字和标准色特殊的使用规格、样本的使用法及其他附加使用等内容的一些辅助要素的识别。在视觉识别系统的所有要素中，标志、标准字、标准色是 CI 设计的核心，因为这三要素是企业地位、规模、力量、尊严、理念等内涵的外在集中表现，构成了企业的第一特征及基本气质，同时也是广泛传播并取得公众认同的统一符号，CIS 中视觉形象识别据此繁衍而成。

CIS 强调诉诸视觉，是因为视觉情报占人们所遇到情报的 80% 以上。人的五种感觉（视觉、听觉、味觉、嗅觉和触觉）中视觉是五觉之首，人们主要靠视觉接受信息，而且视觉信息真实感最强，说服力最大，常言“百闻不如一见”。因此，视觉识别的传播与感染力量最为具体而直接，能够充分表现企业的基本精神及独特性，使社会公众一目了然地掌握所传达的讯息，达成识别与认同的目的。

综上所述可以看出：在 CIS 的三个构成要素 MI、BI、VI 中，MI 是 CIS 系统的核心和灵魂，BI 是企业理念的具体实施，VI 是企业形象可视要素的综合。MI、BI、VI 三者相互联系、相互作用，构成一个完整的 CIS。MI 是 CIS 战略的策略部分，是由最高决策层确立方针而导入企业形象识别体系，是 CIS 的基本精神所在，也是系统运作的原动力和实施的基石。有关 DI 及 VI 的执行与推动皆植根于 MI，也就是先有 MI 的确立，经由 VI 的建立，透过 BI 的实际行动落实了 MI，使得企业形象具体地被认同，达成了 CIS 的最终目的：提升企业形象，带给企业更美好的经营效果。没有精神内涵 MI，V1 只能成为简单的装饰，但没有视觉形象的具体展示，精神形象也就无法有效地展现。因此，CI 三个构成要素也可以比喻为：CI 为一棵树，MI 是树根，BI 是枝干，VI 是树叶，三者联为一体，不可分离。理念识别比较抽象，行为识别比较复杂，视觉识别比较直观。

企业形象识别系统是一项工程，MI、BI、VI 三位一体，才能成为全面的 CIS 战略。所以，在实施 CIS 战略时要注意把握以下几点：

（1）统一性。它具体表现为 MI、BI、VI 的和谐统一，企业形象与产品品牌形象的统一以及 VI 设计的标准化与统一化。

（2）独特性，即企业个性。可以认为，企业的方方面面统一起来，在一定意义上，就是旨在突出企业的独特性。一个具有鲜明独特性的企业是最容易脱颖而出的。

（3）传播的高效率。这可以理解为统一企业形象的结果。

（四）设计的基本原则

CIS 作为一种卓有成效的经营战略，在树立企业形象、提高产品竞争力、改善企业内部经营管理、增强企业凝聚力和向心力等方面都有着十分重要的作用。那么，企业设计 CIS 应当遵循什么样的原则呢?

通过对 CIS 战略的研究可以发现，企业形象识别系统就是企业形象识别标志的系统化。它的开发是以视觉化的设计要素为中心，但在 VI 的构成要素标志、标准字、标准色、图形等视觉符号中，标志又是核心要素和发动所有视觉要素的主导力量。设计企业标志就是将企业的各种要素综合成一种简明的视觉符号，反映出企业特点和体现企业的个性，并为社会公众所接受。因此，在设计 CIS 时应遵循以下原则:

1. 以 MI 子系统作为设计的核心

CIS 作为一种现代企业管理规范，是将现代设计观念与企业管理理论相结合的系统工程，它不仅对外传达规范化的视觉形象，更是广泛传播企业理念、企业精神等企业文化的重要载体。因此只有把形式上的东西跟内容结合在一起，通过企业的视觉形象体现出独有的精神内涵，设计才具有持久的生命力。而脱离了企业理念、企业精神的符号，只能是普通的商标而已。

作为传达企业经营理念、企业精神、企业文化的重要媒体，CIS 的设计应当从多视角、多层次、立体化、全方位来传达企业理念。因此，VI 设计必须以 MI 为核心和导向，必须把企业的理念有机地融合进去，并加以有效地表达。优秀的 VI 设计无不是在表达企业理念方面取得成功的。以敢创世界一流著称的康佳公司，其“KK”标志在电视机外形和地球图案环绕下，艺术地构成两个“OK”，形象地传达了“建设一流环境，培养一流人才、生产一流产品、提供一流服务、创造一流效益”的康佳文化。再如太阳神的标志，也是传达企业理念的范例。以圆形、三角形的几何形状为设计基本定位，圆形是太阳的象征，代表抛洒光明、温暖、生机、希望的企业经营宗旨，以及健康、向上的商品功能，三角形的放置呈向上趋势，既是 APOLLO 的首写字母（APOLLO 在古希腊神话中是赋予万物生机，主宰光明的保护神)，又象征“人”字的造型，显现出企业向上升腾的意境和以“人”为中心的服务及经营理念，以红、黑、白三种代表色彩组成强烈的色彩反差，体现企业不甘现状、奋力创新的整体心态。

2. 识别原则

识别原则，就是要容易引起注意，便于辨认和易于记忆。为了达到这些要求，在设计时就应做到:

（1）根据视觉设计原理，讲究鲜明，使图形简洁，便于引起公众注意和瞬间辨认，公众观后能留下深刻的印象。如上海大众有限公司的厂徽及其拳头产品桑塔纳小轿车的标志就很容易被公众所辨认和记忆。

（2）通过合理的图形处理，使之具有独特性，能表示企业或产品的特色。一个好的企业识别标志，其最大特点是与众不同，富有企业的个性，给人以强烈的视觉印象。

（3）企业识别标志设计要讲究通俗。由于人们的阅历、素养、文化等方面的情况不尽相同，这就要求设计能被多种层次人群所接受，主要措施就是使企业识别标志通俗化。

3. 同一性原则

20 世纪 50 年代初，美国 IBM 公司总经理华特逊采取公司名称、商标名称的策略，首次推出一整套企业标识系统。这一措施使 IBM 公司获得了极大成功。由此可见，设计企业识别标志时要遵循同一性原则，具体要求是：

（1）企业标志与产品标志基本等同。产品的力量是来自企业的力量，一个优秀的企业，它的所有产品都应该是可以信赖的。如果企业标志是文字标志，则要求企业标志等于企业名称，等于商标名称；如果企业标志是图形或图文标志，则企业标志的图案应与商标图案保持一致。

（2）企业识别标志保持相对的稳定性。在较长的时间内，企业标识应保持相对的稳定性，使社会公众容易识别和记住企业的整体特征。事事时时处处都要严格遵循基本标识设计规范，不任意更改其文字、图案、结构、色彩等。如果变更频繁，就会破坏企业标识的一贯性，不能给人以深刻的印象。如“可口可乐”这个由红色海洋簇拥着变形的“Coca—Cola”一组英文字母的企业标识，一百年来外形基本上没有很大变化，只是在原设计的文字标识下增加一条波纹线的小改进。

4. 联想原则

一个好的企业标识，要考虑到能显示企业或产品的特色，以便联想和回忆。联想原则要求识别标志适合企业特点，涵义深刻，且易于引起公众联想并理解其内涵。在设计标志、图案或命名时，应该考虑这种标志能否诱发社会公众对企业诸要素的联想。为此，许多化工企业的企业标识常用原子结构或分子链的图案，机械制造企业常用齿轮、锤子等图案，以显示企业或产品的特色。美国迪斯尼公司以米老鼠和唐老鸭为其企业标志，就是成功的一例，因为美国电影家迪斯尼创作的著名动画片《米老鼠和唐老鸭》风靡全球，经久不衰。因此，人们一旦见到印有米老鼠和唐老鸭标志的产品，就自然会想到迪斯尼公司和有关的信息。

5. 人性化原则

现代工业设计，是需要以充满人性的设计来使消费者接受的。人性化原则就是要求企业标志能切合公众的心理需要，引起公众的情感共鸣，使人感到被关心的亲和感，这是现代工业设计的基本点。唐代诗人白居易说：“感人之心，莫先乎情”。企业标志正是这样，有了情感的介入，就能够打动人、感染人、激发人的内心需求，缩短企业与公众之间的心理距离，就能赢得组织内外公众的认同，使人们在情感体验中不知不觉地接受企业标志，留下深刻的印象，并引起亲近该企业的行为。

6. 美学原则

造型美观、构思新颖的企业标识不仅能给人以美的享受，而且能使消费者产生信任感。由于VI的识别是通过视觉传达完成的，从一定意义上讲，视觉识别要素的创造是一种视觉艺术的创造。艺术追求的是内容美与形式美的完整统一，而接收者进行视觉识别的过程实质上是一个审美的过程，因此，在设计时应遵从艺术形式美的规律，充分运用秩序、对称、平衡、比例、调和等美学原则，才能更好地、有创意地进行CIS的设计。

（五）导入时机的选择

CIS是一种超越传统观念的企业形象整体战略，是配合企业长期经营战略的一项系统性规划，绝非企业即兴的偶发行动。任何企业在导入CIS时都不可盲目冲动，而应该相机行事。一般来说，导入 CIS 的最佳时机主要有下列几种：

1. 公司新成立时

当新公司成立时，即实施 CIS，以系列性、独特性的统一形式，传达给消费市场与社会公众，塑造良好的企业形象。而且，新公司成立时，因为没有旧习陋规的包袱，完全可设定最理想的经营理念与情报传达系统，是实施 CIS 的最佳时机。

2. 企业面临重大改组时

企业进行兼并、新组建企业集团、改制为上市股份有限公司等重大改组后，常常需要重新进行工商登记，更改公司名称、公司章程，甚至要重新修订企业目标和经营信念。为了让公司内外人员有效地识别企业及其“新面貌”，有必要导入 CIS 战略，借助 CIS 的实施，塑造良好的企业形象，或使社会公众对合并后的企业集团建立新的认同与识别。

3. 公司经营战略性质转变

在企业扩展经营范围，实行多元化经营时，企业生产的主导产品比重的变化，会使得原有的公司名称或标志等传达的信息发生与生产性质、经营内容不相符合的现象，因此，必须开发新的 CIS 战略，凭借统一的策划和完整的形象，大大加强各相关实体的团结，使企业整体实力大幅度提高，以建立既符合企业实际情况，又能契合未来发展的识别系统，统一新开发产品与企业本体的关系，建立符合企业实态的符码。

此外，企业进军国际市场，推行跨国营销之际，也应该导入新的 CIS 战略。因为这时企业原有的传达信息的视觉识别符号，往往已不足以应付国际市场经营的需要。因此，按照国际惯例和标准，修正原有的标志或重新设计企业及产品标志，可有效地获得国际市场对产品和企业的认同，逐渐树立起鲜明完整的企业形象。

4. 公司周年纪念日

在企业创业纪念日来临时，导入新的 CIS 战略可塑造企业崭新的形象，激发企业员工及老业务伙伴的自豪感，可使他们产生极大热情，从而有利于形象的内部认同及向外推广。尤其是在创业周年纪念日当天公布实施 CIS，更具有双重效果：一来可增进员工的向心力和工作士气；二来又能使社会大众对企业经营更有信赖感。

5. 企业危机时

企业在面临经营不善的困境或形象出现危机时，导入 CIS，重新确定经营宗旨和经营风格，有助于解决经营的危机或改变企业形象，消除公众心中的阴影，塑造耳目一新的形象。同时也成为防止危机再度发生的重要手段，为企业腾飞创造新的契机。

总之，企业应根据需要和可能，选择恰当时机导入 CIS，形成独特的 CIS 体系，有利于密切企业与公众的感情，提高企业的竞争力。

第四节　公共关系实施——形象传播

公共关系过程的第三个步骤是将公共关系的计划和方案付诸实施，为组织塑造、推销良好的社会形象，影响公众舆论，优化组织环境。为此，需要正确制定媒体策略和选择公共关系的活动方式。

一、媒体策略的制定

媒体策略决定了媒体选择及执行的相关事宜，我们在制定策略时需要考量哪些因素呢？在媒体策略制定过程中，要经历确定目标、制定战略、明确战术这样一个程序。

（一）确定目标

无的放矢是制定媒体策略的一个禁忌。出现这种情况的原因很多，其中之一就是媒体策略制定者没有完全理解客户的需求。媒体策略制定者应该深入参与整个项目，他所掌握的信息是未经加工的，来自客户的第一手资料，从立项阶段开始，媒体策略的制定者就要同客户进行接洽，准确了解客户需求。媒体策略制定者要对所接收的信息从重点到非重点提前进行优先级的排序。那么何为重点信息？例如产品或服务的特色、主要营销区域、受众人群定位、客户倾向或以往在类似的传播工作中所使用的媒体组合、对新媒体的认可度、经费预算等。此类信息决定了媒体策略制定者是否能够根据产品或服务的特点，选择有效的媒介来影响目标人群，同时对成本进行有效的控制。

（二）制定战略

在制定战略时，组织需要明确方向。首先公关人员需要找出一条主线，即组织要解决的问题是什么？如客户最想传递的是产品质量优势，那么在战略制定时，就要围绕产品进行整体规划，所有后期的资源都要为这个大前提服务。总之，战略制定的方向与客户目标相辅相成。

（三）明确战术

（1）选择组织的优势媒体。提供给客户什么信息是公关人必须思考的问题。我们能提供的首先是我们能够掌握并了解的，所以制定媒体策略的第一个前提是对媒体的全面掌握。每个公关公司都拥有自己的优势媒体群组，如财经类媒体或网络媒体，而这类媒体就应该是公司在制定媒体策略时优先考虑的，将熟悉的媒体与客户需求相结合，并进行挖掘放大，使其在整个媒体战略中占有一定的优势地位，因为这些媒体是我们最能以小投入换取最大产出且能保证执行效果的那一部分。

（2）考虑客户倾向的媒体。基于同客户的沟通结果，选择客户倾向的媒体与公司已有的优势媒体群组相结合。不过客户倾向的媒体所占比例不宜超过优势媒体所占的比例。

（3）推荐新型媒体形式。在当今传媒高度发达的环境下，传统媒体与新兴媒体并存衍生，各自都在发挥着各自的优势，公关人要有敏锐的触角，能够及时发现对客户有价值的新传播载体。同时，新兴媒体作为新的生力军，也需要舞台展现自己的价值，如果能够很好地加以利用，不但能够获得好的传播效果，而且还能有效控制传播经费。

（4）学习竞争对手的传播之道，做好前期的媒体调研工作。为其他竞争对手服务的公关公司都采取了哪些传播策略和手段，也是值得关注的一个问题。在制定媒体策略之前，要研究竞争品牌的媒体组合形式，收集他们在近期的相关报道，分析各媒体形式所占的比重，结合前面几点的思考制定可执行的媒体策略。

（5）合理分配费用，谋求最大的利润率。每个公关人都是决策人，每个节点的工作都关系到整体预算的花费和利润。在保证良好传播效果的同时，管理者要谋求利益的最大化，在制定媒体策略时，要按照媒体认知及分配，将费用划分成几个象限，最能带来效益的是组织的优势媒体群组和常规操作方式，而且这部分的费用投入是最低的，是制定策略时要考虑的核心部分。如果客户看重的媒体形式不是组织的优势媒体群组，则应将投入费用的比例进行倾斜。新兴媒体作为日后组织的潜在优势群组，应该在策略中进行重点推荐。

综上所述，在制定媒体策略时需要结合多方信息，权衡客户需求、媒体传播效果及费用预算等内容，充分借助媒体的多种传播方式，对目标群体进行影响，达到最终的传播效果。

二、公共关系活动方式的选择

公共关系活动方式是以一定的公关目标和任务为核心，将若干种公关媒介和方法有机地结合起来，形成具备特定公关功能的工作方法系统。不同类型的组织机构，或同一组织的不同发展阶段，或同一阶段中针对不同的公众对象、公关问题及公关任务，都需要不同的公共关系活动方式。

（一）公共关系活动的业务类型

一个公共关系目标的实现，可以采用不同的活动方式，也可以同时采用几种不同的活动方式。根据公共关系工作的业务特点，可以将公共关系活动划分为以下五种常见类型：

1. 宣传型公共关系

这是组织利用各种传播方式及相关的媒介迅速将信息传递出去，以加强公众对组织的了解和信任，形成有利的社会舆论，为组织树立良好的形象。组织根据自身的实际情况和条件，选择传播方式和媒介，尽可能在更大的范围内将信息传播出去。这对于推广组织形象，提高组织的知名度都是非常有意义的。

宣传型公共关系的特点是：主导性强，时效性强，传播面广，推广组织形象效果快，但是沟通常常停留在较低层次——认知层次上。

根据宣传的对象不同，此种模式又可分为内部宣传和外部宣传两种。

（1）内部宣传。宣传主要对象是内部公众。目的是让内部公众及时、准确地了解与组织有关的各方面的情况。常用的媒介有企业报刊、黑板报、闭路电视、热线电话、演讲、讨论会、职工手册等。

（2）外部宣传。宣传对象包括与组织机构有关的一切外部公众。目的是让他们迅速获得对本组织有利的信息，形成良好的舆论。外部宣传的形式有两种：一种是借助公共关系活动进行宣传，如展览会、参观访问等；另一种是借助大众传播媒介做宣传。

2. 交际型公共关系

这种方式是以无媒介人际交往为主的活动模式。其目的是通过人与人的接触与交流，运用各种交际方法和沟通艺术，广交朋友，协调关系，缓和矛盾，化解冲突，为组织创造“人和”的环境。

这种公关活动具有直接沟通、形式灵活、人情味浓、信息反馈快等特点，在加强组织与公众之间的情感联络方面效果突出。

交际型公共关系活动是最常用、最有效的公共关系活动模式，主要方式有两种：团体交际和个人交际。团体交际方式常包括招待会、座谈会、工作午餐、茶话会等；个人交际有交谈、拜访、祝贺、电话、书信往来等。总之，交际型公共关系就是通过语言、文字、人与人之间的直接对话等来交往与沟通。

在交际型公共关系模式实施中，重要的是要注意礼仪和人情味，掌握交际策略和语言沟通艺术，同时应杜绝各种不正当的手段和把私人交际作为公共关系交际的现象。

3. 服务型公共关系

社会组织以各种实际的服务行为作为特殊媒介，从而吸引公众，感化人心，获得公众的好评，取得公众的理解、信任和合作，使组织与公众之间关系更加融洽、和谐，为组织提高社会信誉，尤其是组织的知名度和美誉度。行动本身是最响亮的语言，它最显著的特征是有实在的行动，它使沟通活动进入“行为”层次。

其特点是：为公众提供实惠、实在的服务，以实际行动感化人心；以实际行动提高组织的美誉度，使组织与公众之间的关系更加融洽和谐。这种和谐的状态对于任何一个组织的生存和发展都是至关重要的。因此，每一个组织都应以某种方式为公众提供必要的服务。

服务型公共关系活动的实施，需要组织各部门和人员的全面配合协调，依靠组织内外部成员的共同努力，并切切实实地做好服务工作。其主要方式有：各种消费教育，消费咨询，消费培训，消费指导，售前、售中和售后服务等。任何一种类型的组织都能够以独特的方式为公众提供必要的服务。服务的目的不仅是促销，更重要的是树立和维护形象与声誉，因此具有公共关系的性质。

4. 社会型公共关系

社会型公共关系是组织利用举办的各种社会性、公益性、赞助性活动塑造组织形象的模式。其目的是通过发起、组织和参与有广泛群众基础的社会活动，扩大组织的影响，以此提高组织的知名度和美誉度，赢得公众的好感和支持。

这种方式的特点是：侧重于组织的长远利益和整体形象，社会参与面广，公众接触面大，因而影响面广，影响力强，但形象投资费用也较高。

社会型公共关系活动的常见形式有以下三种：

第一，以组织本身的重要活动为中心而开展的活动。如组织利用开业纪念或开业典礼的机会，邀请各界嘉宾光临，渲染喜庆气氛，借此播下友谊种子。

第二，以赞助社会福利事业为中心开展的公共关系活动。如赞助慈善事业、公共服务设施、福利事业等。通过这些活动，在社会公众中树立起组织关心社会、乐施好助、注重社会责任的形象。

第三，资助大众传播媒介举办的各种活动，以提高组织的知名度，加强公众对社会组织的了解和联系。如 XX 杯智力竞赛、摄影比赛等。

社会型公共关系活动从近期看往往不会为组织带来直接的经济效益，且使组织付出了较大的额外费用，但从长远看，为组织树立了良好形象，它为组织创造了两个良好的发展环境。

5. 征询型公共关系

征询型公共关系活动是以采集社会信息为主的公共关系活动模式。目的是通过社会调查、民意测验、舆论分析等信息反馈手段，收集信息，了解社情民意，把握时势动态，监测组织环境，为组织机构的经营管理决策提供咨询。

这种方式的特点是以输入信息为主，及时对民意作出反应，为组织机构的经营管理决策提供参谋，保持组织与公众之间的平衡状态；具有较强的研究性、参谋性，是整个双向沟通中不可缺少的重要机制；容易持之以恒，可以实现组织与社会环境之间的动态平衡。

征询型公共关系的形式有：开办各种咨询业务，访问重要客户，建立来信来访制度和合理化建议制度，制作调查问卷，设立热线电话、公众意见箱，分析新闻舆论，广泛开展社会调查，进行有奖征文、有奖测验活动，聘请兼职信息人员，举办信息交流会等。

公共关系活动模式还可以按其他方式来划分，种类比较多。在这里就不再一一介绍了。但是公共关系活动模式只是提供给我们公共关系人员参考、借鉴的框架结构，并不限制公共关系活动的创造性发挥，这就需要公关人员针对不同的目标任务来选择活动模式，并在实践中创造新的活动模式。

（二）公共关系活动的行为方式

针对不同的组织环境和公共关系的具体状态，可以采取不同的公共关系活动方式。

1. 建设型公关

当一个社会组织创办或开业时，它还未能与社会各界建立广泛的联系，未能被社会所认识，为同行所接纳，在社会上基本上没有什么声誉。这就要求社会组织借创办或开业之机进行自我介绍、宣传和推销。

它的特点是：

（1）适用于组织的开创阶段，以及某项事业、产品服务初创、问世阶段。

（2）采用高姿态的传播方式，力图尽快打开局面，形成舆论，扩大影响。

通过一系列公共关系活动，企业得以与潜在公众和公众环境建立广泛的联系，以提高知名度，形成良好的“第一社会印象”。特别要接触新闻界、政府各部门、投资商和销售商等，以使企业自身及其产品或服务在公众头脑中留下深刻印象，提高企业的知名度。如隆重的开业庆典仪式、剪彩活动、落成典礼、开业广告等。

当企业推出新的产品或新的服务项目时，公众往往对此抱着观望和等待的态度。这时，企业应抓住时机，及时运用公共关系活动并通过各种传播媒介，向公众进行市场知识宣传、产品性能介绍，引起公众对此产品或服务的注意，消除公众的观望戒备心理，刺激他们的新奇感和好奇心，鼓励他们进行新的尝试，从而接受产品和购买产品。如新产品的分发、派送等试用推广活动等。

2. 维系型公关

公众是复杂多变的，对企业的注意力也往往不能持久，所以企业必须不断地向他们出示“证据”，或以某种方式“提醒”公众，使他们对企业有更新更深的认识与了解。维系型公关方式就是基于这种想法来开展活动，以达到不断巩固企业形象的目的。

它的特点是：

（1）适用于组织机构稳定、顺利的发展时期。

（2）采取一种持续不断、较低姿态的传播方式，对公众施以不露痕迹、不知不觉的影响，保持一种潜移默化的渗透力，维系良好的形象。

通过一系列公共关系活动，稳定与公众原有的关系。如保持一定的见报率，长期树立在高大建筑物上的企业名称、标志或商标巨型广告，服务性、信息性的邮寄品分发，逢年过节的专访、慰问，给老关系户适当的优惠或奖励等。

维系型公共关系活动的形式多样，只要在企业力所能及的范围内，所有有利于巩固企业形象、维系和加强与公众双向沟通的，富有创意与新意的事件或想法，都可以成为策划维系型公共关系活动的源头。

3. 防御型公关

这是企业为防御经营和管理上可能出现的“失调”或“危机”而采取的一种公共关系对策。其出发点是抓住“潜在公众”形成的时机，及时寻找对策，把问题消灭在萌芽状态，并以此作为宣传企业形象的契机。因此，精心策划的防御型公共关系活动如果构思精巧，实施严密，往往可以对宣传企业形象起到非常好的作用。

它的特点是：

（1）适用于出现潜在的公关危机的时候。

（2）采取以防为主的策略，重视信息反馈，及时调整自身的政策或行为，以适应环境的变化。

4. 进攻型公关

进攻型公关是采取主动出击的方式，以周密准备、精心策划的公共关系活动来达到提升企业形象的目的。因此，从目的上看，进攻型公共关系更具有扩张性；从效果上看，优秀的进攻型公共关系策划方案，往往可以大大地扩大企业影响，促使企业形象得到显著提升。

它的特点是：

（1）适用于组织与环境发生某种冲突、摩擦的时候，目的是摆脱被动局面，创造新局面。

（2）采取以攻为守的策略，抓住有利时机和有利条件变换决策，迅速调整，改变对原环境的过分依赖，开辟新的环境和新的机会。

5. 矫正型公关

矫正型公共关系又可称为补救型公共关系，指的是企业在面临重大问题和危机时，针对性地开展科学的公共关系活动，以达到解决问题，矫正形象，扭转公众态度，并在受损的基础上，重新建立组织的新形象，帮助企业走出危机的目的。

它的特点是：

（1）适用于组织的公共关系严重失调，形象受到严重损害的时候。

（2）采取一系列有效措施，做好善后的传播沟通工作，以求逐步稳定舆论，平息风波，挽回影响，重塑组织形象。

公共关系的实施是公共关系传播信息、树立形象的过程，涉及大量公共关系的实务工作，这些在相关章节中都有介绍。

第五节　公共关系检测——形象评估

公共关系的第四步是检测公共关系活动的效果，在肯定成绩的同时发现新的问题，以便不断调整组织的公关目标、公关政策和公关行为，使组织的公共关系工作成为有计划的持续的过程。因此，认真做好评估工作，可以使组织明确公共关系活动的现状、差距及努力方向。评估得越充分，成绩与不足也越明显；评估得越客观，今后开展公共关系工作的方向就越明确，对现存的差距和不足改进得就越彻底。

一、公关效果评估的基本内容

公共关系效果评估指的是对公关活动实施后所产生的影响及其原因的测定和研究。公关效果评估是对公共关系活动的全方位检测，公关组织希望得到的不仅是总体的印象评价，而且是非常具体和精确的评估。因此，对公关效果评估内容应当进行分解。具体地讲，应该包括对以下几个方面内容的测定和研究：

（一）组织采取新的政策、新的措施的落实情况

如果落实情况较好，那么分析成功的原因是什么，经验是什么。如果效果一般，要找出没有发挥作用的原因是什么，有哪些欠缺。如果落实情况不佳，就要分析问题出在什么地方，有何不妥之处。对组织采取的新政策、措施的落实情况进行评估，可以检查和发现公共关系工作所取得的成绩、存在的问题和缺陷以及采取的相应对策，可以为制定下一个公关计划提供重要依据。

（二）组织的新闻和传送出的信息为媒介所采用的数量

有效地制作信息是公关实施的基础工作。公关实施的目的是让公众更有效地接收信息，从而有效地影响目标公众。大众传播媒介在社会上具有较强的影响力和较宽的影响面，组织制作的信息只有被传播媒介所采纳，才能最有效地保证更多的公众能够接受这些信息并受到影响，同时也才能使信息的权威性和说服力得到增强。如果制作的信息不能被新闻媒体所采纳，不仅达不到理想的传播效果，还会造成人力、财力、物力的浪费。信息被新闻媒介采用的数量可通过新闻稿件的见报率、公开讲话次数、广播、电视报道次数等来衡量。

（三）调查分析接收到信息和注意到信息的目标公众数量

信息发布后，接收到信息的人有多少，对公关工作来说并不重要，重要的是接收

到信息的目标公众的数量的多少。所以，应将接收到信息的各类公众分类统计，从中找出目标公众的数量，经过评估若发现目标公众对组织信息材料的接收不足，可采取补救措施，设法将信息传达到他们那里。在评估接收到信息的目标公众数量时，可以报纸杂志的发行量，会议、展览的在场出席人数作为参考数据，但这些数据还不能反映信息传播的真正效果，因此，还要对真正注意到这一信息的人数进行评估。通过评估，可使公关人员明确究竟是哪些人在阅读组织发出的信息资料，他们的数量有多少，他们读到了什么，了解多少内容，以便于改进信息传递的渠道和方式。一般说来，公众接收信息有以下三个层次：

一是注意。注意只是说明公众见过或听过这个信息。

二是认知。公众对信息的内容略有了解，但很不全面。

三是熟知。公众对信息的内容了解50%以上。

组织应该根据这三个层次，随时调整传播的次数或方式，以增强注意力或增大认知程度。

（四）调查分析潜在公众、知晓公众及行动公众的数量及其构成

这主要是检测组织的目标公众对组织发送的信息的了解程度、公众对企业所持态度的变化情况及采取受欢迎行为的情况，包括人数及其构成情况等。如顺意公众的增加，逆意公众的减少，或购买企业产品人数的增加，都可以说明组织对公众吸引程度的增加，或达到了某次公共关系活动的目标。

（五）评估达到预定目标和解决问题的水平

这是评估公关活动结果与目标是否吻合，组织公关活动解决问题的水平如何，是公关效果评估的最高层次。每次公共关系活动都有其具体的目标，公共关系计划目标的实现程度是评估公共关系活动效果的重要内容。有时公关活动的结果与公关目标并不一致，但如果是积极的结果，也可以认为是达到了公关目标的其他表现形式。无论是积极的结果，还是消极的结果，都应该作为评估公关活动效果的依据。

二、公关效果评估的基本程序

公共关系效果评估是对公关活动的最终运行效果的总结性评估。无论评估的企业公共关系活动规模是大还是小，企业公共关系效果评估的基本程序都应该得到保证。

（一）设立统一的评估目标

统一的评估目标是进行公共关系效果评估的依据，是评估程序的第一步。如果评估目标不统一，则在评估调查中会收集许多无用的资料，影响评估的效率与效果。

（二）从可观察与测度的角度将目标具体化

确立了统一的评估目标后，从可观察与测度的角度将目标具体化，不仅有利于评估资料收集工作的明确化与准确化，将有关问题以评估重点或提问要点的方式形成书面材料，而且还有利于保证评估工作沿着正确的方向顺利进行。

（三）选择适当的评估标准

没有评估标准，是无法进行评估工作的。评估目标说明了企业公共关系活动的期望效果，而评估标准是评估目标的具体体现和评估工作的尺度。所以，应该根据评估目标来选择或确定适当的评估标准，以保证对企业公共关系活动效果进行客观公正地评估。

（四）确定搜集证据的最佳办法

这是指在全面考虑了评估目标、评估标准以及评估预算等因素以后，确定的搜集评估证据的具体方式和方法。有时，调查并不总是了解企业公共关系效果的最佳途径，而企业公关活动的记录却能提供大量的相关材料。在某些情况下，企业公共关系活动在小范围的实验材料和最终报告，也是十分有效的证据。因此，在搜集有关评估证据方面，没有绝对和唯一的最佳办法。可以采用的方法有：问卷调查法、访问法、实验法等，这些直接从目标公众那里采集信息的方法，需要根据调查对象的情况精心选用、认真设计；也可以从大众媒介的评价中采集信息，这也是一种搜集证据的途径。

（五）实施评估方案

评估方案在公共关系部门内部达成共识并被企业最高管理层认可后，就可以实施了。在实施过程中，需要企业全体员工的共同努力、参与和协作，这样才能保证实施结果的有效性。

（六）评估资料研究，形成评估报告

收集各种反映公关活动效果的资料并对其进行全面分析，检测和评价公关活动的实际运行效果，在此基础上形成高质量的评估报告书，提供给最高决策层，并把评估报告作为公关部门的档案资料，供以后的工作参考。

（七）评估结果的使用

对评估结果的使用是进行评估工作的目的之一。企业公共关系人员必须对评估结果加以充分利用。通过对前一个周期企业公共关系活动评估结果的充分运用，企业公共关系问题的确定和形势分析将会更加准确，企业公共关系目标的确立和公共关系计划的制订，以及公共关系活动的实施，都将更加符合企业发展的方向和更切合实际，从而使企业公共关系活动的每一个周期都比前一个周期表现出更大的影响力，取得更大的成功。

三、公关效果检测评估的方法

公共关系的评估依据评估内容的不同而采取不同的方法，常采用定性和定量相结合的方法。常用的评估方法有下列几种：

（一）个人观察反馈法

这种方法简单易行，评价人不需要特别的训练，费用又最省。但缺点是主观性太强，而且一般也无法进行精确的量化分析。

（二）内部、外部监察法

内部监察法是由组织内部人员对公关部的表现进行调查和评价。外部监察法是由组织聘请外部专家对企业的公共关系进行调查、访问和分析，对企业的公共关系活动及效果作出较为客观的衡量和评价，并就对未来的活动提出建议和咨询。这种方法是否有效，取决于这些专家是否具有公关活动的丰富经验和知识，如果他们对公关活动涉及的某些领域知识不足，就难以作出正确评估。所以，必须聘请那些名副其实的专家来进行评估。

（三）交流审计法

交流审计法就是通过对在大众传播媒介上公开发布的、有关本组织的信息资料进行统计分析，进而较为精确地了解本组织与社会环境间的信息交流状况，了解组织的社会舆论环境的一种方法。它包括对报道量的评价分析，如报道范围、次数等；对报道质的评价分析，即对各方反应进行质的分析、评价；对报道时机的分析和评价，如报道时机是否及时、适时。

（四）内容分析法

主要是通过对媒介中所传递的与本组织有关的内容进行定量分析，通过分析来确定由于公关活动而引起的社会舆论变化的效果。具体做法是：定期对与组织有关的公众进行抽样调查，了解公众对组织的看法、态度的变化情况，以此来分析公关活动的效果。如在分析组织形象对公众的吸引力时，分别从注意、理解、记忆、行动四个层次来判断。如果在开展某项公共关系活动之前，组织形象能让40%的公众注意，30%的公众理解，20%的公众记忆，10%的公众采取行动，而现在经过调查，四项数据分别为70%、60%、50%、40%，则表明公共关系活动取得了很大成效。

（五）公众行为检测法

对公众行为进行测定，并通过公众行为变化来分析公关活动的效果也是常用的效果评估的方法。其内容一般包括以下几方面：

1. 公众收受信息行为的检测

评估者可以在开展公关活动前后对同一种公众进行重复测验，或者在一组中开展公关活动，在另一组中不开展这项活动，然后将两种测验结果进行比较。

2. 公众态度变化情况的检测

公众态度的改变是一个微妙而复杂的过程，不容易在短期内发生变化，对公众态度的评价，要根据一段时间内他在所有有关问题上的立场和观点，而不能仅凭一时一事。评估者往往设计态度测量表测量公众态度的转变情况。

3. 公众发生期望行为情况的检测

通过公关活动，使公众产生了组织所期望的行为，这是公共关系效果的较高层次。公关实施者不仅希望公关活动有立竿见影的暂时效果，还希望有持续效果，这就需要了解掌握重复期望行为的公众数量。为此，要在活动开展后几个月甚至几年里进行长期持续的观察、统计，才能取得足以说明目标公众的期望行为不断发生、持续的有力证据。

公众行为检测法需要在一个较长的时间内进行定时、定点的持续观察记录，才能得到比较确切的数据。此外，由于影响公众观点、态度、行为变化的因素很多，因此，在进行分析、检测时，要注意剔除与公共关系活动或影响无关的因素，才能得到真正说明问题的有力证据。

四、修改公关计划

在公关计划实施过程中，组织面对的公众处在不断发展和变化之中，客观环境更是瞬息万变，这就使得公关计划与客观实际之间总会存在这样或那样的矛盾。并且计划本身是主观意识的东西，不可能事前对客观实际掌握得十分准确、十分全面。因此，在执行具体计划时，必须经常对工作进行监督和检查，把传播活动与计划目标相对照，发现偏差，及时给予调整修订。在实施过程中，对公关工作进度情况的掌握要尤其注意。由于公关人员的分工不同、能力差异及环境的影响，往往会出现多方面工作不同步的现象。如某项赞助活动在电视和报刊上已经传播开了，但赞助的纪念品尚未制作完成，这种工作上的脱节就会影响赞助活动的正常进行。因此，应经常检查各方面工作的实施进度，及时发现超前或滞后的情况，注意在人力、物力、财力方面给予协调，使各方面工作同步和平衡发展。

公关计划的修改是根据公关效果评估的反馈所得到的情况而定的，一般反馈所得到的结果如出现以下几种情况，计划就需要修改：

（1）整个公关工作进展不平衡。

（2）整个公关工作的进展操之过急或过于迟缓。

（3）经费预算出现麻烦。

（4）计划中的某个具体项目或项目中的具体细节已不需要，或对效果有重大负影响时就需要进行修改。

案例5－1

丽玮牛仔裤打入欧洲市场

美国的丽玮公司以独树一帜的牛仔裤而闻名。多年来，他们的观念是：生产厂要服务于市场需要，要从用户利益出发，而不是以卖方为出发点去出售商品。据此他们建立了由管理、科技、统计等方面的专门人才组成的市场调查部，使用现代化的电子计算机系统设备，运用社会学、心理学、行为科学等多门自然、社会和人文科学的理论知识，经常对有关产品消费者的购买意向、消费心理、市场行情、时尚趋势等进行研究，保持着高度的敏感性，并及时进行综合分析，提供给决策者参考。

1979年，公司拟在欧洲牛仔裤市场上扩大自己产品的销路，便选定在联邦德国进行抽样调查，向消费者特别是青年消费者广泛了解：“你们对丽玮公司牛仔裤的主要要求是什么？”并要求被调查者在以下四条中进行排列选择：“一、价钱低；二、样式美观；三、合身；四、色彩好。”调查结果统计表明，多数消费者首先要求“合身”。丽玮公司总经理决定，派设计人员深入到联邦德国的大学和工厂，了解青年人的喜好和要求，并对这些潜在消费者现场进行身材、体型的测量和“合身试验”。然后，根据收集到的具体身体数据，量体裁衣，设计生产了多种规格，适合多种体型顾客穿着的服装，单是一种颜色的牛仔裤，就有45种不同的规格，使各种身材、体型的青年人，都能买到自己合身的牛仔裤。丽玮的牛仔裤最终进入了欧洲市场。

事后，公司总经理约翰·怀特对一位青年顾客说：“我衷心感谢你们。没有你们的需求和喜好，就没有丽玮公司的今天。”

（资料来源：符玉琴．实用公共关系学．成都：西南财经大学出版社，2002：228－229.）

思考：

1. 丽玮公司采用抽样调查方法对消费者进行调查，你能简述抽样调查方法吗？
2. 丽玮公司是如何取得可靠和适用的资料的？
3. 你认为丽玮公司有哪些做法最值得我们借鉴？

案例5－2

IBM就意味着服务

据美国《幸福》杂志报道，尽管全世界500家最大工业公司的营业总额在1983年有所下降，但美国国际商用机器公司（IBM）的营业总额却从1982年度的340亿美元上升到402亿美元，增加了20%，同期的总收入则上升24.5%，一跃成为西方世界利润最高的公司。公司总裁托马斯·J. 沃森谈到他们的成功时说：“优良服务在国际商机公司已经成为一种自动反射式的习惯。我们曾经登出一份广告，上面只是简简单单用粗体字印着：‘国际商机公司就意味着服务。’我想这是公司最好的一份广告，因为它十分清楚地表明：公司要在为用户提供最佳服务方面独步全球；国际商机公司的合同所提供的不是商用机器，而是机器服务，也就是设备本身以及由本公司职工所继续提供的建议和咨询。”

国际商机公司非常热衷于它那关于服务的信念。公司最高官员的助手，在任职的三年里所要干的活只有一件，那就是对用户的每一条意见，必须在24小时内给予答复。有一次，美国佐治亚州亚特兰大市一家公司使用的国际商机公司的计算机出了毛病，几个小时之内，公司就派了八名专家来处理问题，其中四位是来自欧洲的，一位是来自加拿大的，一位是从拉丁美洲来的。

为了保证与用户的联系，公司逐月调查测定用户的满意程度，员工的奖金中很大一部分取决于这项测定的结果，尤其是对高级管理人员。对职工服务态度的调查是每90天进行一次。公司级干部严格定期去访问用户，甚至公司每一位高级财务人员，不但自己去做销售访问，还坚持让手下人都去。主管人员说：“若不了解用户，又怎么设计出收款单呢？”公司曾在18个月中向贸易公司或用户小组开过大约100次情况介绍会。会上，公司高级职员们总是以“谢谢各位，我要向在座的我们那些主顾表示感谢。我们衷心希望你们继续光顾我们公司”为开场白。会议最后还放映一部电影剪辑，电影中有每位主顾在公司总部的镜头。

国际商机公司的人认为：拿到订单只不过是走完了最容易的一步，搞好售后服务，那才算真正过硬。公司规定客户代理人要对所安装的设备承担全部责任。例如你是一位客户代理人，你明天去访问一家用户。头一回见面，人家就告诉你，最近安装的国际商机公司的设备有些部分不能用，必须卸下来，那么，哪怕过去10年一直是你的前任担任这个客户代理人（因此这次退货有可能是他的责任），还是要从你的薪金或奖金里，扣除因为安装这套设备付给那位前任代理人的全部佣金。这项规定反映了公司对售后服务所承担的义务之大，以及对继续保持与用户联系的重视。

国际商机公司还有一项很严厉的制度：丧失客户情况联合调查制。地区销售处和分理站的销售人员，每月都要在一起讨论客户丧失情况。此外，总裁、董事长和高级经理们都要收到“客户丧失每日报表”。一位前国际商机公司的高级主管回忆说：“有一回丢掉了一家大客户。好家伙，这还得了！我刚开完会，还没有回到办公室，便听到电话铃响起来了。第二天，好像半个公司都来问我。直到今天我还不明白他们怎么这么快就全知道了。”

国际商机公司把顾客的意见和抱怨看做是一种黄金般的机会。公司基础系统部经理唐·埃斯特里奇说：“当一个顾客给我们打电话时，那是一个多好的机会呀！使我发愁的倒是那些不打电话来抱怨的顾客。”另一位零售部经理说：“记住，来电话抱怨与不想打电话抱怨的人数比例是1：50，后者是恼火得连话也不想对你说。”甚至，有时顾客提出批评意见，而这意见并不见得正确时，公司还是尽量按顾客意见办，而不惜花大量的钱财。

国际商机公司不仅有优质的服务，而且还非常注意扩大自己在服务方面的名声。它的竞争对手B公司在好几个方面超过了商机公司，但服务方面的名声却比商机公司差。为什么会这样呢？原因是B公司在回答顾客提出的问题时，总是严格照章办事，职员们藏在各自的办公室里，距离现场有几百英里，他们按照一本规定准确的使用手册行事，根据手册所述的顾客要求范围给予答复。他们从不告诉顾客，他们是多么努力地为顾客工作，也从不问顾客，他们的答复是否符合顾客的要求。而商机公司则不然，他们一开始修理就会告诉用户，他们会打电话给用户。（比如说：“维修服务车马上就要上路了。”）维修部门的经理还会请用户吃饭，目的是要提醒用户他们为他做了什么以及做得多么快。如1942年间，战时生产委员会的一位官员在耶稣受难节的傍晚打电话给商机公司，要订购150台机器，并要求在第四天把货送到华盛顿。公司立即答应一定要把机器送到。第二天，经理与手下人给商机公司驻全国各地办事处打电话，指示他们在复活节那个周末送出大约150台机器。为了保证使订货人掌握情况，经理指示手下人员，每当一辆卡车向华盛顿启程时，就给战时生产委员会那个官员的办公室或家里打电报，告知出发时间和预计到达的时间。他们还安排警察和陆军军官护送这些昼夜兼程的货车，并且动员了顾客服务部的工程人员，在乔治敦设立了一座小型工厂，以便处理接收事务并安装设备。整个周末，商机公司的很多人都彻夜未眠。

有人曾经针对国际商机公司的服务进行过采访，这些被采访者外貌各异，年龄不同，但他们的谈话内容都差不多，他们全都认为国际商机公司一直都存在一些问题，如软件方面的，甚至连质量也有时出问题。可他们却又都众口一词地承认，国际商机公司在服务和可靠性方面是无与伦比的，他们一致深信该公司是确实为用户服务的。

（资料来源：符玉琴．实用公共关系学．成都：西南财经大学出版社，2002：230－233.）

思考：

1. IBM 是如何塑造公司良好形象的？
2. IBM 是如何对待顾客意见，又如何与顾客进行沟通的？
3. IBM 给你最大的启发是什么？

本章思考题：

1. 公关管理活动的意义是什么？
2. 公共关系形象分析中的基本内容包括哪些？
3. 公共关系策划的基本步骤是什么？
4. 公关效果检测的方法有哪些？请评价这些方法。
5. 什么情况下需要修改公关计划？

第六章　公共关系传播及其传播媒介

公共关系是组织与公众之间的传播沟通行为，它所使用的手段和方法就是现代信息社会所提供的各种信息传播与沟通媒介，以及运用这些媒介所形成的各种信息传播与沟通方式，是以媒介传播是公共关系的核心工作之一，驾驭各种现代传播媒介与技术已成为公共关系的时代特色，尤其是对新兴媒体的把控更是当前公共关系工作不得不考虑的重点问题。本章围绕公关的传播问题，重点介绍公共关系的传播方式、传播过程和要素，并分析公共关系传播中的沟通障碍及改善方法，最后介绍公共关系常用的传播媒介。

第一节　传播与传播方式

公共关系的过程是组织与其公众之间的信息传递、信息交流的过程。这是公共关系的本质特征之一，是区别于组织的其他社会关系（如经济关系、法律关系）的主要特征。研究公共关系问题就必然要研究传播问题。不懂传播的人就不可能真正懂得公共关系，没有掌握媒介的运用方法和技术的人就无法胜任公共关系工作。

一、传播的概念

传播（Communication）指的是人类社会中的信息传递、收受、交流、分享与沟通的过程。由于早期传播思想和传播研究方法的影响，也由于中国人对传播一词的传统理解的影响，许多人都把传播片面地理解为一种单向、大量、大范围地散布和扩散某种信息的行为。其实，现代“传播”一词的涵义至少应当包括以下几个方面：

第一，信息传递，即某一信息源将信息传递给某一目的地的活动。

第二，双向交流，即在传播中的双方都是信息传递的参与者，他们之间相互影响，构成相互交流信息的关系。

第三，信息共享，即在传播中，双方通过共享信息，在某种程度上达成对某一问题或某些问题的一致的了解、认识和意向，最终达到相互间的沟通和理解。

在现代社会，传播和信息同样重要。信息必须进入交流过程才有价值，信息的交流过程就是传播。传播是连接公共关系的主体与客体，即组织与公众之间的桥梁和纽带。可以说，没有现代传播技术，就没有现代公共关系；没有传播的理论指导，公共关系活动就难以进行，更难以取得预期的效果。组织、公众和传播是现代公共关系所不可缺少的三大要素。

二、传播的基本方式

传播是人类的一种基本社会行为。人类的传播方式虽然有许许多多的种类，但其基本的方式可以划分为四大类型，即自传、人际传播、中继传播和大众传播。

（一）自传（Intarpersonal Communication，也译成个体的自我交流）

这类传播方式最主要的特征是传播的主体和客体为同一个体，即主客一体的信息交流沟通方式。如：自言自语、思考、自我反省、自我陶醉、内心矛盾冲突、自我安慰等。

个体自我传播沟通是人们进行其他对外交流沟通，以及应付对外交流沟通中出现的各种变化的基础。人通过自传，可在与外界交流前实现内心的“预演”，提高人的传播效率和成功率。通过自传，人还可以更好地内省和整理“思想”，也可以进行自我心理调节。

（二）人际传播（Interpersonal Communication）

1. 人际传播的涵义

人际传播指的是个人与个人之间直接的信息交流沟通方式。

人们常说的人际交往、人际沟通之类的概念都属于人际传播的范畴。人际传播是一种最常见、最普遍、最基本的传播方式，它渗透到人类活动的一切方面。

2. 人际传播的类型

人际传播有两种基本类型，即面对面的直接的人际传播和通过媒介的接触交流（也称为非面对面的人际传播）两种。面对面的人际传播是指参与传播的双方均处于同一时空中，能够直接感觉到对方（如看到对方的脸、听到对方的声音等），主要利用口语和肢体语言来传播信息。这种方式具有直接性和灵活性，能传递的信息也更为丰富。后一种方式必须要依靠一定的媒介（如书信、电话、可视电话、传真、E - MAIL 等）来完成。这种传播方式可以突破时空的障碍，传递的信息通常更加简洁、准确，而且更易存储。

3. 人际传播的特征

（1）个体性。这种类型的传播是在个体间进行的，从传播行为看是属于两个个体间的私人行为。例如夫妻间、朋友间、同学间的交流传播。

（2）参与度高。在人际传播中参与的双方是处于互为主、客的传播关系状态。良好的人际传播应建立在双方平等沟通的基础上。在双向沟通中，双方可根据需要不断地调整传播角色，既可充当传播者，又可充当接收者。由于有这种传播关系的基础，所以传播的双方都高度投入地参与了对共同面临着的问题的交流讨论或沟通解决。

（3）从传播的信息看，其交流的手段丰富，符号多样化。人际传播中所运用的符号是最丰富多彩的，如口语、文字、图像、手势、电话、仪器等，从各个方面对传播的各方产生影响。

（4）从传播的反馈看，其速度最快，交流的双方最易于相互调整适应。人际传播多数是“面对面的”、或通过媒介的直接的交流沟通活动，人们很容易根据对传播对方的观察来调整自己传播的形式和内容，或根据需要及时作出某种反应，以表达自己的观点、态度及情绪。

（5）人际传播是最富有人情味的传播方式。通常，人在交往中的情感投入和流露，会随着对象的增加而减少；对情感的直接体验，会随着距离的接近而加深。因此，个体间私下的直接交往比起在公共场所的进行的大众传播来讲，其情感沟通的效果十分显著。因此，人际传播是相当有利于情感的交流的。

（6）人际间的个体传播不利于信息广泛、迅速、准确的传递。个体间的人际传播由于对象数量少、传播覆盖面小，因而大大限制了其迅速、大范围传播信息的能力。而且由于其最富有人情味的特征，在情感因素加强的同时，理性因素相对降低，信息的准确传递就会受到不利影响。

（三）中继传播（Medial Communication）

1. 中继传播的涵义

中继传播指的是介于人际传播和大众传播之间的传播方式，如公开展示活动、演讲、记者招待会、大型演出等。

2. 中继传播的特征

这种传播方式最突出的特征是传播者通过媒介或面对面与大量的公众进行直接信息交流沟通。其主要特征有：

（1）中继传播的主体可以是一个人，也可以是一个组织。因此，虽然中继传播也是直接传播活动，但它与人际传播的一个根本区别就是它具有公开性，而人际传播具有私人性。

（2）通常，中继传播的客体是较大而又集中于特定空间的公众群体。因此，虽然中继传播也是面对大众的传播活动，但它与大众传播的一个根本区别就是它的客体具有集中性，而大众传播面对的是空间上彼此分散的公众。

（3）由于中继传播的受众是相对集中于特定空间的，因此，团体所形成的气氛、特定空间的氛围对传播有较明显的影响。

（4）中继传播的信息反馈比起人际传播来要慢些。这是由于它的受众人数较多，相对难以随时而充分地参与造成的。但总的来说，中继传播的效果还是可以通过现场观察和事后迅速征询意见等方式较快取得。

（四）大众传播（Mass Communication）

1. 大众传播的涵义

大众传播指的是传播者通过大众传播媒介（如通讯社、出版社、报社、电视台、电台等）将大量复制的信息传递给分散的大众的信息交流沟通方式。由于大众传播是职业传播人通过大众传播媒介向社会公众进行信息传递，其特征就与前面三种方式有相当大的不同。

2. 大众传播的特征

（1）大众传播是一种间接性传播方式，其传播过程需要大众传播媒介的介入，传播主体和客体不直接接触，因此其受众参与度较之人际传播和中继传播要低。

（2）大众传播信息的公众性特点。由于大众传播的目的是使尽可能多的人接收到被传播的信息并接受这些信息，因此内容的组织及具体方式的选择上就必然要考虑到多数人的需求和特征，其个性化和情感性特征自然相对较弱。

（3）大众传播对象高度大众化。大众传播面对的对象非常庞大，在空间上分布很广，而且各传播对象间一般也没有紧密的联系。

（4）由于大众传播是借助高度专业化的大众传媒进行的，因此自身也就成为高度专业化的传播方式，每条信息由专业媒体传播出来之前都经历了一系列复杂的专业化分工协作过程。

（5）大众传播是能最准确地以最快的速度，向最大量公众传播信息的传播方式。由于大众传媒的介入，可以经过极少的层次迅速将信息大量地统一复制出来，并大范围地传播出去，标准化程度高、失真小，而且也更多地受到有关法律法规和社会伦理道德的制约和规范。

（6）大众传播信息反馈困难。由于大众传播是间接传播，覆盖面大而分散，又通常缺乏相互间的联系，因此，公众信息反馈相对更加困难。如果要取得公众对大众传播的反馈，往往需要采用专门的方法有意识地加以采集和分析。

三、组织传播

（一）组织传播的涵义

组织传播是一种特定环境下的传播活动方式，即在特定的组织结构中，在特定的组织与其环境的关系之下，组织进行的传播活动。它包括组织内部的信息沟通、组织与其环境间的信息沟通两种活动方式。其中，组织内部传播又包括组织与它的成员间和组织中的部门与部门间的传播两种。

（二）组织传播的特征

（1）特定的传播主体——组织。传播主体的特点，决定了组织的一切传播活动都是“公共”性的，而绝非“私人”性的，从而也决定了其传播活动具有多样性和复杂性。

（2）组织结构影响下的传播活动。组织结构本身会对组织的各种行为产生显著的影响，也制约着组织传播活动的发生、方式和效率。对内传播如此，对外传播也是如此。

（3）组织传播是一种有特殊目的的、受严格控制的传播。组织传播与人际传播的一个显著区别就在于其有很强的目标导向性和计划性，并且是有着严格组织和控制的活动。

（4）多元化的公众。针对不同的问题，组织需要针对不同的公众开展组织传播活动。这些传播对象，可能是数量庞大但关系松散的群体，也可能是组织严密的团体。相对于组织而言，公众必然是多元的、复杂的、结构松散的。

（5）组织传播综合运用了各种最基本的传播方式和传播手段。面对多元化的传播客体，为了取得预期的传播目的，必然要选择各种各样的传播方式有针对性地加以运用，这也带来了组织传播方法和传播手段运用上的多样性和复杂性。

（6）正式沟通和非正式沟通并存。任何组织在正式的沟通之外都还存在着非正式沟通，二者如果相辅相成，则组织能良好地协调运转；如果二者相左，则组织内耗加大，矛盾增多，效率降低。

第二节　传播的过程和要素

从本质上说，传播就是传播要素系统运动的过程和结果。要了解传播，就必须了解传播的过程和构成要素。

一、传播的过程

（一）C. 申农和 W. 维纳的传播模式

对于传播过程的研究成果十分丰富，其中不少成果都建立了精炼的模型来揭示传播过程的规律。C. 申农和 W. 维纳最早从电子学的角度来分析人的传播行为。他们揭示了人际传播过程的基本顺序，并把此叫做“甲的头脑可以影响乙的头脑的全部程序”，并以如下模式表示（如图 6－1 所示）：

图 6－1　C. 申农和 W. 维纳的传播模式

他们还介绍了“反馈”和“噪音”的观念。在这个模式中，“化入”和“化出”的概念也相当重要，传者只有把内在的思想、信息化入成为符号，才能传递，受传者才能接受到；而受传者只有再把符号化出为信息，然后才能吸收入头脑。

（二）奥斯古的传播模式

心理学家奥斯古从心理学的角度进一步发展了前人的研究成果，把传播行为用图 6－2 所示的模式加以说明。

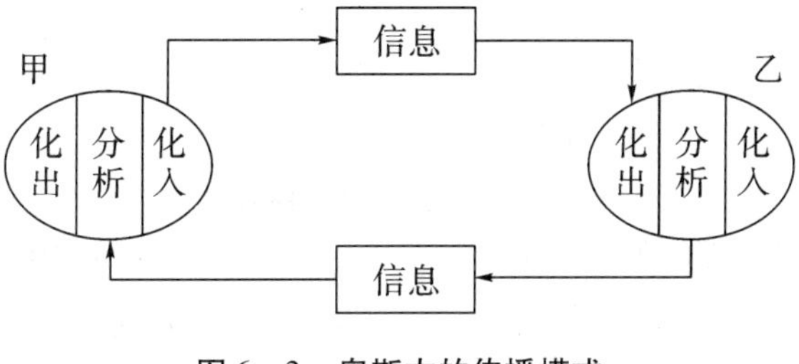

图 6－2　奥斯古的传播模式

虽然人脑的过程并不像这一模式所示的那么简单，但该模式却揭示了人对信息进行处理的最基本的过程。

（三）韦斯特莱和麦克林的传播模式

后来韦斯特莱和麦克林根据拉文的把关人理论和纽堪的 A－DB－X 模式，创造出一个很有借鉴意义的模式。如图 6－3 所示。

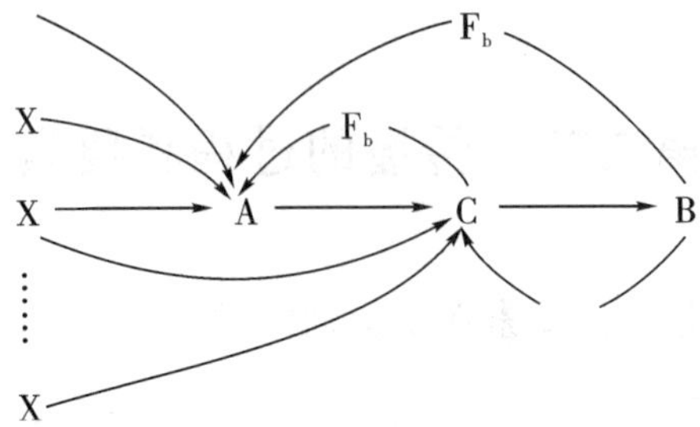

图 6－3　韦斯特莱和麦克林的传播模式

注：X 代表周期的信息；F_b 代表反馈；A 代表传者；C 代表把关人；B 代表受方。

韦氏等人认为，传播过程应包含三个作用：

（1）A（传者）的“主倡作用”，即指一个人或一个社会有目的地从事信息选择与传播。

（2）B（受方）代表“行为作用”，指一个人或一个社会体系需要使用有关环境的传播资料来满足需要，解决问题。

（3）C（把关人）代表渠道作用，指作为传者和受方的中介，为受方选择、传递其所需要的信息。虽然韦氏对这三种作用的解释仍有不当之处，但是这三个作用显然是存在的，而且该模式已包括传播行为研究上的许多观念，解释了传播关系上的许多问题，说明了传者、把关人、受方等在传播过程上不同的作用。

（四）施莱姆的传播模式

20 世纪 50 年代，施莱姆把研究重点放在一组传播行为与一组信息符号所构成的关系上，提出如下模式（如图 6－4 所示）：

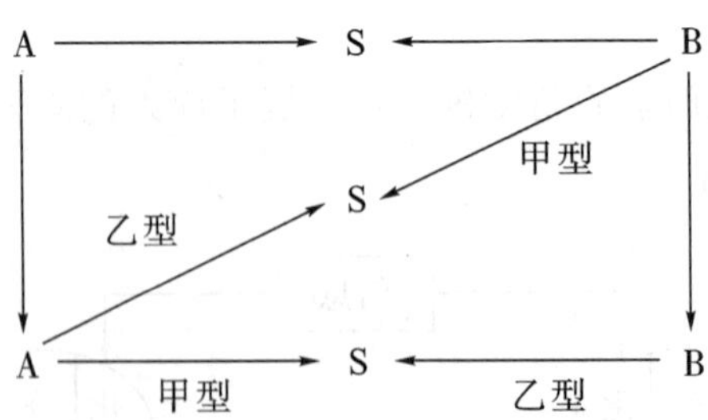

图 6－4　施莱姆的传播模式

注：A、B 代表参加传播的双方，S 代表 A 或 B 发出的和利用的符号。

这一模式最大的特点是指出了受众并非消极接受，而是如同传者一样主动参与传播活动，改变了历来对受众的错误看法，理顺了传播者与受传者间的传播关系。

对上面几种模式的介绍，可以帮助我们对传播过程有一个概括性的了解。但同时也要指出，传播的过程实际上是相当复杂的。

二、传播的基本要素

从前面的传播模式中，可以清楚地看到一个传播过程包含三个基本要素，即信源（或称传者）、符号（或称信息的载体、形式）、目的地（或称信宿、受众）。进一步了解分析这些基本要素，有助于我们更加深入地了解传播的方式、选择传播的方式和用好传播的方式。

（一）信源

所谓信源，即传播中信息的提供者。在公共关系活动中，组织经常扮演着信源的角色。信源本身的性质、地位、形象等特征，以及信源与受众之间的关系，都会影响它在受众心目中的形象，由此而影响传播的效果。信源对公关传播活动的影响主要表现为：

（1）接近性。信源与受众的接近性更多地表现为文化上的、政治观念上的、地缘因素上的接近或差异。信源越是与受众接近，就越容易引起受众的关注和兴趣，也就越容易达到传播的目的；反之，传播效果则越差。

（2）权威性。信源在受众心目中的权威性极大地影响着传播的效果，特别是在公共关系活动中所发布的那些需要权威支持的信息，如产品质量、安全保证等。如果组织本身具有权威性，或能够提供权威的信息来源，对受众就能产生较好的影响力；反之，则难以产生预期的影响力。

（3）可靠性。信源的可靠程度是由信源长期的传播活动在公众心目中所形成的信誉决定的。信源可靠性越高，它的传播效果就越好；反之则越差。

因此，组织一定要重视并珍惜自己的传播信誉，尽可能地接近受众，并提供权威的信息，以负责任的态度从事传播活动，这样才能达到长期的良好效果。

（二）符号

当人类步入信息时代后，信息已成为与物质和能量并列的三大资源之一。传播中的信息指的是可用来消除或减少某种情况不确定性的东西。公共关系传播活动的信息，更多的是为了增进双方的相互了解，更好地协调双方的关系而设计的。

在传播活动中，信息是以特定的符号系统作为载体的。了解符号的特征，对驾驭公关传播活动具有特别重要的意义。作为信息载体的符号，其特性主要有以下几方面：

（1）代表性。它是用来表示某种事物、某种观念、某种态度的东西，而并非其所代表的对象本身。因此，符号与它所代表的对象之间就可能存在误差，例如，词不达意、文不对题。也正因为如此，符号系统的建立和使用才成为一门学问和专门的技巧。

（2）符号对于人都有其相对的独立性。信息一旦离开信源传播出去，在到达信宿之前，可以独立地存在于世界。因此，信源应充分认识到信息离开自己之后就无法完全控制它了。

（3）符号涵义是约定俗成的，使用的人要遵守共同的编码和译码形式。传播信息的目的是要让信息对受众产生影响，而通常情况下，只有当受众正确地理解了符号所代表的信息本身时，才是公关传播的目的基本实现之时。因此，信源在设计符号时，应以受众为本，而不是以自己为本。

(4) 符号有不同的编译层次。信息在传播过程中不仅有不同的编译方法，也有不同的编译层次。以两个人通过移动手机通话为例：第一步，说话的人先把自己的意思转换为某种语言符号，并以声音信号的方式输出到话筒；第二步，声音被手机转换为无线电信号，并被编码和调制，再被发送出去；第三步，无线电信号被移动通信设备转发至接听人的手机；第四步，接听人的手机对接收到的信号进行解调和解码，并把得到的结果最终转换为声音信号由听筒或耳机播出；第五步，接听人听到了讲话人的声音，而且这种声音传递出的是听者掌握了的语言信息；第六步，接听人理解了这些语言的涵义。至此，一次看似极为简单的人际传播过程的一部分才得以完成。

通过上面对符号特征的分析，可以看出，选择合适的符号，并以合适的方式传递这些符号，是达成传播目的的重要一环。

(三) 目的地

目的地（或受众）并不是完全被动地接收被传播的信息的，他们会根据自己的需要、知识、能力、态度以及带着一生的经验来参与传播活动，来对社会提供给他的大量信息进行选择，是传播活动的能动参与者。受众的这种选择主要表现为：

(1) 选择性注意。受众的感官只对感兴趣的、需要的、有用的信息开放。同时，选择性注意也是个人面对信息接收处理能力与社会信息过量之间矛盾的一种必然选择。

(2) 选择性理解。受众对同一信息根据自己知识、经验和需要去加以重构、理解。正因为如此，才会出现同一事物上的仁者见仁、智者见智。

(3) 选择性记忆。受众容易记住自己感兴趣的、需要的、合意的，或是令其愉快的事物或事件；而快速遗忘自己不感兴趣、不需要、不合意的，或是令其痛苦的事物或事件。选择性记忆其实也是人维持自身心理平衡和健康的一种必然选择。

(4) 选择性接受。受众根据自己的判断标准来选择接受自己所需的、认为是正确的、认为有价值的信息，抵制排斥自己不需要的、认为是错误的、认为没有价值的信息。

由上文的分析可见，受众的选择是由其需要和基本特征所决定的，要改变公众选择的立场和习惯并非易事。公共关系传播工作必须要注重研究公众选择的特点，并根据这些特点进行传播活动。

三、公共关系的四种传播模式

对于公共关系实践中所形成的传播模式，我们可以通过格伦宁（J. E. Gmning）和亨特（T. Hunt）曾采用过的总结表（见表6-1），来概括性地了解和熟悉。

表6-1　公共关系的四种传播模式比较表

特征	新闻/宣传型	公共信息型	双向非对称型	双向对称型
目的	宣传	散布信息	科学诱导	相互理解
传播性质	单向，不注重绝对真实	单向，真实性重要	双向，效果不等同	双向，效果等同

表6－1(续)

特征	新闻/宣传型	公共信息型	双向非对称型	双向对称型
传播模式	提供信息→反应	提供信息→反应	提供信息→ 反应←反馈	集团集团
历史上代表人物	巴纳姆 (P. T. Barnum)	艾维·李 (Ivy Lee)	伯内斯 (E. L. Bernays)	教育工作者， 职业领导人
目前主要 运用范围	运动，剧场， 产品推销	政府，非盈利 性团体	竞争性企业部门， 各类代理处	受管制的企业 部门，各类管理处
估计目前各类组织 运用的百分比	15%	50%	20%	15%

这四种模式的区别主要表现在各自不同的目的和方式上。

(一) 从目的上看

(1) 新闻/宣传型的传播活动主要是起宣传的作用，公关人员通过不完整的或歪曲了的半真半假的信息，来传播有关组织的保证或许诺，以达到诱导公众的目的。

(2) 公共信息型的传播活动主要是起常驻记者的作用，向公众客观报道有关组织的情况，达到传播信息的目的，它的传播活动更多的是不带有诱导意图的。

(3) 双向非对称型的传播活动，是运用社会科学中有关态度和行为的知识来进行传播，以达到诱导公众接受组织的观点，并以支持组织的方式行事的目的。

(4) 双向对称型的传播活动，其公关人员是在组织与公众之间起中介作用，在传播活动中更多的是依据传播学的理论，而不仅是劝说诱导理论来指导工作。其目的是为了建立和加深双方的理解与认同。

(二) 从驾驭组织与公众之间的信息传播方式上看

1. 采用组织向公众的单向传播方式的有宣传型和公共信息型

在这种方式中，公关人员缺乏倾听来自于公众方面信息的自觉意识。二者的区别在于：宣传型的传播往往忽视了对组织完整的介绍，公共信息型则注意到这一问题的重要性。

2. 采用组织与公众之间的双向传播方式的有双向非对称型和双向对称型传播

这两种传播都是沟通性的传播，传播既指向公众也来自公众。二者的区别在于：

(1) 非对称型的传播更多的是要求有利于组织，强调的是影响改变公众的态度和行为，而忽视了依据公众的信息来改变调整自己。公众一方只是处于受控制、受支配的地位。

(2) 对称型传播的双方则是平等的，双方可以对等地影响对方，最理想的情况是一次公关活动后，双方各自都有所变化调整。

(三) 从历史的、发展的角度来看

(1) 对公共关系传播功能的认识，有从主观宣扬，客观提供信息，科学的诱导，到促进相互理解的发展趋向。

（2）对公共关系传播方式的认识，有从线性的单向传播，利用反馈的双向沟通，到双向传播沟通的发展趋向。

（3）对公共关系传播关系的认识，有从任意支配公众，不对称的双向沟通关系，到双向对称共享信息的传播关系的发展趋向。

第三节　公关传播中的沟通障碍与改善沟通的方法

在英文里，“沟通”与“传播”是同一个词：“Communication”。的确，传播就是沟通，是企业与受众的沟通。沟通到底有多重要？有一句名言：“你绝不可以改变事实，但可以改变公众对你的看法。”

一、公关传播中的沟通障碍

传播中的沟通障碍指的是一切干扰信息及时、准确、完整地发布、传递、接受的东西。了解沟通障碍是克服沟通障碍的起点，而克服障碍则是达到传播目的的保障。在公共关系传播领域里的沟通障碍主要表现在以下几方面。

（一）信息表达方面的障碍

传播者要把某种信息传递给自己的受众，他首先需要把信息转换成双方都能理解的符号。在表达信息的这一过程中，传播容易遇到的主要障碍有：

（1）编码能力不佳。通常人们说某人表达能力不强就属于这种情况，例如口齿不清、词不达意、思路混乱等。

（2）语意的差异。信息的传播需要借助符号作为载体，而符号只是人的思维反映客观事物的一种外化形式。符号不等于事物本身。因此，当符号与其所代表的事物不相符合时，信息的正确传播便遇到了障碍。语言是思想的外壳，但思想和语言并不是一回事，各人的语言修养和表达能力差异很大，加上有些沟通者事先缺乏必要的准备和思索，用词不当或说话意图不清，使听者不知所云；有时即使意图清楚、用词得当，但由于语音复杂，一词多义，理解的可变度大，不同对象会产生不同的理解，从而引起误解或曲解。

（3）传送方式不协调。当信息需要通过多种符号形式（如语言符号和非语言符号）共同传送时，如果各种符号之间不协调，就会让受众难以正确地理解这些符号究竟是要传递什么样的信息。例如领导口头发布的指令与就同一事项下达的书面文件不一致，就会导致接受信息的人感到茫然与困惑。

（4）知识经验的局限。传播者一般是在自己的知识和经验范围内进行传播的编码工作的。而受众也是在自己的知识、经验范围内进行译码，理解所收到的信息。只有在两者共有的知识和经验范围内进行传播，信息才能被正确地传递和理解；而超出这一共同范围，传播就会出现沟通障碍。

（二）信息传递方面的障碍

在信息的传送过程中，由于时空因素的制约或人为的、工具的原因，也会出现各种障碍。主要表现为：

（1）时机不当。对时间的选择和控制是传送信息不可忽视的问题。信息都具有时效性，只有在恰当的时机，信息才能产生出恰当的价值；而时机不当，信息的价值就会降低，甚至消失。

（2）信息传输遗漏或错误。在信息的传递过程中，由于人为的失误，或传播工具故障，也会造成信息内容的漏失或错传，而这些都可能造成传播上的沟通障碍。

（3）环境的干扰。信息的传递都是在特定的环境中进行的，而环境中的各种因素必然会对信息的传递：产生这样那样的影响。有利的影响会促进信息的传播，而不利的影响则会干扰信息的传播，甚至导致信息传递的中断或失败。

（4）环节过多，引起信息损耗。信息在从一个人传到另一个人的一系列传递过程中会越来越失真，一般每经过一个中间环节，就要丢失 30% 的信息。这是由于不同的人的记忆、思维、想象以及传递态度是不一样的。有人仅仅由于遗忘而损耗信息，而有人却还会添加自己的想象、推断，甚至自己偏好的其他信息，从而造成更大的信息失真。

（三）信息收受方面的障碍

在受众接受信息，对其信息载体——符号进行译解过程中，经常会出现的障碍有：

（1）选择性知觉。人对信息的接收属于知觉过程，由于人的知觉具有选择性，在这种心理因素的作用下，人往往倾向于接受某类或某部分信息，而阻塞或排斥其他的信息，从而导致受传者在信息接收上的不完整性或片面性。

（2）信息过滤。人不仅对知觉的对象会选择性接收，也会对已接收到的信息进行选择性的过滤，即受传者在接受信息时，常会按照自己个人的需要，对信息进行过滤筛选，保留能够满足自己需要的信息，剔除自己不需要的信息。这种信息过滤会影响受传者对信息的正确理解。

（3）理解偏差。由于不同的受传者的自身经历、知识结构、社会背景、立场观点都不尽相同，他们对于同一信息会有不同的理解。即使是同一个人，处于不同的情绪状况，不同的场合，对同一信息也会有不同的理解。

（4）心理障碍。当受传者对传者怀有不信任感、偏见、敌意，或有猜疑、紧张、恐惧心理时，也会歪曲传来的信息内容，甚至拒绝接受传来的信息；反之，当传播者在受传者心目中具有崇高的地位时，受传者则可能不经过理性的思考和判断就盲目接受传播者所传递出的一些信息，并深信不疑。

（5）信息过量。我们正处于一个信息爆炸的时代，过多的信息对人们的接收和处理能力提出了严峻的挑战。当受传者面对过量的信息时，或者因处理能力不足而置之不理，或者只能勉强处理而达不到正确接收和理解的目的，反而形成了沟通的重要障碍。

二、改善公关传播沟通的一些方法

沟通是公共关系管理中极为重要的部分，有效沟通是管理艺术的精髓。美国著名未来学家奈斯比特曾指出："未来竞争是管理的竞争，竞争的焦点在于每个社会组织内部成员之间及其与外部组织的有效沟通上。"

（一）慎重选择健全合适的组织沟通网络

信息的沟通都是借助于一定的渠道进行的，由各沟通渠道所组成的结构形式称为沟通的网络。改善沟通应重视选择合适的沟通渠道，以及完善组织的沟通网络。

信息沟通的有效性与它的结构形式有一定的关系，不同类型的沟通渠道，或网络，有不同的特点和适用条件。下面介绍几种常用的沟通结构形式：

（1）链式可表示一个分层次的组织结构，信息逐级传递，既可向上，也可向下。它也可以用来表示主管与下级部属间有中间管理者的组织系统，如图 6－5（a）所示。

（2）轮式可表示主管人员居中分别与四个下级发生联系沟通的网络结构，如图 6－5（b）所示。

（3）圆式可表示五人之间依次沟通联系的结构。这种结构可用于三个层次的组织结构，如图 6－5（c）所示。

（4）全渠道式表示组织内每个人都可以和其他四人直接沟通，沟通网络中没有中心人物，所有的成员都处于平等的地位，如图 6－5（d）所示。

（5）"Y"式表示四个层次逐级沟通，而且第二层次有两个上级的沟通网络结构，如图 6－5（e）所示。"Y"式可倒过来表示领导通过秘书与下级发生关系的沟通网络结构。在此种结构中，秘书往往是个关键的、掌握有真正权力的人，如图 6－5（f）所示。

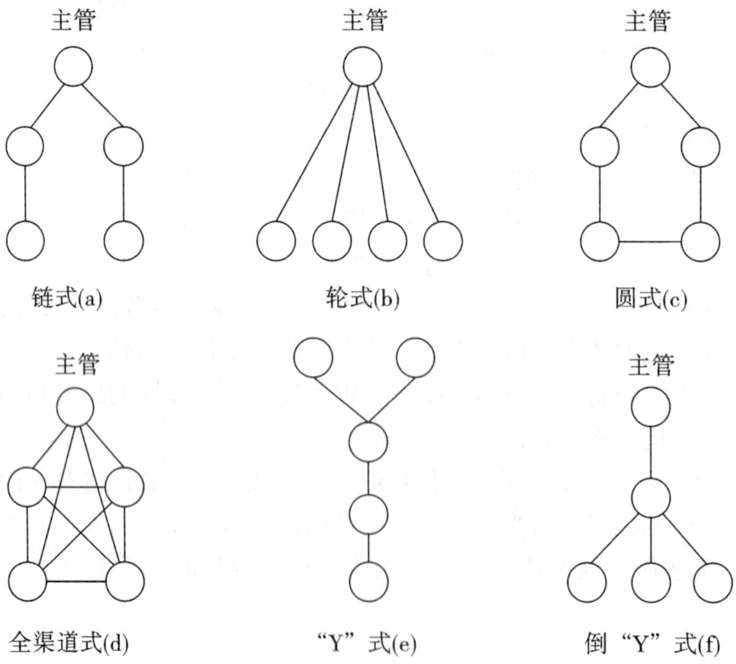

图 6－5　组织沟通的主要形式

依据巴维拉斯的实验结果，不同的沟通网络行为的影响参见表6-2。

表6-2　三种常沟通方式比较表

沟通网络	轮式	链式	圆式
解决问题的速度	快	次快	慢
正确性	高	高	低
领导者的突出	非常显著	相当显著	不发生
士气	非常低	低	高
团体作业的组织化	迅速产生组织化，组织稳定	慢慢产生组织化，组织相当稳定	不易产生组织化

此外，“Y”式沟通网络兼有链式网络的优缺点。全渠道式与圆式相近，遇到特别复杂的问题，解决的速度反而快，效率也高。

通过上述简要的分析可以看出，各类沟通网络各有所长和所短，没有绝对的好坏之分，只有适用的条件的不同，因此，应根据需要合理选择。一般地，如果要求速度快、容易控制，轮式结构比较合适；如果组织庞大，层级管理，则链式结构较为合适；如果主管人员工作过于繁忙，需要助手支持其情报工作，则倒Y结构较为合适。

（二）研究新的传播技术的发展所带来的影响

公关组织和公关人员应密切跟踪传播技术的新发展，不断学习，更新自身的知识结构和能力结构，以不断适应形势的发展变化。目前，随着电子技术在传播上的应用，整个社会的信息系统、社会的信息沟通方式都在发生着变化。争夺“注意力”的竞争正日趋激烈。这种变化发展趋势主要表现在以下四个方面：

（1）在公众仍在抱怨其获得的信息不足的同时，已出现信息超量的现象。这既给公众带来了不小的困扰，也给公关传播活动带来了更大的挑战——如何让已经处于信息疲劳状态的公众注意到你正想让人注意到的东西呢？

（2）沟通渠道数量的增长，公众对信息收受的选择力增强。随着社会的进步、公众素质的提高、新技术的不断采用和传播业自身的不断发展，社会传播渠道数量激增，受众的选择也日益广泛，受众的选择能力不断增强。

（3）面对全社会的大众传播，正日益朝着针对细分化的特定公众传播的方向发展。各种媒介都力图树立起自己鲜明的特色，以此来吸引受众。

（4）来自于社会公众的声音正在加强。随着传播技术的不断发展，传播本身变得比以往任何时期都更加快捷和便利。公众发出自己声音的努力越来越容易实现。与此同时，各种媒体也越来越多地关注公众的表达需要，部分媒体甚至依靠大量传播公众的声音而建立了自己的竞争优势。

（三）双向沟通

美国心理学家莱维特（H. J. Leavitt）设计了一个实验来证明单向沟通与双向沟通的效率。实验的程序如下：要求被试者在一张纸上画一系列的长方形，各长方形的连接有一定的规则，接触点必须是长方形的一角或中点，各长方形的连接需成90度或45度。如图6－6所示。

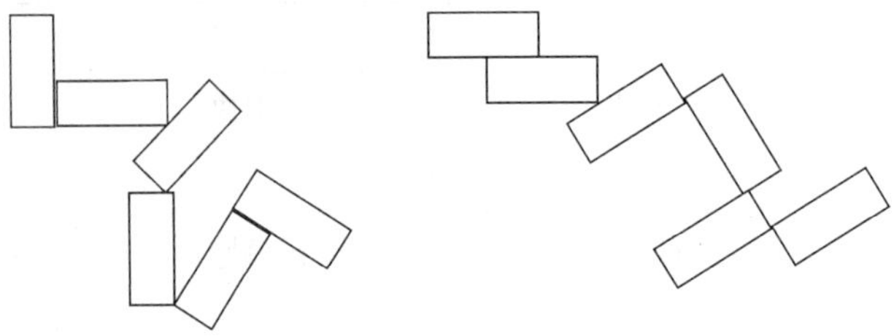

图6－6　两种实验长方形设计

被试者需按照主试者的指示把上述一系列长方形画出来。第一种指示方式是单向沟通，做法如下：

（1）被试者（信息接收者）需背对主试者（发出信息者），以免有视觉的沟通。

（2）给每一被试者一张白纸，要他们根据主试者的指示画出上述图形。

（3）主试者尽快地描述该图形，以免被试者有机会发问、谈笑、感叹或以任何方式对主试者所说的话产生反应。

第二种指示方式是双向沟通。口述图形的情况与第一种指示相同，主要的差别有两点：

（1）被试者面对主试者。

（2）被试者可以随时打断主试者的描述并提出任何问题。

这个实验实际上是一个模拟实验。主试者向被试者说明如何排列这些长方形，类似于一个上级主管人员向下级布置一项复杂的任务。

这种单向沟通和双向沟通效率的比较实验结论为：

（1）单向沟通的速度比双向沟通快。

（2）双向沟通比单向沟通准确。换言之，双向沟通中，能够正确画出图形的人较多。

（3）双向沟通中，接受信息的人对自己的判断比较有信心，知道自己对在哪里，错在哪里。

（4）双向沟通中，传达信息的人（即主试者）感到心理压力较大，因为随时会受到信息接受者的批评或挑剔。

（5）双向沟通容易受到干扰，并缺乏条理性。

由上述实验得出的结论可以看到，如果需要迅速地传达信息，单向沟通的效果较好，但准确性较差；如果需要准确地传达信息，双向沟通效果较好，但速度较慢。

从公共关系的长期实践来看，双向沟通主要的长处主要有：

（1）对于传播者会产生较大的心理压力，随时都有可能遭到来自于受传者的批评或质询。

（2）对于传播内容，双向传播要比单向传播正确，较少误差。

（3）对于接受者，双向传播较易于认识自己的正确和错误，对自己的行为较有把握。

而双向沟通的短处主要有：

（1）从传播的速度上看，双向传播不如单向传播。

（2）从传播工作的秩序看，单向传播显得安静规矩，双向传播则较为吵闹无秩序。

根据双向沟通的长短处可以容易地得出如下结论：除了遇到需要迅速解决的事情或是例行公事采用单向沟通效果比较好以外，其他的传播活动采用双向沟通效果更好。因此，要改善公关传播沟通，可以多采用双向沟通，一方面可以取得来自受众的反馈信息，对传播过程有更准确的了解和控制；另一方面也可以根据具体情况不断调整传播活动本身。

（四）需知原则和例外原则

由于在现实中存在着信息不足与信息过量并存的矛盾，以及信息获取容易与信息处理困难之间的矛盾，这就对公关人员的信息工作能力提出了更高的要求，要求保证信息的准确性、完整性、可靠性和及时性。这时就需要用到需知原则和例外原则。

（1）由下往上的传播可采用例外原则，超常规的，偏离指示、计划和政策的信息才能详细上传；而一般正常的信息只以简略形式上报或不上报。

（2）由上往下的传播则采用需知原则，按照各对象所需知的范围传播信息，保证让各对象能接受到关键性的信息。

（五）促进有效沟通的具体措施

（1）培训。这是最简单、最有效，但成本也较高的促进有效沟通的措施。通过培训，不仅可提高员工的工作技巧，更能提高工作热情。

（2）在传播前先澄清各种概念，考虑对象的接受能力和可能产生的反应。并检讨沟通的目的，评估传播的计划能否与组织的环境要求相一致。检查传播活动是否既切合眼前的需要，又符合长远的目标。

（3）沟通要有诚意，取得对方的信任并建立起感情。

（4）研究分析可能影响沟通的各种环境因素，主动创造良好的沟通环境。

（5）争取他人对沟通内容的意见，利用有价值的意见改进传播沟通。

（6）注意检讨信息的清晰、协调等问题。保持言行一致和传播上的持续一贯。

（7）正确选择传播方式和传播媒介，统筹考虑传播效果与传播成本。

（8）利用内部报刊或其他交流园地促进内部有效沟通。一个有一定规模的组织应该定期出版内部刊物，并力求使这份刊物成为反映企业文化、促进整体相互交流的媒介。同时建立其方便全体员工参与的交流园地，如内部网络、黑（白）板等。

（9）注意反馈、跟踪与催促。这是一种高层次的沟通方式，直接影响着工作的实施质量和成效。

（10）给予“听”和“说”同样的重视，而且要首先成为一个好的听众。

三、传播观念——公共关系实务的灵魂

公共关系作为一种信息传播活动，是社会组织与公众之间的信息交流过程。由于公众与社会组织的关系密切程度的不同，公共关系实务活动要达到预期的效果，对不

同的公众就要采取深度不一的信息传播活动。

（一）对潜在公众传播的传播观念

这一层次的传播是公共关系中最低层次的传播，这种传播主要是通过把社会组织自身的运行情况、状态和趋势等信息经各种传播媒介公之于众的办法来取得效果。这一传播的主要目的是让公众了解社会组织，在公众心目中初步建立起该社会组织的良好形象。

根据传播观念，影响潜在公众注意信息的因素有两个方面：一是结构性因素，即信息的强度、对比度、新鲜度与效果成正比。有经验的报刊编辑都知道，又粗又黑的通栏标题，加粗黑框的消息报道，都能增加信息的强度，也较易引起读者的注意。标新立异的奇装异服比普通服装更易引起人们的注意。所以，公共关系人员在信息的制作与传播上，要对信息进行强化处理，以增加信息刺激的强度、对比度和新鲜度，并增加传播的重复率。二是功能性因素，即延缓性因素和即时性因素，前者能够引起信息接受者在信仰和价值观念等方面共鸣。如生活方式的新潮流，往往能得到年轻人的认同，而在老年人中就很难引起注意；后者是可以调动个人一时的需要、情绪之类的心理机制，通过营造某种氛围来达到传播效果。

（二）对知晓公众传播的传播观念

如果公共关系活动成功地引起公众对某社会组织的注意的话，那么公众必然地对其行为作出一定的反应，即会形成一定的态度。这里的“态度”是心理学的概念，指的是人对特定对象的认知、情感和意向的比较持久的内在结构。态度是根据经验而系统化了的一种心理和神经准备状态，它对个人的反应有指导性或动力性的影响。心理学研究表明，态度一般具有两种相反的趋向：正态趋向和负态趋向，按其程度不同，可绘出其变化状态的图示。如图 6－7 所示。

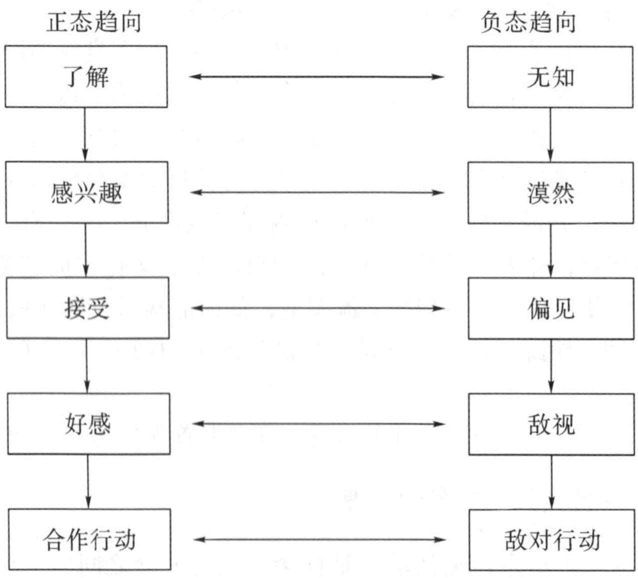

图 6－7　态度的变化状态

公共关系实务同样把公众态度的转变看成是传播活动所担负的重大任务。根据该传播观念，此时的传播活动有以下三方面的内容：第一，公众原有的态度需要随着社会组织运行变化而转变，即“转轨转变”。第二，公众在与社会组织发生关系的过程中持有不同程度的负态趋向态度，因而需要改变这种态度，这可称为“逆向型转变”。第三，公众在与社会组织发生关系的过程中持有不同程度的正态趋向态度，这需要维持和发展，这可称为“顺向型转变”。

根据上述传播观念，针对知晓公众，公共关系的传播活动必须做到：

（1）要重视大众传媒的作用，特别注重对受众中的“意见领袖”的传播。尽管公众不会一下子就为大众传播的“枪弹”所击倒，但大众传播由于其覆盖面广和具有经常性的特点，故具有长期积累性的效果和潜移默化的作用。因此，公共关系实务必须十分注意对大众传播媒介的利用。同时由于受众中的“意见领袖”对其他公众的意见与看法的形成有决定性作用，所以，传播中更应注意对“意见领袖”的传播。

（2）尽可能地采取客观态度，力求做到实事求是。在进行信息传播中，切忌只说单方面有利于社会组织的话，要尽量表达两面观点、甚至多面观点。

（3）必须在信息传播的制作上下工夫，提高其传播信息的易受性。注意语言的简练通俗、生动活泼；恰到好处的幽默风趣，也应成为传播信息的一个特点；坚决不用自己也还不十分理解的“新名词”等等。

（三）对行为公众传播的传播观念

这一层次是公共关系传播活动中的最高层次，它的对象主要是行为公众。此时的公共关系传播活动的目的是促使知晓公众尽快地采取组织所预期的行动。对行为公众传播的传播观念主要包括以下三方面的要求：

（1）传播信息有较强的目的性和针对性。由于此时的公共关系传播活动的根本目的是使那些具有积极态度的公众采取组织所期望的行动，所以组织的传播活动内容必须明确针对顺意公众，而且传播信息应该是明确地告诉公众应该如何采取行为。

（2）为公众采取行为提供方便。为了让知晓公众能够尽快地采取组织所期望的行为，此时的公关活动必须要能为公众的下一步行为提供时间、地点或者其他采取行为所需的一切信息，保证这些信息是准确的，并能及时告知公众。

（3）传播活动要有时效性。由于公众随时处在大量信息的包围之中，其他社会组织也在努力地向这些公众进行公关宣传。公众所接受的信息越多，其考虑采取行动的时间就越长，行为的采取周期就越长，发生变化的可能性也就越大，为了让公众尽可能快地采取相应的行为，公关传播活动必须要有时效性。

综上所述，传播观念在公共关系的具体传播实务中大量运用，现代公共关系实务离开了传播观念就寸步难行。公共关系人员的传播观念渗透在日常的公共关系实务活动中，成为公共关系实务的灵魂。

第四节　公共关系的传播媒介

学者们认为，大众传播媒介在向公众传递信息的过程中，起着过滤的作用，也就是起着“守门人”的作用。“守门人”的概念最早是由美国社会心理学家库尔特·卢因提出来的，现在已经得到美国大众传播学者的普遍承认。拿新闻来说，通讯社决定发布的新闻只占已发生的重要新闻的百分之一二，而读者最后从报纸上看到的新闻又只占通讯社发布的新闻的百分之一二。主管这种过滤工作的记者和编辑，就是大众传播媒介的守门人。公共关系传播者发出的信息，只有顺利通过守门人这一关，才能经媒介流向公众。对于公共关系人员来说，这是一个考验。

一、媒介的功能

传播媒介有两种涵义。首先是指传递信息的手段、方式或载体，如语言、文字、报纸、广播、电视、电话等。其次是指从事信息采集、加工、制作和传播的社会组织或传媒机构，如报社、出版社、电台、电视台。为了区别，我们把前者称为媒介；把后者称为媒体。

在公关传播中，媒介的功能主要表现为：

（1）媒介能大大地扩大传播者的传播能力。正如传播学者麦鲁恒所说，媒介是人体能力的延伸。媒介能大大地扩大我们的信息传播距离和范围。

（2）媒介能提供给我们新的传播语言形式。各种媒介的特点都会对传播语言形式产生影响，各类媒介都有适合自己特点的表达形式。媒介的使用能大大丰富传播者的传播语言形式。

（3）媒介能赋予地位，影响传播者的形象。媒介本身的社会影响力，使得通过它传播的信息能够更为社会所关注、所认同。此外，媒介自身的社会形象极大地影响到对它的使用，以及传播的效果。

（4）媒介会引起传播行为的变化。由于通过媒介传播是一种间接的传播，它既会带来人们对信息接触方式、接触深度、接触效果的变换，也会带来传播信息反馈的滞后，使得对传播的效果难以准确预测，深层的传播效果降低。

二、语言交流方式

语言是以人发出的生理语音为信息载体的符号体系。语言的出现是人类进化历程中的一大飞跃，也是人类传播活动的一次巨大变革。语言符号是人最基本、最实用、最便利的符号系统，人类的大部分日常交流借助语言完成。对语言符号的涵义，社会的每一个成员都有大致相同的理解，这是它作为全民交际、相互沟通的工具所必须具有的特性。

开展公共关系必须熟练地使用各种语言交流的媒介和方式，其中包括演讲与报告、会议和会谈、谈判、电话沟通等。

（一）语言交流方式的特点

直接运用语言进行交流的方式一般指运用自然有声的口语方式，即“言语”。它指的是产生某一语言的一连串有意义的语音过程或结果，也是指和非言语（即非语言传播符号）或和文字传播相对应的口语。口头语言交流的一般特点主要是：

（1）直接性。口头语言交流多是面对面直接进行的，当然也有少部分利用电话等现代通讯工具进行，但这些交流都是人与人之间的直接交流，相互之间无须借助其他的媒介。

（2）随时性。由于人的语言符号是声音，声音由发音器官自由控制，所以口语可以张口就说，这是其优势，也是它成为最重要的交际工具的原因。在所有传播方式中，言语沟通的灵活性、机动性、随意性最突出，最为不拘一格，能够随时运用，非常方便。

（3）情感性。交流的直接性和双向性，使得口头语言交流的双方能够直接表达自己的情绪和情感，同时感受对方的情绪和情感。

（4）主观性。言语沟通是主观随意性最突出的一种沟通形式。口语不像文字那么严谨，随时可以增加或减少，随时可以中断或改变，并且明显受到个人态度、情绪的主观影响，受个人素质、能力的制约，比较容易出现错误或失真的问题。

（5）双向性。通常口头语言交流都是双向的交流，参与言语沟通者既是“发话人”，又是“听话人”，在沟通过程中双方不断更换传播的角色，只要对话不中断，就能保持双向的交流，从而产生相互的影响作用。但也不排除少部分“讲的只管讲、听的只是听”的情况。

（6）反馈性。面对面的言语交流是信息反馈性最强的一种交流形式，参与言语沟通者相互之间信息的传递和反馈的间隔时间很短，甚至能够同时进行，双方能够根据对方的反应及时调整自己的语言内容、方式。

语言交流方式既有自己的优势和长处，也有其劣势与不足。作为人类最天然的一种本能交流方式，语言交流的地位是任何其他交流方式都无法取代的，无论其有多先进或多高级。同时，语言本身也随着时代的进步而不断地发展变化着。这就要求公共关系人员既要掌握过硬的语言交流本领，又能不断更新这种本领。

（二）演讲与报告

演讲与报告均是一种有准备的、较规范的言语传播方式。其中演讲是演讲者就某一问题向一定范围的听众发表讲话，报告则是演讲的一种形式。演讲是公共关系工作中最常用、最普遍的一种口语传播方式，是一种永远都不会过时的公关手段。

演讲是由演讲人、演讲内容和演讲听众这三大要素组成的传播方式。它通常都是由演讲人利用一定的场合，向听众陈述某些事实、宣传某些观点和思想，或鼓动某种情绪和气氛。组织领导人和公关人员时常会由于工作的需要进行演讲，以向公众传递特定的公关信息。当演讲围绕着专门的课题，作了较充分的准备，并面对着专门的对象时，就成为报告。

1. 演讲传播的优势

演讲是最具公关效果的一种口语表达形式，一个好的演讲的传播优势表现在：

（1）较强的劝服效果。演讲使演讲者与听众面对面直接接触，具有最直接的劝服力。演讲者的目的是说服听众赞同自己的观点，在面对面的情况下，一旦发现听众出现怀疑、不赞同的表情，可以即时地以更多的事实、论据来推理、解释、说明，以及配合语音、表情、动作的技巧来进行当面的劝服。

（2）有效的信息交流。演讲能为演讲者和听众提供现场双向交流的机会。通过现场的反应、交流，有利于达到有效的沟通。双向性和反馈性越充分，信息的交流就越有效。

（3）直接宣传组织的观点。演讲总是带着既定的传播目的，具有较鲜明的针对性，当众宣传演讲者个人或组织的观点，直接推销组织的形象，而不借助他人的口或其他媒介渠道。

（4）直接提供权威性资料。演讲者在演讲现场亲口说出来的信息总是被作为第一手的、最具权威性的资料，并常常被其他信息传播媒介视为权威性的资料来源。

（5）表现力较强。演讲是“讲”和“演”的结合。“讲”是陈述事实、观点、论据；“演”既是逻辑的演绎推理，又是表情、动作的表演艺术。当观点、论据和事实的陈述被逻辑地“演绎”和艺术地“表演”出来，就会具备较强的表现力。

（6）有助于提高声望。演讲能够提高演讲者个人和组织的声望。获得公众演讲的机会，并成功地利用这种机会，将有助于提高演讲者的地位和知名度，有助于树立演讲者的形象。

当然。如果演讲不成功或失败，以上优势就不可能出现，甚至会成为劣势。因为演讲者的话一说出口就无法收回。所以必须讲究演讲的技巧。

2. 演讲的技巧

演讲首先是一种语言的表达，同时也是一种艺术程度较高的传播手段。要成功地从事公共关系工作就有必要专门学习和训练演讲技巧。

（1）作好演讲的准备。成功的演讲是从准备开始的。首先，要明确演讲的主题和内容，收集素材，准备好演讲稿或演讲提纲。其次，还要有针对性地了解听众的需求及背景，以帮助选择和确定最佳的演讲方式。最后，还要对演讲中可能出现的情况作出准备。

美国历史上最伟大的总统之一林肯非常重视演讲前的准备，他在葛提斯堡国家烈士公墓落成典礼上的著名演说已成为经典。林肯接到邀请后，在这次演讲前两周，他在穿衣、刮脸、吃点心时都想着怎样演说，演说稿改了两次，他仍不满意。到了葬礼前一天晚上，还在作最后的修改，然后在半夜找到他的同僚高声朗诵。走进会场时，他骑在马上仍把头低着默想着演说词。在林肯之前的一位演讲者讲了近两个小时，在将近结束时，林肯不安地掏出旧式眼镜，又一次看他的讲稿。他的演说开始了，一位记者支上三脚架准备拍摄照片，等一切就绪的时候，林肯已走下讲台。演讲时间只有两分多钟，而掌声却持续了10分钟。后人给以极高评价的那份演说词，译成中文，才不到500字。

（2）选择优秀的演讲人。公关人员除了有时候自己担任演讲人之外，也常常邀请其他专家来发表演讲，并提供服务。如何选择演讲人呢？一个优秀的演讲人必须具备下述条件：第一，足够的权威性，即演讲者对于演讲的主题和内容必须内行，或有足够的发言权。第二，具有较强的语言能力和技巧，即敢于当众说话，善于当众说话。第三，演讲时要有热情，以打动和感染听众。第四，演讲应充满理智与智慧，以更好地说服听众。第五，必须具备良好的仪表仪态，以便留给听众良好的印象。

（3）运用演讲艺术。通过运用各种演讲艺术，例如开场白的艺术、结尾的艺术、立论的艺术、鼓动的艺术、语言的艺术、形体语言的艺术、幽默的艺术、反驳的艺术等，使演讲具备两种力量：逻辑的力量——令人信服；艺术的力量——使人受到感染。

（三）会议和会谈

会议和会谈均是有组织、有目的的言语沟通活动方式。会议是围绕一定目的进行的、有领导、有控制的集会，有关人士聚集在一起，围绕一个主题发言、插话、提问、答疑、讨论，通过语言相互交流信息，交换意见，议论问题，解决问题。会谈是会议的一种形式。筹划和召开各种会议和会谈，利用会议和会谈来传递信息，沟通协调，是公共关系常用的传播方式。

1. 会议的公共关系功能

从公共关系的角度来看，社会组织往往通过举办各类会议，为组织创造和谐融洽的社会关系环境，把组织与广泛的社会生活紧密地联系在一起，使广大公众在参加各类会议的同时，潜移默化地接受组织传递的各种信息，增强对组织的亲近感。会议还会吸引新闻界对组织的注意，增加对组织的报道，提高组织的知名度。

会议的形式很多，常见的公关会议有新闻发布会、产品发布会、学术研讨会、经验交流会、联欢会（联谊会）、定期或非定期的报告会、座谈会等。

2. 召开会议的注意事项

首先，会议应在确有现实需要的情况下召开。召开会议是有成本的，这些成本既包括金钱上的，也包括时间和人员上的，特别是全国性会议，甚至国际会议，成本是相当高昂的。如果会议组织不好，则会造成效率低、效果差的结果。对于那些能够通过散发新闻稿、做广告等方式完成的公关信息传播活动，就可以不召开会议。因此，只有当需要交流的信息比较集中，或涉及因素比较复杂需要多方协商，或有社会影响的重要信息需要向多个新闻单位发布时，召开会议才有必要。

其次，为了保证会议的效率和效果，召开会议之前必须明确会议的目标和主题，并作必要的准备。会议的目标和主题应是具体的、实实在在的，而非空洞的、泛泛的。会议的目标越具体、主题越明确，会议的质量就越有保障。一旦明确了会议目标，就可以制定出切实可行的会议计划。

再次，应做好会议的组织与控制工作，在会议进行当中，积极引导会议的顺利进行。开会其实也是一门学问，这涉及会议的时间安排、场地安排及布置、与会者确定、邀请方式、接送方式、议程安排、会议主持、会议互动、会议简报等诸多方面。

最后，若有必要，可策划与会议配套的宣传活动，以突出会议的重要意义和加强对社会的影响。

3. 会谈

会谈是会议的一种形式，它指双方或多方相互会面、交换意见的行为。组织会谈有一些具体的技术性要求，如主人和主宾以及陪同人员的座位安排，合影留念的安排，对客人礼貌周到的迎来送往等。至于谈判和对话则是会谈的两种具体表现形式。

（四）谈判

谈判是有关方面就共同关心的问题相互磋商，交换意见，寻求解决的途径和达成协议的过程。公共关系人员经常需要代表组织与特定的公众就相互关切的问题进行谈判、交涉，或者为组织的领导人组织、安排有关的谈判活动，因此需要了解和掌握这种特殊的语言沟通艺术。

1. 谈判过程的六个阶段

（1）导入阶段，主要是让谈判参与者通过介绍相互认识，彼此熟悉，以创造一个有利于谈判的良好气氛。

（2）概说阶段，谈判各方简要亮出自己的基本想法、意图和目的，以求为对方所了解。

（3）明示阶段，谈判各方此时会进一步明确各自的利益、立场和观点。

（4）交锋阶段，在这种时候，谈判各方互相交锋，彼此争论，紧张交涉，讨价还价，逐渐确定妥协的范围。

（5）妥协阶段，在这一阶段，各方相互让步，寻求一致，达成妥协。

（6）协议阶段，在这一阶段，谈判各方经过交锋和妥协，求同存异或求同去异，基本或在一定程度上达到自己的目的，各自在协议书上签字，握手言欢，谈判宣告结束。

2. 谈判的策略和艺术技巧

为了使谈判取得建设性的成果，需要注意以下事项：第一，作好谈判前的准备。第二，当谈判气氛紧张、陷入僵局、濒于破裂时，要善于调节或缓解，如暂时休会等。第三，了解对方的确切意图或发现问题，及时为己方的主谈者出谋划策。谈判是一项具有很强艺术性的工作，公关人员只有在掌握谈判策略和艺术技巧的基础上，通过实践积累经验，才能成为谈判专家。

（1）控制谈判议程，争取主动权

其具体做法有：进行归纳总结，帮助双方认识谈判进行到哪一个阶段；让双方看清形势；明确谈判议程；检查谈判的进展；设法在谈判双方之间架一座理解的桥梁；求同存异，强调双方的一致性。

（2）红白脸搭配，软硬兼施

这种办法可以使对方既受到强大的压力，又能得到一个体面的台阶下。利用这种方法能够达到用自己的小让步换取对方较大让步的目的。

（3）适当的让步

通过表示让步能够促成折中协议的达成，但让步是有原则的。这些包括：一是一方的让步必须与另一方的让步幅度相同。二是双方的让步要同步进行。如果己方先作了一些让步，则在对方作出让步之前，就不能再让步。三是为了尽可能给对方以满足，不惜作适当让步，但不要一下子让得太多、太快。四是必须让对方懂得，己方每次作出的都是重大的让步。五是要期望得高些，要使对方作出最大幅度的让步。六是要以适当的速度向着预定的成交点推进。

在作让步时，必然面临着选择。一是关于让步时间的选择。选择的要诀是让对方能够马上就接受，没有犹豫不决的余地。二是幅度的选择。既不可太多，那样会损害己方的利益；也不可太少，那样就不能达成一致。三是好处的选择。选择让步可以同时给予对方公司、公司中的某个部门、某个第三者或者谈判者本人某些好处，但关键是让己方的付出更少，而得到更多。

（4）拖延策略

第一是沉默。这是谈判中最为重要的一个技巧，或者说是一个十分有力的谈判工具。沉默的灵活性在于它的真正涵义需要对方推测，而己方可以任意否定这些推测。第二是守口如瓶，佯作误解。这是谈判中最有效的防御策略之一，它指的是说话只要足以使另一方继续谈下去就够了，而谈得越多越容易暴露自己的真正动机和谈判底线。第三是疲劳战术。谈判中的磋商、交锋、讨价还价是一项耗费精力和十分艰巨的工作，它需要思想高度集中、耐心、头脑敏捷、精力充沛，而疲劳的人比较容易被打动，犯下许多愚笨的错误。

（5）攻势策略

在谈判中，由于双方都站在各自的立场上，这就随时有可能发生冲突，使情况的相互沟通发生障碍。为了达到满足自己的需要的目的，往往采取虚张声势甚至铤而走险的做法，或者不定期不同程度地使用制造漩涡的做法。具体有：

第一利用僵局，反客为主。利用相持不下的僵局是谈判中最有力的一种战略，没有比它更能试探出对方的决心和实力的方法了。其基本原则有：相信自己总是有道理的，造成僵局是由于对方的过错；僵局并不意味着谈判的完结；对僵局的反感不是源于双方自尊心的损害，而是由于未能达成协议而引起的利益损失。因此打破僵局的真正办法不是互相道歉，而是达成协议；在制造僵局之前，应精心设计出一套完整的僵局方案；留有余地，僵局之后，能让第三者插手搭桥。

第二是浅侵或者称为蚕食策略。浅侵的基本思想是：分块地、局部地与对手的保护目标作战，不断取得局部胜利，积局部胜利之和为全局胜利。也就是把大目标分割为若干小目标，一个目标一个目标地同对方讨价还价。

第三是最后期限。最后截止时间的确定是指导谈判的有效办法，既可避免谈判无限期地拖延，又可让对方感到无形的压力。

（6）知己知彼，百战不殆

在谈判中，必须以谦恭得体的探询和诱发性旁敲侧击等方式，引诱对方透露谈判的目的意图，以把握谈判的主动权。具体做法有：善于提问和探询；试探性气球或者称之为火力侦察，即提出的要求大大超过估计对方可能接受的程度，以试探对方的反应。

（7）掌握时机，当机立断

在谈判过程中，谈判双方应该审时度势，当洽谈到一定的“火候”，就要趁热打铁，促成谈判的成功。要利用这一策略，必须具备良好的捕捉时机的能力、良好的判断能力和良好的决断能力。

三、文字传播媒介

文字是以书面符号为信息传递工具的符号体系。文字也是一种语言，是有声语言的符号形式，这种符号体系有一整套形式上相对稳定的规则和方法，人们能够借助于它有效地记录和传递信息、交流信息。口语的出现，使我们的远祖完成了从动物到人的转变；文字的发明，使人类由原始走向文明。文字使信息能够保存和广泛而久远地传递，使不同时代和地域的人进行交流和对话成为可能，由于它的存在和传播，人类才有了历史和发展，有了传统、教育、国家、文明等概念。

（一）文字传播的一般特点

（1）记录性。历来文字都是记录信息的最重要、最方便、最常用和具有法定证明力的方式。“白纸黑字”不仅可用于进行跨时空的传播，也可用于记录存档。

（2）准确性。因为文字的记录性，人们会严肃认真地对待写下来的东西；而且文字媒介的信息在制作的时候可以字斟句酌，反复推敲修改，对信息内容的表达更具条理性、逻辑性和准确性。

（3）扩散性。当信息被转化为文字符号记载下来之后，就可以随着这些文字的载体——甲片、竹简、纸等，被携带到更广阔的地域，从而把上面的信息扩散开去；或随着时间的流逝，把信息传递到其诞生之后的受众那里。这样就加大了文字传播的影响力。

（4）渗透性。文字传播资料可以长时间保存，同一信息有可能对读者产生反复刺激和影响；而且读者接受信息的过程比较从容，有利于通过思考来加深理解，因此文字传播的信息渗透性比较强。

（二）报纸与杂志

报纸、杂志通过印刷文字将大量的信息和意见传递给公众，属于印刷类大众传播媒介。

报纸是以刊登新闻为主的定期出版物。其特点很明显：报纸是整张发排印刷的；通过版面空间的排列，将各种信息高度结合在一起；报纸的新闻资料一般是公布性和告知性的，时间性较强；报纸的发行是周期性的。具有以上特性的报纸，对公关组织宣传自身形象，是一种非常有力，又十分有效的手段。

杂志是以成册装订的形式刊出的定期出版物，杂志的内容含量大，分类排列的内容详尽、全面。杂志的特点也是很明显的，一般说来杂志内容分类清晰，专门性强，对某一方面的信息传播集中、深入，适合专门性研究和信息的获得。另外杂志对于特殊的内容也可以深入分析，专门传播，目标性和指向性也较突出。最后是杂志的资料性、解释性和学术性比一般的媒介更强，更有史料价值。在公关工作中，如果侧重于深入宣传和进行公关理论研究工作，就要注意选择杂志。

报纸和杂志传播信息具有相当突出的优势：内容上具有广泛性，选题上具有较高的自由度，探讨问题能够有深度，媒介本身便于保存，成本低廉（特别是发行量大，又登有广告的报刊）。

报刊传播也有明显的弱点：传播信息不如广播、电视那么迅速、及时；受读者文化水平和理解能力的限制。

（三）书籍、手册、纪念刊及其他

1. 书籍

书籍作为一种媒体的传播特点与报纸、杂志基本相同，区别在于：书籍对信息内容的处理更有深度，因此劝服性较强，资料性更强，保存价值更高。书籍的出版周期长，亦非定期出版，时间性不强，传播的时效性不如报刊。书籍的内容比报刊更为专业，所适应的读者面比较窄。书籍一般不刊登广告。从这些特点可以看出，书籍这种媒介形式适合于对某一专题作深入的介绍和探讨，这个专题对特定公众的针对性、教育性较强，内容较稳定，时效性要求不高。总体来看，书籍的传播影响面短期内不是很广，但它传播的影响周期可能会很长。

书籍作为传播媒介的主要功能有：教育灌输、指导参考、宣传形象。

2. 其他文字媒介与印刷品

公关工作还要用到其他一些文字媒介与印刷品，诸如传单、招贴和图片等印刷品，它们具有不定期、专业性弱、偶然性强和针对性强的特点。

（1）海报是一种提供简短、及时、确切信息的招贴，利用公共场所进行公开悬挂和告贴的传播形式。其功能是告知公众某事，营造宣传气氛或澄清某一事实，以稳定公众情绪。它是其他主要媒介的辅助手段，有醒目、明确的特点。

（2）传单是一种印成单张向外散发的宣传品。其优点是针对目标，集中进行传播，散发到个人，人手一张，给人留下的印象较深，且人们反应直接；它形式灵活，造价低廉，散发方便。

（3）名片是印有姓名、身份、单位和联系方式等内容的小卡片，它多用于社交场合的自我介绍，方便日后的联系。

（4）函件指的是组织和个人发出的信件，它是进行组织内部和外部沟通的重要手段。具有传递目标明确、内容针对性强、便于保存备查、经济实用等优点。

四、电子传播媒介

所谓电子媒介，是指以电子技术和设备为信息传递手段的媒介。它以电波的形式传播声音、文字、图像，运用专门的电器设备来发送和接收信息。电子媒介包括广播、电视、电影、录音、录像、幻灯、多媒体电脑和网络等运用电子技术设备来制作、传送信息的传播媒介。在这些媒介中，既有人际传播使用的录音、录像，也有小群体传播使用的影像和幻灯等，更有大众传播使用的广播、电影、电视。网络是一种特殊的媒体，既适合少数人的人际交往，又适合群体沟通，更适合大众传播。目前被广泛使用并且影响巨大的电子媒介主要是广播和电视。

（一）电子媒介传播的一般特征

（1）时效性，即同时性。电子媒介传播速度快，可以进行实况转播或直播，时效性强。

（2）远播性，即同位性。电子媒介覆盖面大，而且可以重复播出，可以使广大区域上的受众都能接收到传播的信息。

（3）生动性。电子媒介可以综合运用声音、影像、图文等多种方式传播信息，现场感强且生动，对受众情感方面影响较显著。

（4）技术性。电子媒介都需采用各种电子技术和设备才能进行传播，与印刷媒介比较，其技术性更强。

（二）广播和电视

广播和电视通过电波的形式传送声音、文字、图像，通过电波将大量的信息迅速地传送给大众，是电子类大众媒介。

1. 广播在传播信息中的优势和弱点

广播是指通过无线电波或导线传送声音符号的传播媒介，是最先普及的大众电子传播媒介，它以声音为传送形式，作用于人的听觉器官。

广播的优势在于：首先，传播面广、成本低廉，普及率高。其次，传播迅速，可以在瞬间把信息传播出去。再次，通过口语、音响传播，较生动、有现场感、感染力强。最后，具有多种功能。因此，在公共关系及传播活动中，如果要追求短期内的轰动效应，优先选择的媒介应当是广播。

广播的弱点也很突出。首先，传播效果稍纵即逝，信息的储存性差。其次，线性的传播方式，即广播内容按时间顺序依次排列，使听众受节目顺序限制，只能被动接受既定的内容，选择性差。最后，广播传播只有声音，没有文字和图像，听众对广播信息的注意力不够高。

2. 电视在传播信息中的优势和弱点

电视是用电子技术传递声音和活动图像的传播媒介。电视第一次将人的视听结合在一起，较以往任何传媒都更真实可信地传递信息，它既作用于人的听觉，又作用于人的视觉，是一种较全面的传播方式，比其他媒介更生动、传神、直观、迅速。电视总是位居公关实务活动的首选媒介之列。无论在哪一方面，它都是影响最大、效果最好、传播最快的信息传输方式之一。电视是大众传播的核心媒介。

电视的优势是除网络以外其他媒介无法比拟的。首先，它用形象和声音表达思想，真实感强，比报纸只靠文字符号和广播只靠声音来表达要直观得多。其次，它可以对事物作直接目击报道。再次，它与广播一样，用电波传送信号，向四面八方发射，把信号直接送到观众家里。因而传播迅速，服务范围广，观众多。最后，电视的适应面广，娱乐性强，可以同步传送，使人有身临其境的参与感。另外电视传媒前途广阔，尚待开发的领域很多，如数字化、立体化等。

电视的弱点主要有：首先，和广播一样，传播的效果稍纵即逝，难以把握，信息储存成本较高。其次，电视节目同样受时间顺序的限制，顺序传输，无法选择。最后，更大的局限在于电视节目的制作、传送、接收和保存的成本较高；特别是它不能依靠个人或少数人完成，往往是众多人形成的专门性组织共同协作的结果。这就造成在公关工作中选择电视传播媒介，不得不考虑成本的问题。如果没有一定的资金，就无法选择电视传播媒介。

五、非语言传播符号

人类除了利用语言、文字等媒介来进行沟通交流之外，还常用到身势语言和情态语言这两种非语言传播符号来传递一些或明确、或微妙，或简单、或复杂的信息。人们还常用非语言的传播符号来强化或弱化语言传播符号的作用。

据有关研究显示，在面对面的成功交流中，言语本身远非信息沟通的主要部分。实际上，成功的信息沟通中只有7%与语言有关，35%与语音语调有关，剩下的都是非语言符号系统的功劳，如身体动作（手势、表情、体态），目光接触（眼神、眼色），空间运用（身体距离），图像（环境陈设、悬挂的证书、摆放的肖像）等。因此，作为信息发送者，必须确保发出的非语言信息能强化语言的作用；而作为信息接收者，同样要密切注视对方的非语言提示，从而全面理解对方的思想和情感。

（一）身势语言

身势语言是指人们身体部位作出表现某种具体涵义的运用符号。在传播中身势语言表述的内容是丰富复杂的。例如，首语，即点头与摇头包含的意思，在最普遍的情况下，点头表示肯定，摇头表示否定，有时它们的应用比语言更生动。手语，即用手所表达的丰富内涵，如手势和哑语等，再如握手传递的信息。柔和的手势表示友好、商量，强硬的手势则意味着“我是对的，你必须听我的”。足语，就是用脚的运动表达的内容，例如跺脚、来回踱步等。姿势语，是人体的动态或静态所表达的信息内容，如鞠躬、立正等，双臂环抱表示防御，开会时独坐一隅意味着傲慢或不感兴趣。服饰语，是指通过服装和饰品所传递的信息，也是一种个人素养、爱好和文化品位的显现。

公关人员在与别人交往时，需注意对方的身势语言，以了解对方的心情或理解对方传递的细小信息。同时，公关人员也要注意自己的身势语言，以免误传信息或给对方留下不好印象。最后，公关人员要善于利用恰当的身势语言，用以丰富自己传递的信息，或用以传递那些“微妙”的信息。

（二）情态语言

情态语言是指人脸上各部位动作构成的语言。例如，“眼语”（或称目光语），眼神和视角、视线传递的内容也是很丰富、微妙的。微笑语，是通过不出声的笑所传递的信息，主要由面部肌肉的运动来完成各种复杂信息的传递。

情态语言的基本主体是“眼语”。例如：微笑表示友善礼貌，皱眉表示怀疑和不满意，盯着看意味着不礼貌，但也可能表示感兴趣，寻求支持。

梁实秋先生在回忆梁启超先生的一次演讲时，曾经这样描述：“他走向讲台，打开他的讲稿，眼光向下面一扫，然后是他的极简短的开场白，一共只有两句，头一句是：

“启超没有什么学问——’，眼睛向上一翻，轻轻点一下头：‘可是也有一点！’……”

这里，梁启超的许多动作和表情，均属于非语言符号。梁启超的独特个人魅力就通过这几个简单的符号活脱脱地展现了出来。

六、其他传播媒介

在公关传播中，除了前面介绍的几类媒介外，其他常见媒介还有：

（一）实施媒介

如产品或样品，这主要用于各种展示、馈赠、赞助等活动。实物本身也是信息载体，在公共关系活动中也大量使用。它具有与一般符号媒介不同的特点。产品的样品或模型，以及企业模型、或生产过程模型等，主要用做标志或展示，以使企业的传播效果更加生动和形象。例如产品及其劳务本身就是一种最实在、最可信赖的信息载体，它通过质量、款式传达出最原始的信息。因此产品本身在公关活动中应当是主角，事实上它常常参与展览活动，赠送和赞助活动。而公关礼品作为带有本组织标识的实物宣传品，也是组织的传播工具，主要用于人际交往，联络感情。还有象征物和模型，作为传递组织各种观念、管理方式、产品信息的媒介也经常出现在大型的活动中和实物展览会上。

（二）组织标识系列

它是通过特殊的文字、图形、色彩的设计，构成组织的形象标志，来区别于其他组织和产品。如名称、徽标、商标、包装、标语、旗帜、建筑物、门面、办公用品、运输工具、环境装修、人员服饰等。这主要用于塑造组织形象。

（三）个体媒介

个体媒介有电话、信函、传真、电子邮件、名片、贺卡、拜访、慰问电、礼品电报、鲜花电报等。这些主要是用于私人间的交往及公共社交场合，都是针对特定对象的。以上个人传播工具既有印刷的，也有电子的，其目的是为了促进人际间更有效的接触，加深双方的相互了解和感情。

（四）公关的特别专项活动

如展示活动、庆典活动、大型演出活动、开放日活动、竞赛活动、体育活动、社会赞助活动、社会咨询、社会服务等活动。这类媒介常被用来作为促进组织与各类公众直接接触的手段，通过相互参与，来促进更深的相互了解。同时也可用于吸引社会的关注，形成公众注意焦点。在许多创意独特、形式特殊的公关活动中，形象生动的活动过程，也作为媒介传递公关信息。如风筝节中的“风筝”，“锣鼓”节中的“锣鼓”等，作为特殊的媒介形式维系着公关活动的全过程。

七、公共关系的新媒介——网络媒体

网络新媒体已经渗透到我们工作、生活、娱乐，乃至衣、食、住、行的每一个细节。据来自中国互联网发展状况统计报告的最新数据：到 2009 年 6 月底，中国网民已达3.38亿，宽带网民已达3.2亿，手机上网人数已1.5亿；中国目前约有130万个BBS论坛、博客数量已达4698万个。网络已经成为中国最公众化、最廉价的传播与工具。这些网络新媒体有几个明显的特点：

（1）细分化。无论是哪一类型的网络媒体，其实都体现出对特定人群的聚合特征。这种聚合性是建立在网络人群的不断细分基础上的。而人群的细分化，对于传播的作用更值得关注，因为它可以使传播的精准性更容易实现，并且单位人群的成本更低，从而给品牌带来更为可观的人群价值。

（2）互动化。相比于传统的平面、广电、户外等媒体，网络本身就是具有更强互动性的媒体形式。如今Web 2.0基本成为网络新媒体时代的代名词。而它的“自媒体”互动力量，加之细分化的精准性，对于网民兴趣的激发，网络具有巨大的潜力。

（3）商业化。和传统媒体相比，网络媒体拥有更加灵活的商业运作空间，对于传播来说，则意味着更广阔的传播新价值。而且，网络媒体在国内本身也属于一个新事物，其商业运作可借鉴的模式很少。这就造成一个矛盾，即网络媒体商业模式的创新性与不成熟性同时并存。这两者对于网络媒体自身来说，是一对矛盾体。但是，对于传播应用来说，却有两方面的积极意义。无论是商业模式的创新性，还是其不成熟性，都能够带来传播应用上更多的灵活性。所以，对于组织来说，一方面可以与网络媒体的创新性积极沟通，并与之共享由此带来的传播新价值；另一方面也可以更多参与到网络媒体商业模式的创新中去，与之分享创新的传播新价值。

当前整个公关行业，在网络新媒体传播应用方面作出了许多努力。在对于网络新媒体传播应用的实际行为中，不同的公司差异仍然很大。这不仅取决于这些组织对于网络新媒体的认知的差异，甚至在传统媒体方面的积累也存在较大不同，更为重要的是，网络新媒体的传播应用不是一个单纯的问题，它需要强大的技术实力、深厚的专业基础和长期的实践积累。

新兴的网络媒体对于传统媒体而言不是完全的替代，而是有益的补充。纵然网络媒体存在如上的很多优势，但在内容的尝试方面也存在一定的不足。而这个不足恰恰是传播媒体的优势所在。如传统媒体拥有长期培养的固定群体；在报道内容方面，对非安全性事件如社会现象、社会问题的报道比新兴的网络媒体更为深入；虽然网络能自由快速地发布大量信息，但一般网民缺乏媒体人的专业互质，导致新兴媒体的内容相对无序化等。所以从公关视角看，首先社会组织非常需要这样成熟的群体作为客户的目标受众进行深度培养，这对于客户的品牌忠诚度与美誉度的建设，往往能起到事半功倍的效果。其次就传播效果而言，传统媒体的精英报道和深度报道能在受众中造成更深的影响力。

过去十年是互联网蓬勃发展的十年，它直接或间接地导致了媒体格局的重新洗牌，但现存的格局并不会是最终的结果。传统媒体在求变中图生存，新兴媒体在创新中求生长。只有切实分析客户的价值需求，审时度势，合理运用媒体资源，进行针对性的受众传播，才是公关传播万变不离其宗的原则。

资料 6-1

部分国际著名大众传媒简介

（1）美联社（AP）。美国联合通讯社是美国最大的通讯社，1848 年成立，世界主要通讯社之一，由 3000 多家报社、电台、电视台联合组成。每天发稿 2000 万字、1000 张照片，有近 20 000 家媒体接受该社服务。总部设在纽约。

（2）路透社（REUTERS）。它是英国最大的世界性通讯社，1850 年成立，是英国创办最早的通讯社，是英国的官方喉舌，在 180 多个国家和地区驻有 1000 多名专职或兼职记者。总部设在伦敦。

（3）法新社（AFP）。法国新闻社是法国最大的通讯社，也是西方四大通讯社中资格最老的一个，成立于 1835 年。法新社名义上是独立的报业联营企业，实际上是法国官方通讯社。总部设在巴黎。

（3）德新社（DPA）。德意志新闻社是德国最大的通讯社。1949 年成立，每天播发约 6 万字基础服务，内容涉及各方面新闻，德国大多数报纸杂志，以及各部门企业也接收其基础服务。总部在汉堡。

（4）新华社。新华通讯社是中国的国家通讯社，是中国最大的新闻信息采集和发布中心，创建于 1931 年。目前，全社从事新闻报道、经营管理和技术工作的职工有 7000 多人，在海外的 100 多个国家和地区设有分社。新华社编辑出版近 40 种报刊。总部设在北京。

（5）共同社。日本共同通讯社是日本最大的通讯社，社团法人组织。该社实际上是半官方的通讯社。总部设在东京。

（6）合众国际社。1907 年成立，是美国第二大通讯社，也是国际著名的大通讯社。总部设在纽约。

（7）中国中央电视台（CCTV）。它是中华人民共和国国家电视台，1958 年成立。目前共开办 15 套电视节目。目前全台栏目总数近 400 个，日播出量达 270 小时，全国人口覆盖率达 90%，观众超过 11 亿人。第 4 套节目（中文国际频道）、第 9 套节目（英语频道）通过卫星传送覆盖全球。总部设在北京。

（8）英国广播公司（BBC）。成立于 1922 年，是英国最大的新闻广播机构，也是世界最大的新闻广播机构之一。BBC 虽然是接受英国政府财政资助的公营媒体，但其管理却是由一个独立于政府以外的监管委员会负责。BBC 目前经营 8 条电视频道，10 条广播频道，及直接由英国政府出资经营以 43 种语言作全球广播。BBC 在新闻界最为人乐道的是其严格的要求。总部设在伦敦。

（9）美国有线新闻电视网（CNN）。全球性电视新闻网，通过 5 个卫星 24 小时向全世界连续不断播发新闻，对突发事件抢独家新闻、及时详尽的现场报道是其特色。

（10）哥伦比亚广播公司（CBS）。美国三大电视网络之一，成立于 1927 年，其新闻节目在美国影响很大。

（11）美国广播公司（ABC）。美国三大电视网络之一，1995 年被迪斯尼公司兼并。

（12）全国广播公司（NBC）。美国三大电视网络之一，是美国最早成立的广播公司。

（13）福克斯广播公司。商业电视广播公司，由传播业巨商默多克创办。总部设在纽约。

（14）《金融时报》。创刊于1888年，英国保守党报纸，是英国最有权威性的经济新闻报纸，颇受企业界人士的欢迎。

（15）《泰晤士报》。创刊于1785年，英国最有影响的报纸，反映官方观点，重视国际、国内和议会消息的报道和评论，该报特稿作者多为各方面的专家和权威人士。

（16）《明镜》。德国最大的新闻周刊，1947年创办。

（17）《读卖新闻》。1874年创刊，日本五大全国性、综合性日报之一，拥有日本电视广播网等26家电视公司。

（18）《朝日新闻》。日本五大全国性、综合性报纸之一，1879年创刊于大阪，拥有朝日电视公司等22家电视公司和广播公司。

（19）《福布斯》。美国著名经济商业期刊，有财经评论及经济、商业新闻等内容。

（20）《华尔街日报》。道·琼斯公司主办的著名的金融财经类报纸。

（21）《华盛顿邮报》。美国最有影响的大报之一，以消息可靠、文章犀利而闻名。

（22）《美国国家地理》。著名的地理杂志，配以精彩图片介绍世界各地的人文与风情。它开办的同名电视频道在国际上也极负盛名。

（23）《发现》（Discovery）。著名的科学期刊，报道科学界动态。它开办的同名电视频道在国际上也极负盛名。

（24）《纽约时报》美国三大报纸之一，以报道政府的重要文件和重要人物的言论为主，一般人都把《纽约时报》看做反映政府观点的报纸。

（25）《时代周刊》。美国著名的权威时事杂志，美国第一大周刊。

（26）《新闻周刊》。美国著名的综合性新闻刊物，美国第二大周刊，对热点问题报道具有一定权威性。

（27）《费加罗报》。法国历史最悠久的报纸，特点是篇幅大，页数多，是法国权威性报纸。

（28）《ELLE》。世界著名时尚杂志，在多个国家出有多个版本。

资料6－2

一些体态的基本涵义

· 没有眼神交流的沟通（试图隐瞒什么）。

· 揉眼睛或捏耳朵（疑惑）。

· 眨眼过于频繁、不停地做吞咽动作、冒虚汗、频繁地耸肩（撒谎）。

· 擦鼻子（反对别人说的话）。

· 多次用手指揉鼻子（隐瞒或撒谎）。

· 触摸耳朵（准备打断别人）。

· 触摸喉部（需要加以重申）。
· 说话时捂上嘴（说话没有把握或撒谎）。
· 下意识地清嗓子（担心、忧虑）。
· 有意识地清嗓子（轻责、训诫）。
· 背对着人坐在椅子上（支配性，或拒绝面对）。
· 坐在椅子的边沿（随时准备行动）。
· 脚置于朝着门的方向（准备离开）。
· 坐在椅子上往前移（以示赞同）。
· 小腿在椅子上晃动（不在乎）。
· 跷二郎腿（舒适、无所虑）。
· 脚跟交叉（收回）。
· 晃动一只脚（厌烦）。
· 咬铅笔等物品（需要更多的信息，焦虑）。
· 双臂交叉置于胸前（不乐意）。
· 背着双手（优越感）。
· 双手紧合指向天花板（充满信心、骄傲）。
· 搓手（有所期待）。
· 紧握双手或手指拧在一起（焦虑）。
· 紧握拳头（意志坚定、愤怒）。
· 手指叩击皮带（一切尽在掌握之中）。
· 手指头指着别人（谴责、惩戒）。

案例6－1

面试

一家著名的公司在面试员工的过程中，经常会让10个应聘者在一个空荡的会议室里一起做一个小游戏，很多应聘者在这个时候都感到不知所措。在一起做游戏的时候主考官就在旁边看，他不在乎你说的是什么，也不在乎你说的是否正确，他是看你说、听、问三种行为是否都出现，并且这三种行为是有一定比例出现的。如果一个人要表现自己，他的话会非常的多，始终在喋喋不休地说，可想而知，这个人将是第一个被请出考场或者淘汰的一个人。如果你坐在那儿只是听，不说也不问，那么，也将很快被淘汰。只有在游戏的过程中你说你听，同时你会问，这样就意味着你具备良好的沟通技巧。

所以说，当我们每一个人在沟通的时候，一定要养成一个良好的沟通技巧习惯：说、听、问三种行为都要出现，并且这三者之间的比例要协调，如果具备了这些，将是一个良好的沟通。

（资料来源：柳青，蓝天. 有效沟通技巧. 讲义.）

案例6－2

美国演讲专家理查德即兴演讲的“四步曲”

即兴演讲通常是在一定的场合下，演讲者事先未作准备，只是根据需要而作的临时发言。因此，即兴演讲在思维的敏捷性、语言的逻辑性和口头达的雄辩性方面都有更高的要求。

如何做好即兴演讲，避免因措手不及而陷入难堪的境地呢？美国演讲专家理查德总结了一个即兴演讲的“四步曲”，这四步：①喂，喂！②为什么要浪费这个口舌？③举例。④怎么办？

第一步“喂，喂！”提示我们必须首先引起听众的注意。理查德说：“不要平铺直叙地开始演讲：‘今天，我要讲的内容是保障行人生命安全……’你最好这样开头：‘在上星期四，特购的450具晶莹闪亮的棺材已运到了我们的城市……’。”理查德设计的这一开头语虽然不符合我们中国人的忌讳心理，但它无疑具有一种先声夺人的气势，它能激起听众之疑，使他们很想弄清事情的究竟。

“为什么要费这个口舌”是第二步。理查德说，接下去你应向听众讲明为什么应当听你演讲。若谈交通安全问题，可这样讲：“不讲交通安全，那订购的450具棺材也许在等待着我，等待着你，等待着我们的亲人。”理查德所讲述的“为什么”既联系着“我”（演讲者），又联系着“你”（听讲者），还联系着场外和你我有关系的千千万万的“亲人”，这就使所有的与会者不知不觉地成了他的“俘虏”，在心理上与他产生了共鸣。

紧接着的第三步为“举例”。理查德指出，比如谈交通安全问题，你若用活生生的事例来说明那些会使人们送命的潜在因素，远比只讲那些干巴巴的条文要好得多。事实上，演讲的传播媒介主要是口语，辅之以体态语。与书面语相比，口语和体态语在传达事例方面比传达条文更具有优势。特别是即兴演讲，我们更要注意在这方面扬长避短。

“怎么办”是最后一步。理查德要求演讲者注意的是，这一步一定要告诉听众你谈了老半天是想让人家做些什么，最好能讲得生动一点、具体一点、实际一点。从根本上说，“怎么办”是演讲者的目的所在，如果演讲者忘记了这一步，或者这一步处理不好，就会给听众留下无的放矢或不知所云的感觉。

理查德还认为，“为什么”和“举例”这两部分如同馅饼里的馅，味道全在这里面。但是，这两部分要与引人注意的“喂，喂”和结尾的“怎么办”相呼应。

掌握理查德的“四步曲”，能使我们在大庭广众之中泰然自若、有条不紊地陈述自己的观点，而不会陷入张口结舌、东拉西扯的窘境。

（资料来源：黄德生．中国旅游人才网，2002－08－03．http：//www. Touliob. net.）

案例6-3

探求“奥妙”降价的奥妙
——联合利华“奥妙”品牌媒介关系案例

一、项目背景

奥妙是世界知名企业联合利华旗下的重要洗涤产品品牌。1993年，红色装奥妙成为第一个进入中国市场的国际洗衣粉品牌。经过6年的发展，“奥妙”已经是中国高档洗衣粉市场最有影响的品牌之一。1999年之前，中国市场上的奥妙洗衣粉共有红、蓝、绿色三种包装，价格与其他同类产品相比悬殊较大。

1999年，联合利华在华资产重组顺利完成，所有机构的采购、运输、分销系统被统一起来，实现了资源共享，奥妙洗衣粉的生产间接成本大大降低；同时，经过周密的市场调查，联合利华决定针对中国实际的洗涤条件和中国消费者的洗衣习惯，研制开发更加具有市场竞争力的新产品。

1999年10月，在内部条件成熟的情况下，联合利华决定推出两种新款奥妙洗衣粉，同时对原有价格进行大幅度调整。中国环球公共关系公司受联合利华委托，处理围绕“奥妙”降价产生的媒介关系事宜。

双方共同认识到：日用消费品的价格大幅度变动势必引起新闻媒介的关注，新闻媒介在关注此类事件的过程中一方面会在客观上帮助联合利华传播“奥妙降价”这一重要信息，引起消费者的关注；但另一方面有可能引发不利于联合利华的舆论报道，比如“奥妙降价以牺牲质量为代价”、“奥妙降价冲击国有品牌”等，而这种社会舆论一旦形成，可能导致联合利华这一重大的市场举措失败。处理好媒介关系，形成有利于联合利华的社会舆论，关系到“奥妙”降价能否得到市场的认可，因此，媒介关系事关重大。

二、项目调查

中国环球公共关系公司在接受联合利华公司的委托之后，在短时间内进行了充分的调查研究，调研的结论成为处理“奥妙降价”事件当中媒介关系的重要依据。

调研对象：国家洗涤工业协会、资深新闻记者、业内人士。

调研方式：访谈、资料收集。

调研结论：客观地讲，大幅度降价对“奥妙”品牌来说是一把“双刃剑”。在公关领域，可以从产品、企业、外部环境三个层面上总结出当时“奥妙”面临的机遇与挑战：

1. 产品层面

“奥妙”降价本身就是有价值的经济新闻，新闻媒介的参与对“奥妙”新产品的推出有推波助澜的作用，有利于吸引更多的消费者。

经过长期的品牌形象宣传，奥妙“洗衣专家”品牌形象已经深入人心。1998年央视调查中心和人民日报新闻信息中心在全国30多个大中城市的联合调查表明，奥妙不仅是市场占有率最大（14.9%），而且是消费者心目中最佳的品牌。

奥妙产品的改进经过了严格的市场调查，“全自动”（为全自动洗衣机设计）和

“全效”（既适合手洗又适合机洗）的产品定位新颖，具有相当的竞争力，以此对消费类媒介提供有价值的信息。

优质优价是市场的一般规律，“奥妙”降价有可能使新闻界产生“此奥妙非彼奥妙”的感觉。说明“奥妙”如何在保证质量的前提之下降价，需要首先对新闻界进行必要的解释工作。

2. 企业层面

联合利华于1999年刚刚完成企业重组，企业资源的优化使得产品的间接成本下降，成功的重组有可能激发新闻媒介的报道兴趣。

联合利华企业重组后，奥妙在上海闵行的生产基地停产，联合利华与闵行基地的大量员工提前解除劳动合同。“下岗”问题非常敏感，处理不好，会造成严重的媒介负面报道。

在此之前，联合利华家庭及个人用品护理部从未有组织、有系统地与新闻界接触，缺乏固定专业媒介队伍，“奥妙”降价，处理媒介关系的难度增加。

3. 外部环境

在当今的市场环境下，中资品牌洗衣粉的价格较低，“奥妙”降价，有可能给媒介造成联合利华降价冲击中资品牌的不良印象。

“太湖污染”事件被媒介曝光之后，引发了媒介关于“磷与环境污染”问题的关注，含磷洗衣粉对环境的污染问题引起了社会各界的重视，一些地方性法规相继出台，禁止在该地区出售含磷洗衣粉，环保问题一时间成为洗衣粉领域的又一个敏感问题。

在1999年初，洗衣粉市场上另一个重要国际品牌在北京召开新闻发布会，会上因发言人的不慎，公开表示“磷对环境的破坏与洗衣粉厂家无关”，导致全国范围的不利报道。奥妙红色装原全部为无磷产品，而新产品分有磷和无磷两种，在禁磷地区销售无磷产品。“环保问题”必将成为“奥妙”在处理媒介关系方面不可回避的环节。

“奥妙降价”改变了市场格局，竞争对手会以各种方式作出反应，有可能造成媒介关系协调方面意想不到的困难。

综上所述，在处理“奥妙”降价事件的媒介关系过程中，一方面要利用新闻媒介形成有利于“奥妙”的社会舆论；另一方面，有些问题是不能回避的，必须采取有针对性的措施，消除新闻媒介易产生的误解，防患于未然。

三、项目策划

1. 公关目标

为了保证“奥妙降价”这一重大市场举措的顺利完成，通过媒介关系的协调，制定公关目标：有效传播“新奥妙”的产品优势（价格、性能），形成对“奥妙”有利的舆论环境；避免有可能发生的不利报道，维护“奥妙”业已形成的良好形象。

（1）目标受众。

直接受众：新闻界

间接受众：社会公众

（2）公关策略。

主动迎合：在第一时间召开新闻发布会（建议为北京、上海、广州三地），邀请全国主要的新闻媒介参加，公布“降价”消息，尽可能回答记者感兴趣的问题，形成一定宣传规模和强度，同时以事实来消除有可能产生的主观臆断和猜想；精心遴选各个地区的有影响的媒介及适合的版面、栏目，做到有的放矢，防患未然；针对不可回避的敏感问题提出合理的答案，以防止负面报道的产生；指定新闻发言人，保证对外发布统一的信息；从不同角度撰写新闻稿，引导记者形成有利于奥妙的报道思路；做好“保卫”工作，防止竞争对手的代言人干扰新闻发布会的进行。

(3) 积极协调。

在发布会前后，尽可能充分地与媒介沟通，增加媒介记者对“奥妙”举措的认同感。

四、项目实施

1. 前期准备

(1) 媒介遴选：综合类媒介（经济版面/生活版面）、消费类媒介、经济类媒介、广播电台/电视台（经济栏目/生活栏目）。

(2) 确定新闻发言人。

新闻发言人应当具有一定的权威性。经协商，将新闻发言人指定为联合利华家庭及个人护理产品市场总监杨牧先生，同时对发言人进行了必要的培训。培训内容包括：发布会的整个流程，发布会的重要细节，面对记者的仪态、语态。

(3) 媒介介绍。

联合利华家庭及个人护理部从未举办过类似活动，为了增加发言人对中国媒介及记者的了解，事前的媒介介绍内容极为详细：介绍三地记者的特点、被邀媒介详细介绍、专访媒介及专访记者特别介绍。

(4) 提供敏感问题处理意见。

针对在处理“奥妙”降价媒介关系方面不可回避的问题，提供如下处理意见，比如：

①“奥妙”降价如何保证质量？回答要点：奥妙降价的直接原因是资产重组所带来的间接成本下降，一系列实验数据和使用结果可以说明奥妙的质量没有丝毫下降。

②重组之后的“下岗”问题。回答要点：企业在正常的发展过程中，出于战略需要，与部分员工提前解除劳动合同在所难免。目前，联合利华正在组织“下岗”员工系统学习新的技能，并且帮助他们寻求新的就业岗位。

③冲击中资品牌问题。回答要点：奥妙在中国市场的主要竞争对手一直是外资品牌，即使降价之后，“奥妙”的价格也比国有品牌高，相信“奥妙”的降价不会对中资品牌造成冲击。

④环保问题。回答要点：奥妙严格遵守中国政府的有关规定，在禁磷地区销售无磷洗衣粉。同时，邀请国家洗涤用品行业协会的代表出席发布会，利用洗协的观点解释记者的疑问，即最新调查显示，养殖液和化肥农药的大量使用是造成磷对环境的污染最主要的原因，即使在生活污水中，来自洗衣粉的磷也只是一小部分。因此，含磷洗衣粉不是造成污染的主要原因，根据国际经验，许多国家没有禁止洗衣粉中使用磷。

在此基础上，从正反两方面归纳近40个问题及答案，并从中提炼要点，确保发言人在答记者问时做到从容不迫。

(5) 从不同角度编写新闻稿。

为了引导记者形成有利于“奥妙”的报道思路，从以下四个方面撰写不同的新闻稿：新奥妙闪亮登场、奥妙降价不降质、奥妙降价给国有企业的启示、国内洗衣粉市场发展与潜力。同时，为文字记者准备相关照片，为电视台准备素材带。

2. 操作

(1) 媒介协调。

在新闻发布会之前，与主要媒介记者进行沟通、协调，使媒介全面了解联合利华的初衷，寻求理解和必要的支持。

(2) 新闻发布会现场执行。

时间：1999 年 10 月 18 日上海，1999 年 10 月 20 日广州，1999 年 10 月 22 日北京。

执行期间注意了以下问题：外地记者由专人接待，做到事前及时沟通，大报小报、年轻与资深记者一视同仁，使其增强报道欲望。三地发布会分别邀请当地及国家工商、消协部门与会，增加发布会可信度和权威感。广州是联合利华的主要竞争对手的根据地，在发布会现场，制定了严格的防范措施，未被邀请而试图与会的 10 多位记者都被委婉拒绝。北京发布会后，环球特意安排《北京青年报》记者在展台旁拍摄与会者参看展品的镜头，力求照片突出“奥妙”且以自然风格出现在报端。

五、项目评估

以新闻发布会为主体的媒介关系协调工作完成得十分顺利，达到了预定的公关目标。媒介反响强烈，形成对联合利华有利的社会舆论，没有出现不利报道。

1. 文字媒介

截至发布会结束的一个月内，共收集到 101 篇相关剪报，其中上海 11 篇，广州 13 篇，北京 32 篇，四川 13 篇，还有 32 篇来自全国各地的报纸，发稿量已达到 200%。没有出现有损“奥妙”品牌形象的负面报道。报道篇幅大，短时间内形成新闻热点。《新民晚报》、《北京青年报》、《南方日报》等主要媒介均在显著位置刊发以“奥妙”降价不降质为主题的报道，《成都商报》甚至进行 4 次连载，在四川省内形成了报道高潮。转载文章多，说明社会影响强烈，形成舆论。影响深远，《经济日报》记者在名为“老冤家新市场——跨国公司中国大比拼”的专版中，竟以《“奥妙”降价的奥妙》为题记述了联合利华与宝洁的竞争，并提到联合利华将突破点选在了洗衣粉市场。其实这并非联合利华的策略，大概只是因为一段时间内奥妙的强劲宣传攻势所致。

2. 电视台及电台

所有被邀电台（3 家）、电视台（10 家）都及时地发布了有利于联合利华的信息。

3. 国际互联网

至少有 10 篇以上的文章被登载在报纸的电子版上，其中包括北京的《北京青年报》、《北京晨报》，天津的《今晚报》，上海的《新民晚报》、《新闻报》及广州的《南方日报》、《新快报》等。

4. 销量猛增，“奥妙”降价成功

在奥妙降价之后的一个月内，其销量大幅度上升。调查资料显示，有 50% 以上的消费者的信息来源是有关的新闻报道，同时绝大多数消费者认为，“奥妙”降价的原因是市场竞争，而不影响产品的质量。这说明，围绕“奥妙”降价事件展开的媒介关系协调工作最终取得成功。

（资料来源：http：//www. chinapr. com. cn/chinapr/public/，2003 年 2 月 21 日，此案例为中国环球公共关系公司为联合利华有限公司所做的公关策划，有删改。）

本章思考题：

1. 公关传播的特征是什么？
2. 公关传播通常可能会有什么沟通障碍？如何改善公关沟通？
3. 各种公关传播媒介有何特点？
4. 网络媒体对于公关传播的影响是什么？

第七章　公共关系活动实务

任何社会组织为了实现一定的工作目标，都要开展一些公共关系实务活动来争取社会公众的理解和支持。尽管社会组织的公共关系的具体任务、对象、条件和环境各不相同，但公共关系工作不外乎几种。

第一节　宣传型公共关系工作

宣传型公共关系是运用大众传播和内部沟通的方式并展宣传工作，促进信息传播，树立良好形象的活动类型。主要做法是：利用各种传播媒介和交流方式，进行内外传播，让各类公众充分了解企业、支持企业、进而形成有利于企业发展的社会舆论，使企业获得更多的支持者和合作者，达到促进企业发展的目的。

公共关系宣传讲究精心策划的全方位、多媒体、多形式的综合性宣传，强调战略性和策略性，谋求轰动效应。

一、"媒介"宣传策略

它是公共关系宣传的最基本的策略，指的是根据媒介性质、形象定位、公众特性、目标定位等，选择最恰当的宣传作品，以期取得最佳的宣传效果。

（一）大众媒介的宣传技巧

通过大众媒介同公众取得广泛的联系与沟通，是组织公关部门的常规工作。因此，同新闻媒介打交道，借助新闻媒介的力量树立自身美好形象，传递组织的信息，以求取得公众的好感和了解，要掌握一定的宣传技巧。

1. 策划新闻事件

组织为了争取更多的新闻传播机会，除了经常向新闻界人士提供有价值的新闻稿外，还要善于动脑，主动策划新闻事件。所谓策划新闻事件，亦称"制造新闻"或"策划新闻"，就是社会组织围绕某个公共关系目标而开展的，通过巧妙的策划与安排有意引起新闻媒介关注，并使新闻媒介把它作为一种新闻报道素材的宣传方式。

策划新闻事件是组织争取新闻宣传机会的一种技巧。它的目的是在真实的、不损害公众利益的前提下，策划、举办具有新闻价值的事件或活动，吸引新闻界和公众的注意力，制造新闻热点，争取被报道的机会，使本组织成为新闻的主角，从而提高知名度、扩大社会影响。因此，它是一种主动型的公关信息传播活动，需要公关人员具备“新闻头脑”，富有创造性和想象力。

在企业的公关活动中，制造新闻占据着十分重要的地位，公关策划人要善于把握制造新闻的方法和技巧，并灵活运用。

制造新闻的在方法和步骤上可分为三个步骤——事件选择、策略制定、传播执行，而在传播执行时，需要掌握四个技巧——把握核心受众的兴奋点，植入组织和品牌的关键点，兼顾不同媒体的兴起点和踩准媒体传播的共振点，这也被称为“三步四法”。

第一步：精心选择事件。策划新闻事件有搭车和造车两种形式。所谓搭车是指在有事件本存在的前提下，因势利导在事件中嫁接组织的相关元素；所谓造车是指没有事件存在的前提下，通过周密的策划和设计创造事件，并利用这一事件进行组织传播。对于这种事件，则可以分为两种类型：一种是可预期事件，譬如北京奥运会，举办时间、地点明确，赞助商及其权益清晰透明；另一种是突发性事件，譬如汶川大地震，在毫无征兆的情况下瞬间爆发。事件的选择和策划是这一活动的关键，无论是搭借可预期的事件，还是突发性事件，社会组织需要评估四个要素，即产业格局、组织的传播目标、利益相关者的整体情况、当下的舆论环境。

第二步：推敲传播策略。所谓传播策略无论从形式上看是如何的多样化，但需要解决的问题还是以下几个最基础的问题：对谁说？说什么？通过何种渠道？如何呈现内容？对于策划性事件来说，整体传播策略制定除了要考虑自身各种因素以外，还要考虑竞争对手的基本情况，而且传播策略要随事件的推进或环境的改变进行调整。

第三步：传播执行四技巧。在传播执行过程中，把握核心受众的兴奋点，植入组织和品牌的关键点，兼顾不同媒体的兴趣点和踩准媒体传播的共振点有助于实现传播效果的最大化。

（1）把握核心受众的兴奋点。任何一次新闻事件的策划，组织都要面对庞大的受众群，很少有组织能够实现全面覆盖，所以一定要锁定最核心的受众，他们或者是目标消费者、或者是政府官员，或者是经销商。在传播过程中，组织首先要确定本次传播的核心受众，然后根据他们的个性或偏好设计相应的话题。如王老吉在汶川大地震后的表现，堪称这方面的经典，震后王老吉大手笔爱心义举可谓恰当其时，因此博得了各种情感支持。哪怕后来被曝是自我炒作并且引起广泛争议，仍然能够博得大部分网民的理解。

（2）植入组织或品牌的关键点。对于只有单一品牌的组织而言，组织与品牌的信息有很强的关联性，但对于拥有多品牌的组织而言，则要在传播的时候充分植入主推品牌的关键元素。

（3）兼顾不同媒体的兴趣点。所谓不同媒体，既可以是同一种媒体类型的没内容导向的媒体，如都市报、财经报，也可以是同一种媒体类型和内容导向，但是不同发行范围的，如《南方都市报》和《新闻晨报》，而不同媒体形式就更是需要考虑。网络媒体和平面媒体在文风和内容去向上有明显的区别，在媒体沟通和新闻推送的过程中，应该准备不同文风、不同内容、不同侧重点的稿件，这样不仅能够满足媒体的特殊需求，而且还会使事件呈现更丰富多彩。

（4）踩准媒体传播的共振点。媒体传播的共振主要是指网络媒体和传统媒体之间的共振。作为第四媒体的互联网，其实是多种媒体形式在同一媒体介质下的结合体。具体来说，在网络媒体中，有博客、社区、播客、搜索引擎、IM 等多种传播方式。随着网络媒体影响力的日趋强大，传统媒体和网络媒体开始互为信源，这就在某种程度上颠覆了事件传播的轨迹，如果组织在事件策划传播时能够充分利用传统媒体和新媒体的特点，精心设计传播节奏，那么传统媒体和新媒体的交织传播就会达到共振的效果。随着我国网民的日渐增多，网络媒体影响力的日益加强，网络新闻事件策略开始崭露头角，堪称经典的案例也越来越多，踩准媒体传播的共振点尤其重要。

总之，策划新闻事件是借助各种媒介向公众传递组织或组织产品及服务信息，这种方式不同于广告宣传，实惠而又影响广泛，不失为一种巧妙的传播手法。而且，用制造新闻的办法来引起公众的注意，既新奇，又直接让实物展示在公众面前，可以增强公众的信任感，令印象更加深刻。目前，制造新闻已经成为许多组织乐于采用的公共关系手段。需要注意的是，使用制造新闻的办法要突出一个“新”字；否则人云亦云，就失去了新闻价值，公众对此会失去兴趣。因此，公关人员在制造新闻时，应善于开动脑筋，充分发挥创造性和想象力，出奇制胜，方能奏效。

值得一提的是，策划新闻事件是“制造新闻”，它是以组织发生的真实事件为原材料加工整理而成，不是“编造新闻”。编造新闻是指偏离事实而捏造出来的新闻事件。这种行为也许在短时期内能取得新闻界的关注，但毕竟是哗众取宠，甚至是弄虚作假，一旦被公众识破势必身败名裂。因此，公关人员只有在尊重客观现实的基础上，充分利用自身的广博知识、丰富的想象力和实践经验，精心策划新闻事件，为组织创造声势，千万不能存有侥幸心理。

2. 开新闻发布会

新闻发布会是组织与公众沟通的一种例行方式，是政府、企业、社会团体或个人把各新闻机构的记者召集在一起，宣布某一重要消息，并就这一消息答记者问的一种特殊会议。作为公关公司来说，为客户策划筹办新闻发布会，是最传统、最常见的一种业务类型。

实际上，它是一种两级传播：先将消息告知记者，再通过记者所属的大众媒介告知公众。通过召开新闻发布会，对内可增进组织内部管理的公开性和透明度，增强员工的士气和凝聚力。对外可增强组织对外部公众的吸引力，增强组织与竞争对手之间的联络与协调，同时，可收集反馈信息，引导组织不断调整、改进经营管理方法。

新闻发布会可用于树立或维护组织形象，介绍组织新产品或新的服务项目，协调公众关系，引导舆论倾向等。新闻发布会策划的主要方法和工作步骤是：①确立主题，统一口径；②确定邀请对象和范围；③确定召开时间，做好请柬的发放工作；④确定地点，布置会场；⑤确定会议主持人、发言人；⑥准备充分的发言和报道提纲，以及会议所需的辅助资料；⑦精选会议工作人员；⑧筹划会议程序、现场排练、预算经费；⑨主持会议；⑩收集反馈信息。其中主题策划、来宾邀请、会场布置、媒体管理、现场控制及其 Q&A 是最需要控制的环节。

成功的新闻发布会需要遵循 SPOKESMAN 原则①，即 Speed：速度为王，Public：公开透明，One voice：口径一致，Key message：核心信息，Experience：熟练体验，Smart：机敏智慧，Manner：礼仪态度，Angle：合适角度，No cheating：正直诚实。同时公关人员还需要悉心研究组织的历史渊源、发展前景、产品情况等背景资料，更需要对组织所处的环境、相关的法律法规、媒体环境有深入的了解，这样才能成就一个成功的新闻发布会。

3. 利用社会重大新闻，开展搭乘式宣传

在有社会重大新闻事件发生时，社会组织通过巧妙策划，去参与或为其提供场地、人员、设备等方面的服务，使社会组织成为整个活动的有机组成部分之一，进而成为新闻报道的基本内容。因此，公关人员要熟知社会重大新闻的报道要求和公众关注的热点，以便在策划公共关系活动时，将新闻界的认识、兴趣与公众的意愿和谐地统一起来，巧妙地利用社会重大新闻，开展搭乘式宣传，以增加宣传的分量。

4. 有偿租用大众媒介的使用权

出资购买大众媒介的使用权，有偿开展公共关系宣传，这是我们较为熟悉的公共关系宣传方式。

（二）户外媒介的宣传技巧

凡是在露天或针对户外行动的社会公众传播组织信息的工具均称为户外媒介。运用大众媒介，社会组织能够马上向广大地区的公众传递信息，信息传递的速度快、覆盖面广。但是，户外媒介也以其利用简单、成本低廉的特点吸引了大量社会组织的注意，不少组织还使用户外媒介作为大众媒介的补充形式。

户外媒介的特点主要有：长期固定在一定场所，反复诉求效果好，但宣传区域较小；可根据地区消费者的特点和风俗习惯设置；可较好地利用消费者在行动中的空白时间；有很大的开发利用余地；媒介费用弹性较大。

为了充分发挥户外媒介的宣传功效，谋求公众注目的效果，应强调新奇化、简明化、规模化、艺术化、公益化的要求。

（1）突出个性和特色，别具一格，以唤起公众的知觉，引起公众的注意。

（2）布局美观雅致，讲究对称和平衡，既突出重点又兼顾全局，形成和谐优美的整体，满足公众的审美心理要求。

（3）注意色彩的科学使用，保持充足柔和的光度，使整个作品鲜明新颖。

（4）讲究空间的布置与使用，增强立体感和动态感，把整个作品陈列于一个美丽的背景之中，拓宽公众的视野，引导公众产生美好的愿望。

（5）注意宣传社会公益内容，强化社会组织的公益形象和热心事务的形象。

二、“活动”宣传策略

这种策略是指通过举办与社会组织相关，能够吸引公众积极参与的社会文化活动、

① 吴卫华．宣亚国际传播集团媒介中心总经理．国际公关，2009（3）：38.

商业文化活动、公众生活活动，来宣传社会组织，并由此带动大众传播媒介的报道，达到公共关系宣传的目的。

（一）公共关系活动的常见形式

（1）体育活动，如足球、乒乓球、篮球、踢毽子、跑步、游泳等。

（2）生活情趣活动，如摄影活动、喝啤酒比赛、登山活动等。

（3）文化娱乐游戏活动，如游园活动、知识竞赛活动、棋牌活动、各类文艺表演等。

这些活动基本上都与生活、游乐、消遣相结合，除了能给人增添乐趣外，还有助于组织与社会公众之间的情感交流，扩大组织的知名度和美誉度。

（二）策划公共关系活动的技巧

社会组织通过举办这一类公共关系活动，能够吸引新闻媒介的注意，使组织成为大众关注的焦点，从而达到宣传组织的目的。社会组织在策划公共关系活动时，应该注意以下技巧：

（1）主题新奇、鲜明，切合公众的兴趣。

（2）巧妙设奖，引导公众出于获利的目的而自觉参与。

（3）形式生动活泼而井然有序。

（4）时机要恰当。

（5）活动要形成系列。

三、“明星”宣传策略

从公共关系心理学的角度看，公众的心理往往受到他们所崇拜的权威人士或社会名流的影响，这就是“名人效应”。因此，有意识地把组织所策划的公共关系活动与名人联系，很容易引起新闻媒介和其他社会公众的注意。

所谓明星宣传策略，就是根据社会组织的形象定位、公众定位，公众的明星崇拜潮流等，聘约合适的体育明星、文艺明星等知名人士来宣传社会组织的方式。利用“明星”宣传的策略就是使公众因记住明星而记住社会组织，因相信和崇拜明星而信任和喜欢社会组织的产品和服务。明星宣传策略是社会组织较常用的公共关系宣传手段，它具有榜样效应、新闻效应、时髦效应等特点，能极大地提高社会组织的知名度，使得社会组织以较快的速度获得公众的认同和支持。

（一）聘请明星宣传的途径

（1）聘请明星、名人长期作社会组织的特殊荣誉员工，社会组织一旦有重大宣传任务，便于与其协商，邀请明星出场宣传。

（2）策划、主持、资助明星俱乐部之类的活动，这既可以利用明星宣传社会组织，也可以改善社会组织与明星群体的关系。

（3）请明星参加某次公共关系宣传活动，让他们以自己特有的明星形象向公众介绍、推荐社会组织。

（4）利用各种机会向明星、名人赠送产品以及提供服务，让他们在使用产品过程中，潜移默化地宣传社会组织。

（5）巧用明星、名人对社会组织的赞誉词，进行公共关系宣传。

（二）策划明星宣传的注意事项

（1）注意公众的“明星崇拜潮流”。

（2）聘约的明星要真正具有冲击力、感染力，明星效应显著，在社会上拥有一大批狂热公众，而且其个人形象也比较好。

（3）注意对明星形象进行大众化处理，使之贴近公众生活模式。

（4）处理好明星崇拜效应与公共关系宣传效应之间的关系。

四、“赞助”宣传策略

社会组织作为社会的一员，不仅对组织内部负有经济和技术责任，而且对社会公众和社会发展负有不可推卸的社会责任。一个只顾自己利益的社会组织，不仅会影响自己的知名度和美誉度，而且还可能导致声名狼藉。因此，许多社会通过赞助活动来推动社会经济、政治和文化的发展，从而树立自己的组织形象。

社会组织赞助一些以公益性、慈善性、服务性、娱乐性、大众性为主题的社会活动，来开展公共关系宣传，这就是赞助宣传策略。

（一）赞助的主要作用

作为一种公关管理活动，搞赞助对于社会组织来说目的十分明确：首先，为了承担必要的社会责任，赞助往往是做一件有益于社会或他人的事，所以一定要做得认真，表现出勇于承担社会责任的崇高感。其次，赞助活动在公共关系管理中是一种投入，一般是要讲究产出的。也就是说，赞助除了真诚地承担社会责任外，往往是组织树立良好的形象，培养公众感情或配合广告宣传的一种技术。赞助活动的作用具体体现在以下几方面：

1. 完善社会组织的道德人格形象

赞助活动可以树立组织关心社会公益事业、慈善事业的良好形象，使公众认识到组织不是一个唯利是图、一味追求经济利益的组织，从而完善社会组织的道德人格形象，为组织创造一个和谐融洽的社会人际环境。如某公司出资为社区居民购买健身活动器材，当人们使用这些器材时，就会想到该公司所作的贡献。

2. 强化与目标公众的情感关系

赞助活动能培养某类组织或某类公众对组织的良好感情，强化组织与目标公众的情感联系，并能吸引到潜在的公众，为组织的进一步发展打下基础。如可口可乐公司专门赞助各种青年人的活动，以培养与年轻人的良好情感，赢得青年的拥护与支持。

3. 展示社会组织的实力形象

社会组织从事赞助活动，不仅能提高组织的社会效益，还有利于组织展示自己的实力形象，吸引更多社会公众的目光，为组织带来长远的经济利益。

4. 增强社会组织宣传活动的说服力

赞助活动可以使组织的名称、产品、商标和服务获得新闻媒介的广泛报道，增强社会组织宣传活动的说服力和影响力，有利于扩大组织的知名度，更可以配合组织的其他宣传活动，以使公众对组织留下深刻印象。

赞助活动的这些作用都有利于组织的生存和发展。因此，尽管各种社会组织参与的赞助活动可能各不相同，但都有一个共同的目的：树立组织的良好信誉和形象，赢得公众的好感和支持。

（二）开展赞助的基本原则

1. 社会效益原则

即赞助对象和项目具有较强的社会意义和社会影响。社会组织开展赞助活动是为了树立组织的社会形象，表明组织积极承担社会责任和义务。因此，所赞助的项目、活动应该具有积极的社会意义、广泛的社会影响以及良好的社会效益，如社会救灾、希望工程、残疾人福利等。

2. 合法原则

社会组织开展赞助活动必须遵守国家的法律和政策，如果社会赞助的对象是违法的，或者组织违背政府的政策法规，不仅会损害组织形象，而且还会受到法律的制裁。

3. 实力原则

社会组织所赞助的款项并非越多越好，而是要考虑组织自身的经济承受能力，根据自己的经济能力支出赞助款项，使赞助数额既在组织的经济承受范围之内，又能形成一定的规模效应。如果不考虑实际情况，将会使社会组织陷入被动局面。另外，赞助经费的支出还应该有弹性，防止由于突然出现的事件而使组织陷入进退两难的境地。

4. 相关原则

所赞助的项目与企业自身业务活动有关，有利于扩大企业在社会公众中的影响，同时也易于被社会公众所接受。

（三）赞助活动的类型

赞助活动的内容和范围十分广泛，遍及社会生活的各个方面，常见的有以下几种。

1. 赞助体育活动

体育活动不仅是广大社会公众喜闻乐见的活动，也是许多公众热心的活动，它所涉及的公众层面较宽、范围较大。尤其是奥运会和世界杯足球赛一类的大型体育活动，其影响都是世界范围的。因此，社会组织赞助体育活动，往往能获得较好的公共关系效果。赞助某项体育活动，提供经费、场地、饮料、食品、服装、器械、奖品和其他便利条件等，一般都能起到增强广告效果的作用。从世界范围来看，体育项目获得的赞助费最多。如：广东健力宝集团长期以赞助体育运动、推广体育运动的发展为己任，取得了显著的经济效益和社会效益。

2. 赞助社会福利事业

这类活动最能体现组织对社会公众的关心，是企业和政府、社区搞好关系的重要途径，是企业向社会表明其承担社会责任和义务的重要手段。这类活动的主要形式有捐款、捐物给社会救济对象或有具体困难的公众，提供人员为残疾人服务，捐资修建敬老院、孤儿院、福利院，建立残疾人基金，开展各种赈灾募捐等活动。这种赞助与其他赞助活动相比，并不能取得轰轰烈烈、迅速快捷的传播效果，但这种赞助却更能体现该组织崇高的社会形象，更能赢得公众的心，同时扩大自己的社会影响。

3. 赞助文化活动

文化活动吸引的公众层面比较宽泛，社会影响也比较好。企业进行文化活动方面的赞助，不仅可以培养与公众的感情，而且还可以大大提高企业的社会效益和知名度。赞助的文化活动包括音乐会、电影电视节目、文艺演出、各类节日联欢会、书画展、摄影作品展等。例如：美国经营肥皂的著名公司普洛特一嘉保公司曾出资赞助了一系列家庭生活片，统称为肥皂剧，成为家庭主妇们的消遣良友。通过这一次赞助活动，这家公司在家庭主妇中培养了良好的感情，声誉大增，所经营的肥皂也妇孺皆知，人人爱买，经久不衰。

4. 赞助教育事业

“十年树木，百年树人。”“百年大计，教育为本。”教育事业与现代社会的发展有着非常密切的关系，也与千家万户有着直接的联系。赞助教育事业既能为组织树立关心教育的良好形象，又能使组织与教育界建立良好关系，为组织的人才选拔和培训创造条件。赞助教育事业的形式多种多样，如赞助兴办学校、建设学校基础设施、赠送图书资料和教学仪器、建立基金会、提供奖学金、赞助学校的各种教学科研活动、支助希望工程以及协助学校开展各类职业技术培训等。企业赞助教育事业是一件一举两得的事情，如香港知名企业家邵逸夫先生大力赞助内地众多大中学校修建逸夫教学楼、逸夫科研楼等，既有助于教育事业的发展，也使其所领导的企业获得热心教育事业的好名声，从而得到社会的丰厚回报。

5. 赞助社会公益事业

社会组织出资参加市政建设，如赞助筑路修桥、治理旱涝灾害、兴修水利工程等事业。这类活动一方面可以为政府减轻财政压力，赢得政府公众的信任；另一方面又能为广大市民带来方便，赢得市民的好感。一家出钱，万家受益，既能树立组织形象，又为社会发展创造了良好条件，产生的社会影响极大。

6. 赞助公共节日庆典活动

社会组织利用自己的产品或服务项目赞助公共节日庆典活动，增加节日气氛，让公众在心情舒畅的氛围中享受社会组织的祝贺和其提供的便利，也能收到良好的公共关系效果。如组织赞助教师节、校庆、厂庆等。这类活动的参加人员来源广、影响大，是组织提供赞助的良好选择。

（四）赞助活动的形式

社会组织从事赞助活动，提高组织知名度和美誉度的形式大致有以下三种：

（1）资金赞助，社会组织向赞助对象提供经费。

（2）产品赞助，向赞助对象无偿提供社会组织的产品。

（3）人力赞助，免费为赞助对象提供工作、服务人员。

（五）公共关系赞助的新趋势

近年来，一些社会组织非常热衷于赞助活动，纷纷开展形式多样的公共关系赞助，使得赞助活动出现了新的趋势：

（1）社会组织联合多家企业，共同捐资组建赞助性基金会，以少量投入获得长期的、具有规模效应的宣传效果。

（2）强化公益赞助，积极参与社会问题的宣传与解决，以此建立社会组织——公众——市场的联系纽带，树立良好的企业公德形象，表达关心社会命运的经营信念，进而开拓出自己的市场。

（3）注重赞助的一贯性与长期性，寻找相对稳定的赞助对象，长期开展多方位的赞助，建立“赞助工程”，追求赞助活动的“名牌效应”，扩大公共关系的影响范围。

（4）寻找亟待发展、高度敏感而又鲜为人知的社会团体与社会问题，作为自己的赞助项目。

（5）刻意赞助很有新闻价值的社会重大活动。

（6）注意制作以造福社会为己任的公益广告。

第二节　公共关系接待工作策略与技巧

接待各式各样的来客，看起来是一项既平常又简单的工作，但实际上有许多策略与技巧，也是一门艺术。接待工作如果能做到自然、热情、文明、礼貌，公关人员就会受到尊敬，组织的形象和声誉也会更好。因此，公关人员必须有针对性地做好接待工作，为组织多交朋友，消除敌意。

一、公共关系接待工作策略

（一）语言感化策略

所谓语言感化策略，就是有意识地强化性运用友善、和蔼的体态语言和口头语言，感化公众，获得公众的好感。体态语言是指借助身体姿势、面部表情等传递信息的一种交际方式。口头语言则是通过有声语言来传递和交流信息、情感的一种最常见、最典型的方式。

人皆有理性的一面，也有感性的一面。在公共关系接待工作中，公关人员要善于运用适当的体态与口头语言，从情感上打动公众，从心理上说服公众，才能收到良好的效果。美国前总统林肯曾说过：“一滴蜜比一加仑胆汁能够捕到更多的苍蝇。人心也是如此，假如你要别人同意你的原则，就先使他相信你是他的忠实朋友。用一滴蜜去赢得他的心，你就能使他走在理智的大道上。”实际上，林肯说的“一滴蜜”，在公共关系的接待工作中我们可以把它理解为语言的感化作用。因此，公关人员在接待工作中应重视语言的运用技巧：

（1）规定详尽明确的接待服务工作忌语。

（2）规定必须表达的接待服务工作用语，如“您好”、“请”、“欢迎光临”、“对不起”、“再见”、“谢谢”等。

（二）服务接待策略

在公共关系接待工作中，公关人员通过热情周到的服务，尽量为公众提供方便，使得公众对社会组织给予高度的认同与支持，从而提高组织知名度与美誉度。

在为公众提供服务时，公关人员要注意有礼有节，既要热情周到，又要不卑不亢。这样才能在组织的尊严不受损伤的前提下，给公众以尊重和感动。

（三）微笑表达策略

微笑是人与生俱来的本能之一，又是需要人们经常用心、用时间去培养、去训练的一种交际方式。从心理学上分析，微笑表示的是交往者对他人的一种积极反应。根据交往的相互性原理，交往者对他人的积极反应必然引起他人的积极反应，这样，微笑就会有助于融洽气氛、增进好感、促进友谊的交往目的的实现。

在公关接待工作中，微笑具有特殊效应，即显示出亲热、友善、和蔼、热情、礼貌，并引发公众产生愉快的心绪和美好的联想，这就是所谓的“微笑效应”。世界著名的旅游业巨子希尔顿在员工大会上曾说过：“如果旅馆只有第一流的设备，而没有第一流服务员的微笑，顾客会认为我们提供了他们最喜欢的东西吗？缺少微笑，好比花园失去阳光。”由此，我们也可以看出微笑在公关交往中的重要性。

真心的微笑不是随意可以装出来的，它是人的积极情绪的一种自然流露。因此，要求公关人员调动起自己的积极情绪，调整好自己的心态，只有在这种情况下的微笑，才能给人以真诚、甜蜜的感觉，才能收到好的交际效果。具体讲来，公关人员应该从以下方面来强化自己微笑表达的策略：

（1）在观念上，微笑是必要的基础性工作，是开展其他各项工作的前提。

（2）在心态上，时时要求自己欣赏公众，努力寻找公众的可爱之处，使自己产生愉快的心态，为“发自内心地微笑”做好准备。

（3）在方法上，应该熟练运用各种微笑技巧，使自己的微笑既自然，又动人，有效地感化公众。

（四）赞美贴近策略

希望得到别人的赞赏，这是人们的共同心理特征。因此，善于发现别人的长处，并给予恰当的赞扬，是搞好公共关系工作的基本技巧之一。赞美公众，不仅可以创造融洽的交往环境，贴近公众，而且可以赢得公众的友善。在实施赞美贴近策略时，公关人员要注意：

（1）发自内心地赞赏公众、称颂公众，注意赞美的真诚性。

（2）注意可信性，选用的赞美之词要恰到好处，基本符合公众的实际情况。

（3）选择有效的赞美方式，注意赞美的亲切感和流畅感。

需要指出的是，赞美一定要针对对方的某种长处，特别要注意使用的频率和赞扬的方式，过多使用会使人觉得赞美者华而不实，喜欢拍马屁。赞美的方式也很重要，明的赞扬与暗的赞扬、正面赞扬和以批评方式表达的赞扬等应交替使用。

二、公共关系接待礼仪

礼仪是人们在长期社会交往活动中形成的行为规范与准则。具体表现为礼貌、礼节、仪表、仪式等。随着社会经济的发展，礼仪在现代生活中占据着极其重要的地位。它是衡量人们思想、意识、修养和情操水平高低的重要标志，是人们广交朋友，塑造形象，获得事业成功的重要法宝。了解和掌握礼仪知识，并运用于实际工作，不但可以提高自身的素质，还可以更好地开展公关工作，为组织良好形象的树立和传播起到不可替代的重要作用。公共关系接待礼仪是礼仪的一个重要组成部分，也是公关工作中不可缺少的重要环节，在这一环节中，公关人员要遵循诸多礼仪。

（一）待人接物礼仪

待人接物要掌握分寸，切不可过于热情，使对方感到难于招架，也不可有丝毫怠慢，让对方感到无所适从。具体来讲，在公共关系的接待礼仪中，待人接物是时刻都在发生的、频繁的一种活动，因此，公关人员应该掌握一定的技巧。

1. 寻找共同语言

常言说“酒逢知己千杯少，话不投机半句多”，在待人接物中双方有共同的语言、共同的体验和共同的情感，就意味着交往有走向成功的可能。

2. 向对方有限度地敞开自己的胸怀

在待人接物的过程中，公关人员要想吸引对方，只有在一定的范围内敞开自己的胸怀，才能唤起对方的同情和理解，取得对方的信任。

3. 善解人意，站在对方的立场考虑问题

“己所不欲，勿施于人。”公关人员应该站在对方的立场考虑问题，设身处地为对方着想，考虑对方的需要、利益、爱好等，减少带给对方的麻烦，这种态度往往会换来组织稳定的、长期的利益。

4. 学会倾听

耐心地听别人讲话，尊重讲话人的情感，既显示了你的涵养，又体现出你对他人的关心。组织公关人员在待人接物中，通过倾听公众的诉说，能够发现本组织产品或服务的不足，梳理出对自身有用的信息和建议，更好地参与市场竞争。

5. 真诚地赞赏

在待人接物中，无私的、适当的赞美，既可以给对方带来满足，赢得对方的好感，又能得到对方的理解和支持，有利于公关工作的开展。

6. 沉着应付

在公共关系活动中有意想不到的情况发生时，公关人员要善于在变化中去重新调整、组织，及时适应变化了的环境；要善于缓和气氛，扭转局面，化解矛盾，变被动为主动；要学会避实就虚，灵活处理意料之外的情况。

（二）迎送与拜访礼仪

1. 迎送礼仪

迎送礼仪是公共关系活动中最常见的礼仪。各组织之间、国与国之间的往来，都离不开迎送这一工作环节。迎来送往按对象的不同可以分为内宾和外宾两种。这里主要指内宾的迎送礼仪。

迎送礼仪是组织与公众的直接接触和交流。公关人员要注意迎送礼仪，讲究热情待客、礼貌周全，让客人高兴而来，满意而归。

在迎送的过程中要注意，不管是远道而来的客人，还是经常交往的客人，都要热情接待，尤其是初次见面的客人，更要加倍关怀。迎接公众可以显示出对公众的尊重，做好迎接工作能够直接影响公众的首因效应，给公众留下良好的第一印象。而作为公关迎送工作的最后一个环节，送客也应该是公关人员认真对待的事。对于公关人员来说，做好送行的工作也很重要，可以给对方留下一个结局完美的印象，真正做到有始有终。

2. 拜访礼仪

在公共关系活动中，经常需要公关人员以登门拜访或互相拜访的方式商谈事宜，有时是去邀请某位重要人士来参加组织的某项重要活动；有时是为了对公众所反映的问题作郑重处理。拜访中应当注意的礼节是公关礼仪中一项最基本的内容。拜访公众时，应注意以下几方面的事项：

（1）明确拜访的名义、目的、形式和需要表达的内容。

（2）预约好时间与地点。

（3）准时或提前 5 分钟左右到达，以示遵守时间。

（4）到公众家里或单位拜访时，应客随主便，服从公众的安排。

（5）在交谈前，如遇到熟人则要主动打招呼，对陌生人可以点头示意。

（6）控制好时间，一般不宜超过 15 分钟，特别是在办公时间内，时间宜短。

3. 握手与介绍礼仪

（1）握手的礼仪。握手礼是人们见面时最常使用、适应范围最广泛的见面致意礼节，也是世界各国通用的社交礼节。它既可用来作为见面的礼仪，又可用来表示祝贺、感谢或相互鼓励。行握手礼时要注意下列事项：

其一，注意先后顺序。一般而言，男女之间，男方要等女方伸手后才能握手。宾主之间，主人应向客人先伸手，以示欢迎。长幼之间，年幼的要等年长的先伸手。上下级之间，下级要等上级先伸手，以示尊重。但是，如果下级是年长者或女士，上级也可灵活处理。如能长者优先，女士优先，则更能体现出职位高者的文明态度和平易近人。

其二，注意握手的方式。标准的握手方式是：握手时，两人相距一步，上身稍向前倾，伸出右手，四指并齐，拇指张开，两人手掌相握，上下轻摇，一般以两三秒钟为宜。握手时，一般要站立（女士可以坐着），眼睛注视对方，面带微笑，并用简短语言致意或寒暄。

其三，握手的禁忌。不规范的握手，会给人一种没有礼貌、没有教养的印象，甚至会被人误解为无礼。通常，握手时忌讳以下情形：用力过大，上下使劲摇动；戴着手套与礼帽握手；握手时与第三者寒暄或东张西望；握着对方的手，海阔天空地神聊；对方已伸手，自己不接；多人同时握手时出现交叉。

（2）介绍的礼仪。介绍是在社交活动中见面的相互认识的重要环节，是人际交往的重要起点。通常，介绍可分为为他人介绍、被人介绍和自我介绍三种。

其一，把他人介绍给别人即作中间介绍时，应注意以下几个事项：

一是注意介绍的方向，即应该受到特别尊重的一方享有优先权，一般是把年幼者介绍给年长者，将地位低者介绍给地位高者，将男士介绍给女士。当双方地位、年龄相当，又是同性别时，可以先向先到者介绍后到者。二是介绍语要简洁清楚，明白易懂。三是介绍时可简要提供一些被介绍的个人情况，但注意尊重他人的隐私。

其二，自己被介绍时，应该面对对方，并显示出乐于结识对方的诚意。

其三，作自我介绍时，应诚挚热情，主动大方地通报自己的姓名和职务，同时递上事先准备好的名片。在自我介绍过程中，要洒脱自如，举止得体，彬彬有礼。

4. 询问与名片礼仪

（1）询问礼仪。

其一，注意询问的内容，一般不涉及对方的个人生活问题，更不要追问公众所在单位带有商业秘密色彩的业务细节内容。

其二，注意询问的语气，力求温和而有礼貌。

（2）名片礼仪。

名片是一种经过设计，能表明自己的身份，便于交往和开展工作的卡片。它在现代社会生活中早已被广泛运用，成为最方便的交际工具。在名片的接递中要注意：递送名片时，要毕恭毕敬，双手奉上。接到名片时，应点头致谢，认真地轻声读一遍以示尊重。不要立刻收起来，不能随意摆弄名片，也不要随意放置，更不能把名片压在物品之下。

三、谈判礼仪

谈判是一门艺术，在人类的各种交往中运用比较广泛。对于一个组织而言，要妥善处理好与公众的关系，协调好相互之间的利益，就要求公关人员真正掌握谈判的礼仪，熟谙谈判的技巧。

谈判是有利害冲突关系的双方为解决分歧，谋求一致而运用智谋、策略相互说服、妥协的磋商过程。谈判礼仪包括：陈述礼仪、洽谈礼仪、聆听礼仪、反应礼仪、拒绝礼仪、道歉礼仪、停顿礼仪、磋商礼仪和签订协议礼仪等。

一场成功的谈判，能使谈判双方都成为赢者，能满足双方的需求，使双方都获得更多的利益。事实证明，要达成这种效果，谈判双方必须遵守以下原则：一是平等互利原则；二是友好协商原则；三是依法办事原则。

在谈判过程中，公关人员要掌握好语言的技巧、说服的技巧、报价与还价的技巧、让步的技巧等，正确选用谈判策略，再加以灵活运用，才能使紧张的谈判工作变得礼貌而温和，在轻松之中达到企业的目的。

四、庆典礼仪

企业为了展示形象、强化市场销售效果，也往往在特殊的时候举办各种各样的庆典活动。一般而言，企业经常策划、主办的庆典活动主要有社会节日庆典、社会纪念日庆典、企业周年庆典、企业特别业绩庆典等。

（一）庆典礼仪的作用

庆典活动不是直接为公共关系促销服务的，不能给组织带来直接的经济效益，而且，庆典活动一般都要付出一定的人力、财力、物力。但是，搞好庆典活动是组织与其内部和外部公众广结良缘、沟通信息的最好机会，它具有以下作用：

（1）可以利用仪式庆典来渲染组织形象，扩大组织的知名度。

（2）可以借助庆典活动广交朋友，化解矛盾，为今后发展打下良好的基础。

（3）有助于组织树立自己更完整的形象，提高组织的美誉度。

（二）庆典礼仪的策划

成功的庆典活动，需要公共关系人员的精心策划和安排。一般来讲。要注意以下几点：

（1）明确主题，并围绕主题来设计安排活动的内容和形式。

（2）拟定庆典活动的程序，落实有关的任务，明确责任分工。

（3）拟定邀请的宾客名单。

（4）确定致贺词的宾客名单和主宾双方剪彩的人员。

（5）为庆典活动安排一些制造气氛和促进理解的活动。

（6）利用新闻媒介扩大庆典活动的社会传播面和影响面，提高其社会影响力。

五、文书礼仪

社会组织在各种公共关系活动中，根据各类活动的特点和要求，给相关组织分送礼仪类文书的活动。礼仪类文书有以下几种类型：

（一）柬帖

柬帖是邀请客人的通知。在公共关系活动中，通过柬帖可以在组织与组织、组织与公众、个人与个人之间建立联系。公关柬帖常在比较重要、规格较高的会议或宴会中使用。它具有庄重、恭敬的特点。柬帖又分为请柬和贺柬两种。

（二）礼仪书信

礼仪书信是一种专用书信，具有专门的用途和特殊的写法。它可分为：

（1）祝贺信，即一种主要用于表示祝贺之意的书信形式。如某个组织或个人在某方面取得了巨大成就，某组织召开了重要会议，某项重要工程胜利竣工，某个重要人物的寿辰等，都可以采用贺信的形式表示祝贺。

（2）感谢信，即向对方的关心、帮助和支持等表示感谢的书信。

（3）慰问信，即以组织的名义或个人的名义向对方表示慰问而采用的一种书信形式。此类书信大多是向作出贡献的组织或个人表示慰问，或者向遇到困难、遭受重大损失和不幸的公众表示同情、慰问等。

（4）贺年卡，原本是用于个人与个人相互之间祝贺新年的一种卡片，现在已发展成为公共关系活动中联系友情、表示祝贺的一种工具。寄送贺年卡时要注意在卡上写上表达自己良好祝愿的贺词，卡上的文字要大方、规范，不可过于潦草，使人不易识别。

（5）礼仪电报，即一种使人们在公关活动中更加方便、更加快捷地传递情感的礼仪文书。要求针对不同的事情，相应地运用不同类别的礼仪电报。

第三节 交往型公关的方式

交往型公关是在人际交往中开展企业形象塑造的活动类型，目的是通过人与人的直接接触，进行感情上的联络，为企业广结良缘，建立广泛的社会关系网络，形成有利于企业发展的人际环境。在交往过程中，真正起作用的不是公关人员使用什么样的交际手段，而是在这些交往过程中所体现出来的企业对待公众的态度、企业的价值观念、企业的精神和企业的文化。成功的交往型公关能够使企业的形象在情感的基础上树立起来，从而达到企业与公众互助、互利、互惠的目的。交往型公关的方式有以下形式。

一、公众联谊会

公众联谊会是组织为了联络和加深与内外公众之间的感情、提高组织知名度和美誉度而开展的一种传播沟通活动。联谊会一般花费不多，气氛活跃欢快，轻松自如，是实现双向沟通的一种有效方法。联谊会的形式多种多样，如社区联谊会、职工联谊会、顾客联谊会、业务往来单位联谊会等。这些联谊会对于改善组织与公众的关系、实现良好的沟通、树立组织良好形象有着重要作用。举办公众联谊会要注意：

（1）作充分的准备，明确邀请的公众对象，确定便于公众出席的时间、地点。

（2）把握好联谊会的基调。①感情型，以联络公众感情为主；②信息型，以沟通信息为主；③合作型，以促进合作为主。

（3）做好接送工作，整个联谊会都要热情周到。

二、公众座谈会

公众座谈会实际上是社会组织通过与公众在座谈会上的直接接触，进行感情上的联络，使企业的价值观念、企业的精神和文化被公众认同，从而形成有利于企业发展的人际环境。为了公众座谈会的成功召开，公共关系人员应注意：

（1）明确召开座谈会的目的，根据座谈会的性质、内容和特点确定邀请的公众对象。

（2）为了引导公众有针对性地探讨问题，应安排重点发言人。

三、沙龙活动

“沙龙”是法语“会客室”的译音，17 世纪成为“社交集会”的代名词。沙龙一般分为社交沙龙和专题沙龙。社交沙龙没有任何具体的题目和活动程序，只是为参加者提供一个互相认识、互相交流、建立联系的机会。作为沙龙主人，有责任将各位来宾逐一介绍给大家，然后由客人自由交流。专题沙龙是对某一专题或领域有共同兴趣的人士的一种自由聚会，如音乐沙龙、文学沙龙、新闻沙龙等。大家围绕某一个主题自由发言，相互讨论。沙龙活动具有以下的特点：

（1）定期制度化。

（2）拥有一批积极参加沙龙活动的骨干分子。

（3）沙龙活动主题可以不限，但每次应有一个中心，并邀请专家作重点演讲，引导公众认同社会组织。

（4）整理资料，把公众的意见和建议整理成文，并交有关职能部门协助解决。

四、参观游览活动

公共关系参观游览活动是指组织对外部开放，让社会公众到组织内部观察了解本组织的机构、设施、工作现场和各种成果，并游览附近的名胜古迹的一种公共关系专题活动。通过组织公众参观游览，不仅有助于公众认识社会组织，增强公众对组织的兴趣，而且有助于相互交流思想和感情，促进组织与外部公众的关系。在参观游览活动中要注意下列事项：

（1）应安排社会组织的领导人陪同。

（2）参观社会组织与游览近距离的风景胜地相结合。

（3）时间不宜过长。

（4）做好安全工作。

五、节假日祝贺活动

逢节假日和公众的生日，社会组织应根据条件向公众表示祝贺问安，以强化相互间的情感交流。节假日的祝贺活动可以渲染组织内外部气氛，深化组织在公众中的影响，密切与公众的联络、友谊，还可成为媒体关注的新闻焦点，具有制造新闻的作用，从而渲染组织形象，提高组织的知名度和美誉度。在节假日祝贺活动中要注意：

（1）注意机会均等，一视同仁，不能存在遗漏现象。

（2）应以社会组织领导人的名义向公众赠送节日礼品，寄语节日问候，祝贺节日快乐。

第四节 服务型公关的策划艺术

这是一种以提供优质服务为主要手段的活动类型，目的是以实际行动来获取社会的了解和好评，建立企业良好的形象。服务型公关的特点是服务的实在性。企业用实实在在的服务争取公众的信任，用每一次看得见摸得着的优质服务树立自己的形象。充分考虑公众的利益，从公众利益出发来设计、开展服务工作，是选用服务型公关取得成功的关键。因此，在进行服务型公关的策划时，公关人员应注意策划的技术。

一、公关服务定位

根据服务项目形态特征，可以有以下四方面的内容：

（1）纯粹的实体产品，即企业有偿或无偿向公众提供实物产品。

（2）附带服务的实体产品，即企业向公众出售某种商品时，商品附带一项或几项服务。

（3）主体性服务，即企业主要提供服务，同时配合少量产品。

（4）单纯的服务，即企业组织员工开展服务工作。

二、公关服务决策

（1）服务方式决策，即根据企业的服务定位和公众的实际要求，决策究竟采用什么方式，以哪种形式为公众提供服务。

（2）服务水平决策，即对服务的质与量方面作出决策。包括对待公众的态度，热情周到的程度，真正以顾客为上帝的意识等。

（3）服务组合决策，即根据公众的需求，判断某种服务方式对公众的重要性。

（4）服务时机决策，何时推出公关服务活动，也是决策的重要内容之一。

以上几种公共关系活动实务各有特点，其中宣传型公关能够迅速提升企业的知名度；服务型公关则有助于提高企业的美誉度；交往型公关不仅有助于提高企业的知名度，也有助于提高企业的美誉度。因此，对这几种模式，企业应根据形象战略目标来选择或组合，做到灵活运用，注重效果。

本章思考题：

1. 新闻发布会需要注意哪些环节？
2. 新闻事件的策划有哪些要点？
3. 公关活动有哪些类型，各自有何特点？
4. 服务型公关的服务决策有哪些内容？

第八章　危机公关

在一个开放的社会系统中，组织的经营和发展受到内外多种因素的制约和影响，一切危机事件都可能发生。事件一旦发生，将会给公众和组织带来重大损失和危害，甚至对组织的生存和发展构成威胁。正如法国社会学大师涂尔干所说：危机是一种社会事实，作为社会群体的集体意识而存在，显现出人们如何想象自己及生存环境。这种危机的爆发将社会组织带来深远的公众影响。组织为改变危机局面所采取的公关策略和措施，称为危机公关，或公共关系危机处理。

第一节　危机及危机管理的概述

危机管理是一个体系化的庞大工程，绝非三言两语能说清楚，特别是在具体行动中，存在着大量的变数，需要随机应变。面对着纷繁复杂的危机产生原因和演变过程，包括可能的产品缺陷、消费者利益、媒体利益、企业竞争环境、国家政策环境等都左右着事件的发展方向。

一、危机的概念及其危机事件的特征

在公共关系中，危机事件主要是指突然发生的、严重损害企业形象甚至造成人、财、物重大损失的重大事件和工作事故。无论危机是怎样发生的，且不管发生的原因是什么，只要对危机处理不当，就会影响组织的形象和信誉，甚至危及组织的生存，对组织的危害是非常严重的。“三株口服液”、“三鹿奶粉”的惨痛教训已经充分证明危机不仅仅是品牌形象的“杀手”，甚至可以导致组织生命的终结。因此，妥善处理好危机事件，是公共关系一项很重要的职能。而公共关系工作的成败，又成为能否妥善处理公关危机的关键。

对于社会组织而言，危机事件通常具有以下特征：

(1) 危机事件具有突发性和紧急性：在新媒体时代，危机的到来几乎是瞬时的。通常的传播路线图是：先在网络上出现相关的帖子，随着点击数增加，帖子成为精华帖，然后是传统媒体介入报道，引发网络媒体的大规模转载，进而引发更多传统媒体报道，直至新浪、搜狐等门户网站制作专题，CCTV 等进行国家级权威报道，最终酿成重大危机。所以福斯特发现“危机有四个显著特征：急需快速作出决策，并且严重缺

乏必要的训练有素的人员、物质资源和时间来完成。”①

（2）危机事件具有高度不确定性。危机之所以成为危机，一定程度上是因为在事件开端以后，就很难预计它可能带来的后果。同时，由于信息时代的发展，事物之间的联系愈发呈现多元和共时的特征，资源的有限性也会导致事实上顾此失彼，形成“连带效应”，把危机的影响扩大。所谓“连带效应”，就像一粒石子投进池水里引起阵阵涟漪那样，初始的危机事件会对外部产生一系列的负面影响，所引起的冲击破坏可能包含石子撞击池底、在水面及周边溅出水花和涟漪荡荡所引起的波动。

（3）危机事件具有一定的社会性。危机本身所面临就是公众环境对待某一特定问题的社会性反应。它反映一种社会的基本调性，是当前社会的一种生存状态，对危机的认识归根到底是人类怎么认知自己的问题。举例而言，从2008年年初的南方雪灾到3·14拉萨打砸抢烧事件再到火炬海外传播遭抢以及后来的抵制家乐福“运动”，从分众垃圾短信被央视3·15晚会曝光到东航返航造成千余旅客滞留机场，从5·12汶川大地震到万科王石的“捐款门”事件等，都无不在告知人们：危机事件作为一种社会事实是无处不在的。

（4）危机事件的实质是非程序化决策问题。危机事件是突然发生的，无章可循，演变迅速，其决策极为复杂而困难，但决策后果往往关系组织的安危。危机事件从本质上讲是非程序化决策。对于危机状态，正是要在有限信息、有限资源、有限时间（客观上标准的“有限理性”）的条件下寻求“满意”的方案。迅速地从正常情况转换到紧急情况的能力是危机管理的核心内容。如果急于求成，以个人主观价值判断代替了突发事件本身的价值判断，随着危机事件的发展，就会陷入没有选择余地的“霍布森选择”②。

二、危机管理的概念及模型

危机研究与管理的目的就是要最大限度地降低人类社会的悲剧的发生。任何组织形态在经历危机状态的过程中，都可能面临着在三种截然不同的结局：一是由于无法承受危机的沉重打击或没有对付危机的准备和能力，组织在危机中全面崩溃，不复存在。二是组织在危机中虽然存活下来，但是由于没有及时采取适当、有效的措施对策，在危机后，组织形象严重下降，极度损害了它在社会中原有的威信和地位。三是在危机中，组织不仅经受住了危机带来的种种压力，而且由于它采取了积极、有效的危机管理措施和危机问题解决对策，使组织进一步巩固了社会地位和竞争优势。

从最广泛的意义上说，危机管理包含对危机事前、事中、事后所有方面的管理。传统的危机管理着重强调对危机反应的管理，而不重视危机的前因后果。大多数危机管理的计划和思想——不管是叫偶然事故、紧急事故和灾难事故管理，还是复原或事

① ［澳］罗伯特·希斯. 危机管理. 王成，宋炳辉，金英，译. 北京：中信出版社，2001：18－19.

② 托马斯·霍布森是16世纪英国剑桥地区的驿站老板，当年的驿站都向顾客出租马匹。这位老板非常爱自己的马，还有个怪脾气，坚持要按固定的顺序轮流出租他的马。主顾们虽然不能自己挑选满意的马，但也只能将就了，否则一天没马骑。因此所谓“霍布森选择”就是只有一个方案，没有选择余地的“假决策”，这是理性决策的大忌。

态继续管理——都是危机管理。简而言之，有效的危机管理到如下方面：移转或缩减危机的来源、范围和影响；提高危机初始管理的地位；改进危机的反应管理；完善修复管理，以能迅速有效地减轻危机造成的损害。有效的危机管理模型如图 8 -1：

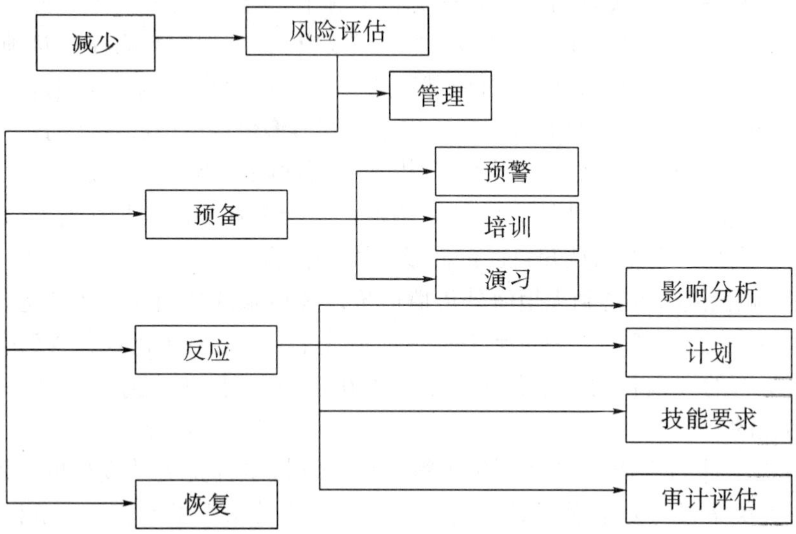

图 8 -1　危机管理模型

资料来源：［澳］罗伯特·希斯. 危机管理. 王成，宋炳辉，金英，译. 北京：中信出版社，2001：32.

三、危机管理的基本法则

虽然在这样一个复杂危机的时代，任何组织和企业都不可能百分之一百地避免危机，但危机事件的发生、发展仍然可以被有效管理。不同的组织可能面临的危机类型是不同的，但所有的危机管理都需要遵循以下的 8R 基本法则：

（一）危机识别：Recognition

组织面临危机时，不要盲目着急处理，而应该先清醒、周密地对危机进行评估：真实情况是怎样？影响如何？目前到了什么程度？处理的关键是什么？产生危机的原因是什么？一般来说，根据危机事件的性质，危机可分为三种：事故性危机、受害性危机和误解性危机。由于其发生缘由不同，处理方式也不尽相同。

（二）快速反应：Rapid

危机管理最重要的原则之一就是速度，“快能补拙”。危机“24 小时原则”说的就是危机发生后的 24 小时是最佳处理、回复时间。就像灭火一样，必须在火苗刚起时就扑灭，一旦烧起来了，扑火的难度就更大了。

（三）社会责任：Responsibility

《21 世纪经济报道》的“企业公民”活动所倡导的“蜜蜂理论”谈到，企业必须妥善处理六方的关系：消费者、合作伙伴、股东、员工、环境、社会等。在危机发生后，激化公众、媒体情绪的往往是组织面对危机的冷漠，无视公众利益的表现。“态度”远比“道理”重要，有不少组织在发生危机后，坚持自己的“道理”而忽视了“态度”，这样一来激起了更大的危机。

（四）核心关系：Relation

每次危机都会影响若干利益相关者，企业必须做相应的处理。同时有些重要的关系，如果沟通得好，可以有利于危机的缓解。组织首先要解决危机中的核心问题，比如说受害者是否得到了补偿与安置，关键媒体的沟通是否到位，是否取得了主管机构的支持与理解，意见领袖如何引导沟通等。这一切都会决定危机的发展趋势。

（五）信息披露：Reach

危机并不可怕，可怕的是公众对危机发展情况的不了解，这才是公众恐慌的根源。企业深陷危机时，必须要对外定期、及时地发布正确、真实的信息，以消除公众的恐慌。对外声明、新闻发布会、媒体专访等，都是很好的信息披露方式。

（六）危机预案：Rehearsal

组织内部应该有完备的危机管理体系，包括危机隐患排查、内部沟通机制、媒体监测系统、媒体关系维护、危机分级体制、危机预警机制、外部资源沟通等，并且经常演练，随时完善，这样可避免危机来临时的被动局面。成熟的企业应该要成立专门的危机管理委员会，一般来说由组织管理委员会牵头，公关部、广告部、法务部、市场部、客服部、产品部、人力资源部等部门负责人都应列，一旦发生危机，随时启动预案。

（七）发言人：Representative

危机管理中发言人体系需要完善，且要固定，统一口径，只有这样才能保持组织在面对媒体时清晰、高效、不会发生混乱。

（八）危机修复：Recovery

无论如何有效地解决地危机，组织的声誉都会受到损害。选择合适的进行声誉修复工作是十分必要的。所谓危机修复，即危机事件尘埃落定或烟消云散后，组织与利益相关者重建信息的过程。一些危机管理者以为事件一旦结束，危机便已终止，从而略过了修复这个环节。但是造成危机的根源并未消除，危机很有可能卷土重来，甚至以更严重的形式重来。是以危机的修复管理对于维持组织的稳定的公众环境至关重要。

总之，危机管理是科学也是艺术，是关系到组织生存与发展的重要话题，从危机事件爆发前的预防、危机事件发生后的应对，到危机后期处理环节，既要遵循危机管理的基本法则，又无绝对统一的模式可以照搬，不同性质的危机事件会有不同的处理措施。下面几节的内容则从不同类型的危机事件的处理策略来进行分析。

第二节 事故性危机事件的处理

在企业的发展过程中，由于自身的失职、失误或者管理、服务工作中出现问题，或者产品质量上出现问题，而引发的危机事件就是事故性危机事件。

一、事故性危机事件发生的原因

一般而言，引发事故性危机的原因主要有以下几种：

1. 未作调查或调查不周

调研与调查是公共关系运作的重要一步，是制定公共关系计划、开展公共关系工作的基础。企业通过调研可明确自己所处的环境，并验证对公众状况和公共关系状态的假设，它能有效地减少公关策划和计划中不确定性的因素。同时，公关调研也给企业的长远发展提供了有价值的分析资料。但事实上，许多企业不太重视公共关系调查研究，或调查研究时不周到、不周全，最后给企业带来麻烦，使企业陷入事故性危机事件中。

2. 决策失误

这是比较常见的引起事故性危机的原因。导致决策失误有以下两个方面的原因：一是领导者的素质；二是对行情发展趋势作出的判断。防止因决策失误引起的危机的关键在于提高领导者的素质，使他们善于把握市场机遇。另外，也要对市场做周密的、仔细的调查，以便作出正确的预测和决策。

3. 宣传失误

企业宣传信息不及时，或宣传缺乏针对性，或宣传时夸大了企业产品及服务的效果，导致事故性危机事件的发生。

4. 直接或间接的质量事件

质量事件是导致事故性危机的主要原因之一。产品或服务的质量问题，通常会给企业带来严重的影响。

二、事故性危机事件的处理程序①

在公共关系中，危机事件的发生带有一定的偶然性和突发性。由于各种危机的产生原因各不相同，因此对不同类型的事故性危机的处理也没有绝对统一的模式，只能根据具体情况迅速作出反应。一旦危机发生，就应迅速采取措施应对危机，调动一切因素来控制事态的发展，把损失减少到最低限度。在扭转局面后，重新建立秩序，作出新规划，把危机转化为积极因素。这些都要求公共关系人员具有较强的洞察力，能敏锐地发现问题，随机应变地处理问题。

由于这一类危机事件的责任完全在于企业自身，会使企业形象受到严重的破坏，

① 张香兰，郭迈正．企业公共关系．北京：中国物价出版社，2003：187－188.

因此，消除事故性危机事件的影响，更应该讲究程序性和规范性，遵循基本的工作程序，这是提高危机公共关系工作有效性的保障。

（一）调查危机事件信息

危机事件发生后，企业应迅速组织有关人员成立事故调查小组，深入公众进行调查，主要运用公众座谈会、观察法、访谈法等方法，了解危机事件的各个方面，收集关于危机事件的综合信息，并形成专题调查报告，为处理危机提供依据。相对于其他公关活动，危机事件中的调查强调针对性和相关性，一般侧重于调查下列内容：

（1）调查小组要迅速奔赴现场，收集现场信息，以便准确分析事故产生的原因。如果危机事件还在继续，应及时采取紧急措施，根据现场情况与公安、消防部门等取得联系，使损失减少到最低限度。

（2）详细、细致收集危机事件的信息。应迅速与目击者或当事人取得联系，了解事件发生的时间、地点、原因、人员伤亡情况、财物方面的损失情况、事态的发展情况、控制措施以及公众在事件中的反应情况。

（3）根据危机事件提供的线索，了解危机事件出现的企业背景情况、公众背景情况，找出企业、公众与危机事件的关结点。

（4）调查受害公众、政府公众、新闻公众及其他相关公众在危机事件中的要求，找出处理企业、公众与危机事件的关键。

（5）在全面收集有关信息的基础上，危机事件的专案人员应将材料进行分类整理，加以分析，找出事件的真正原因，形成危机事件调查报告，提交企业的有关部门。

（二）确定处理危机事件的对策

根据危机事件的专题调查报告，企业应及时会同有关职能部门，进行分析研究，针对不同公众确立相应的对策。一般而言，公共关系危机的处理对策包括以下几个方面：

1. 针对企业内部的对策

（1）根据需要，组建权威性、高效率的工作班子，迅速而准确地把握事态的发展，确定危机的类型和特点，明确有关的公众对象。

（2）制定处理危机事件的基本方针和基本对策。

（3）改进相关的生产、管理、服务工作，健全机制，强化企业的优化运作。

（4）制定周密的善后服务措施，务求善后工作万无一失，赢得公众好感。如美国泰诺胶囊被下毒事件、康泰克 PPA 事件、可口可乐饮料致病事件中，这些公司都毫不犹豫、坚决果断地回收产品以防万一。

（5）制定妥善的公关宣传方案和同新闻公众保持联系的方式，迅速建立良好的信息沟通平台。对内沟通、对外沟通都要保持良好的状态，设立信息主讲人和对外新闻发言人。

（6）制定挽回影响和完善组织形象的工作方案和措施。公关人员除了积极投入到应对危机、做好危机传播和危机处理工作之外，还有一项使命，就是在危机得到控制，舆论转为有利的时候，应及时提出组织的改进工作，进一步为公众利益着想，提出相关倡议和措施，及时变坏事为好事，使危机转变为契机。

2. 针对受害公众的对策

这主要包括物质赔偿和心理感化两方面，具体措施有：

（1）关于责任方面的承诺内容与方式。认真了解受害公众的情况，实事求是地承担相应的责任。如果责任在组织自身，就要公开道歉，认真听取受害者及其家属的意见，主动赔偿受害者的损失，尽量满足受害者的要求。如果责任在受害者或第三方，也要给予受害者适当的安慰。需要受害者承担责任的话，不宜马上追究，最好等危机事件平息后再妥善处理。如果双方都有责任，组织要注意避免尽力为组织辩护的言辞，要积极地争取受害公众的谅解和合作。

（2）制定损失赔偿方案，包括赔偿方法与标准。考虑受害者利益，全力解决受害者问题，制定损失赔偿方案，包括赔偿方法与标准，力争将其损失减少到最低限度，以遏止危机的扩大，使事态朝有利于企业的方向转化。

（3）制定善后工作方案。组织专门人员，立即制定善后方案，尽量减少公众损失，主动提出合理的赔偿方案，并尽可能提供公众所需的服务。

（4）确立向公众致歉、安慰公众心理的方式、方法。真诚接受公众的批评，及时向公众及新闻界披露真情、公开道歉，以期迅速获得公众的谅解和宽容。

（5）强化公众心理、情感关系的方案。适当宣传，把事态的发展情况、改进措施，对公众的承诺和服务等内容，通过适当的媒介、传播方式公之于众，以消除公众的不良印象，强化公众心理，加强情感联系，恢复公众的信任。

3. 针对新闻公众的对策

针对新闻公众的对策，主要涉及以下内容：

（1）确定对待不利新闻报道和逆意记者的基本态度。当媒体发布了与事实不符的消息时及时与其进行交涉，要求更正。进行交涉时既要理直气壮又不能咄咄逼人，应本着实事求是的态度就事论事，绝不能上纲上线。媒体发布的消息只要是真实的，组织就必须勇于面对，即使消息对组织不利。气急败坏地否认不但于事无补，更会损坏组织的形象，正所谓“越描越黑”。

（2）确立配合新闻工作的方式。在新闻宣传方面，为了避免报道失真，应由专人负责发布消息，集中处理有关的新闻采访，向记者提供真实、准确的权威性的资料。有关人员既要严阵以待，又要主动出击。所谓严阵以待就是根据当前情况，迅速了解事态，确定向社会披露的事实程度，分步写出一些反映事实的新闻稿件。主动出击，就是争取新闻界的理解和传播定性，在组织内部应统一口径、统一应对。有些企业处理危机时临时设立了新闻发布机构，负责新闻会场的确定，提供经决策层认可的新闻稿件和背景资料等，并以连续报道的方式向记者提供，以免新闻界以不必要的推测和猜测来完成他们的报道。但一定要坚持实事求是的原则，因为事实是无法改变的，但人们的意见和建议是可以改变的。无论如何，不可生硬地用无可奉告去抵挡公众和媒体。

（3）向新闻媒介及时报告危机事件的调查情况和处理方面的动态信息。在搞清事实真相的基础上，组织决策人和一线员工都应与新闻发言人保持一致，为避免混乱的

“真相”，新闻中心应及时召开新闻发布会，以认真的态度和充分的诚意随时向公众通报对危机的调查进展状况和处理方面的动态信息。只有开放的姿态才能取信于人。让人们忘记一件事情的最好办法就是，告诉他们这件事所有的真相。

（4）确立与新闻媒体保持联系、沟通的方式。制定向新闻界披露的对策，确立与新闻媒体保持联系、沟通的方式，对新闻界表示出合作、主动、自信的态度，不可隐瞒、搪塞、对抗。何时何地召开新闻发布会，应事先通报新闻公众。对确实不便发表的信息，应说明理由，求得记者的同情和理解。

4. 针对政府公众的对策

这方面的对策主要涉及向有关部门汇报危机事件情况和处理危机事件措施情况的时机、方式、方法。

（1）事故发生后，应及时向政府及上级领导部门汇报，不要文过饰非，更不允许歪曲真相，混淆视听。

（2）在事故处理中，应定期报告事态的发展，争取得到上级领导部门的理解、指导和支持。

（3）事故处理后，详细报告处理经过、解决方法以及今后的预防措施等。

在我国也曾经发生过娃哈哈饮料染毒导致儿童死亡的事件，该公司在紧急处理时，采用了紧急回收产品、协助公安破案，同时寻求政府支持，提出民族品牌保护的请求，请求在媒介报道时给予一定的保护，最终为危机的应对赢得了宝贵的处理时间和保证了善后措施的实施。

5. 针对合作公众的对策

这方面的对策主要涉及向顺意公众通报危机事件情况和处理危机事件措施情况的时机、方式、方法。在与公众进行沟通时，也要制定出相应的工作方案，以诚待人，应尽可能全方位和便捷地向公众提供信息，以尽快消除危机事件的影响。在事件发生后，一个组织如果有诚意，对社会来说对和错就变得不重要了，对公众来说感觉胜于事实。

（三）实施工作方案

公共关系人员会同有关部门制定出对策后，就要积极组织力量，实施初步既定的消除危机事件的活动方案。

（1）调整心态，以友善的精神风貌赢得公众的好感。企业的全体人员要统一思想、统一认识，调整心态，以友善的精神风貌赢得公众的好感，尽力减少危机事件造成的损失，为企业塑造良好的社会形象。

（2）工作中力求果断、干练，以高效率的工作作风赢得公众的信任。各有关人员应在有效分工的基础上进行密切的配合，相互理解和支持。

（3）认真领会方案的精神，做到既忠于方案，又能及时调整，使原则性与灵活性在工作中均得到充分的体现。各负责处理事故的人员，要根据各自分工处理项目的特点，选择适当的方式、方法。

（4）在接触公众过程中，注意观察，了解公众的反应和新的要求，并做好劝服工作。

（5）总结和改进工作。平息了危机事件，不表明事件的善后处理工作已经结束。公关人员要注意从社会效益、经济效益、心理效应和形象效应等方面进行评估。总结评估的内容包括：危机处理措施的合理性和有效性，原有的问题是否彻底解决，公众心目中的企业形象有何改变，对企业不利的局面是否好转。公关部门应实事求是地撰写详尽的事故处理报告，为以后处理类似的危机事件提供参考性文献依据。这样，既能对这次工作效果心中有数，又可为今后处理类似问题总结经验教训。同时，有关人员还要认真分析危机事件发生的深刻原因，切实整顿改进工作，争取从根本上杜绝危机事件的再次发生。

总之，危机处理是公共关系中最新的项目，也是其最富挑战性的工作。企业处理危机时，要从平时预防的工作做起，在危机事件到来之前，公共关系人员要有危机预见和危机应变的准备，并能采取措施使大量的潜伏危机在爆发之前就被遏止；一旦发生了某种意想不到或不可抗拒的危机，公关人员就要全力以赴，配合其他管理部门，在最短的时间里使危机得以有效处理；在危机过后，公关人员还要担负起重建企业形象的工作，使企业重新获得公众的信任和支持。

三、事故性危机事件的工作策略

事故性危机事件一旦发生，决不能等闲视之。公共关系部门必须全力以赴，妥善处理，以赢得公众的谅解和信任，尽快恢复企业信誉，重塑企业美好形象。具体说来，公共关系人员处理危机事件应按以下的工作策略进行：

（一）维护公众利益的策略

在企业进行公关危机处理时，无论面对的是何种性质、何种类型、何种起因的危机事件，企业都应该主动承担责任，把公众利益看得高于一切，对危机事件造成的后果应持积极负责的态度，不仅要敢于承担道义上的责任，而且也要对财产损失进行合理赔偿，为伤亡人员本人或家属提供探视、医疗、吊唁、抚恤等条件。即使危机事件起因在受害者一方，也应首先消除危机事件所造成的直接危害，努力创造出妥善处理危机的良好氛围，而不能一开始就采取消极、被动的态度，追究责任，埋怨对方，相互推诿，抱着投机取巧、侥幸过关的心理，从而耽误处理危机的时间，造成危机处理的被动局面，引发更大的危机。

另外，公众之所以反抗企业组织，“制造”出危机事件夹最根本也是最重要的原因就是公众感到自己的利益受到了一定程度的损害，他们要运用新闻、法律等武器，保护自己的合法权益。因此，企业要以公众利益代言人的身份出现，主动弥补公众的实际利益和心理利益。

（二）情谊联络的策略

在危机事件中，公众除了利益抗争外，还存在强烈的心理怨怒，因此，在处理中企业不仅要解决直接的表面的利益问题，而且要根据人的心理活动特点，采取恰当的心理情谊联络策略，解决深层次的心理、情感关系问题。

情谊联络策略主要是为了弥补、强化企业组织与公众的情感关系。有的因生疏造成的危机事件，直接利用情谊联络的方式，就可以达到消除危机、增进友谊、发展感情的目的。公众都是有感情需要的人。公众情感是在对企业组织的评价和情感体验的基础上形成的，具有重要的行为驱动作用，是公众理解和支持企业组织的动力源泉之一。在大量的危机处理过程中，有意识地施加情感影响，可以大大强化其他措施的影响力，树立企业的良好形象。如，沙松电冰箱厂在处理冰箱爆炸事件中，渗透了浓烈的情感影响、联络意识，取得了很好的效果。

（三）如实宣传的策略

即针对危机事件中的不利舆论，组织各种真实的材料，通过大众传媒广泛宣传，来改善社会组织的舆论环境。企业公关危机处理的一个重要原则就是如实宣传。危机发生后要如实地与公众沟通，并主动地与新闻媒介取得联系，公开事实真相。对于新闻媒介记者和广大公众，都不能因为他们不在现场、不知底细，或不懂某一专业而对其故弄玄虚，更不能对其采访和打探情况设置障碍。总之，对各方面公众都要如实宣传。

（四）实事求是，务求绝对真实

公共关系危机发生后，由于种种原因形成传播中信息失真，使公众发生猜疑、误解、轻信谣言。为了防止谣言传播、消除混乱，得到公众的谅解、支持，公共关系人员应及时公布事实真相，不能隐瞒、歪曲和省略某些关键细节，更不能嫁祸于人，推卸责任。

（五）精选内容，突出针对性

危机事件发生后，组织会面临多方面的工作，有许多事情需要组织去解决。这时，公共关系人员应该对面临的多方面工作进行分析梳理，找出对组织影响最大、公众最为关心的内容优先处理，突出工作的针对性。

（六）讲究速度，开展即时宣传

处理公共关系危机事件的目的在于，尽最大可能控制事态的恶化和蔓延，在最短的时间内重塑或挽回企业的良好形象和信誉。因此，危机一旦发生，就应该迅速反应，讲究速度，及时宣传，立即投入紧张的处理工作中。

（七）亡羊补牢的策略

危机事件既已发生，危害业已造成，企业就应该亡羊补牢，全面审视企业的公共关系工作和对外宣传工作，并加以整顿，强化企业与公众之间的沟通与信任机制。

第三节　受害性危机事件的处理

受害性危机主要是指他人未经许可假冒企业的包装式样、商标、名义等推销伪劣产品，或是其他外在原因，使企业形象受到损害，名誉遭到损毁，企业经营陷入困境。

一、受害性危机事件发生的原因

受害性危机事件的核心问题是制造假冒产品。当前，这种危机发生的原因主要是市场经济在发展过程中存在结构性不均衡。

（1）某些企业的商品生产成本较高，生产者为了谋求自身经济利益最大化，往往会只顾眼前利益，不择手段，制售伪劣商品，坑蒙拐骗，导致受害性危机事故的发生。

（2）目前法制建设尚不健全，对假冒现象打击不力，使得不法生产者、经营者没有受到应有的惩罚，而最终引起受害性危机事件。

（3）部分公众贪图便宜，明明知道是假冒产品，因其价格比较低廉而乐于购买，这也是受害性危机事件发生的重要原因。

（4）现代科学技术高度发达，为某些不法经营者提供了制假的先进工具，这也成为受害性危机事件发生的原因。

（5）竞争对手恶意的中伤，使得社会公众轻信谣言，导致受害性危机事件发生。

当然受害性危机除了制假的问题之外，也有因外在环境的变化，或员工私人行为，或政府政策有误使得企业受到拖累而导致企业产生危机。针对这些原因的危机，要具体情况具体分析，以便有针对性地解决危机问题。

二、处理受害性危机事件的策略

在受害性危机事件中，企业是假冒产品的牺牲品，但是消除假冒产品带来的不良影响，还要靠企业自己的努力。一般而言，处理因他人假冒而形成的危机事件，通常有以下途径：①

（1）法制打假策略，即诉诸法律，利用法律武器，借助法律渠道，澄清是非真假，重塑企业的良好形象。

（2）新闻打假策略，即借助大众传播，开展新闻揭丑活动，赢得公众的支持，提高公众的辨别力，使假冒伪劣产品没有市场。

（3）低成本打假策略，即强化产品个性形象，同时增加产量，以创造规模效应为手段，进一步降低成本，使假冒者无利可图，从根本上杜绝假冒现象，维护组织形象。

（4）公关打假策略，即策划公共关系活动，充分调动企业员工和公众的力量，利用公众力量共同打假，维护企业形象。

---

① 张岩松. 企业公共关系危机管理. 北京：经济管理出版社，2000：183.

第四节 误解性危机事件的处理

在企业的发展过程中，有时自身的工作、产品质量没有任何问题，经营中也没有发生损害公众利益的事件，但由于各种原因，被公众误解了，公众无端地指责企业，企业因此陷入危机之中，这就是误解性危机事件。

一、误解性危机事件发生的原因

误解性危机事件的发生需要一定的外部诱引，其原因有：不利社会舆论的导向；社会流言；新闻工作者的误导；竞争对手的误导乃至造谣破坏。

二、误解性危机事件的处理程序

企业面临此类事件后，不能“无为而治”，而应及时地采取措施加以解决。处理误解性危机的要点是：①

（1）调查误解性危机事件发生的原因、误解性信息的传播范围、公众对误解性信息的相信程度、误解性信息对企业已经造成的不良影响及其潜在的影响等。

（2）辨识误解性危机事件的性质。在性质上，误解性危机事件有两种情形：一是法律性的；二是非法律性的。

（3）策划消除误解性危机事件的工作方案。

其一，如果是法律性危机事件，即因竞争对手的恶意造谣中伤而引起的误解性危机事件，公关人员应该拟定诉讼工作方案，协助律师根据法律程序开展工作。

其二，如果是非法律性危机事件，则应该策划公关传播、宣传活动，巧妙地公布事实真相，澄清事实，消除误解性舆论的不良影响。

（3）反省企业宣传工作中存在的问题，改善企业的公关宣传工作。在危机事件中，常常会产生许多谣言。谣言的出现或传播增添了企业解决危机的困难，有时甚至会成为解决危机的最主要障碍。作为公关人员来讲，要分析公众轻信谣言、盲从于他人的原因。公众之所以会轻易相信他人意见，主要有两方面原因：①从公众方面来说，存在随大流、从众的心理；②从企业方面来说，说明企业平时与公众沟通不够，没有让公众了解具体情况，导致公众不太信任企业。因此，企业就应该针对这两个方面的问题，认真反省宣传工作中存在的不足，改善公关宣传工作。

---

① 张岩松．企业公共关系危机管理．北京：经济管理出版社，2000：182.

第五节　处理公关危机事件的艺术

一、公关人员的态度

对于危机事件，公关人员应有正确的态度。

（1）积极预防，防患于未然，把各种危机事件消除在萌芽阶段。危机事件虽然“防不胜防”，但是除了一些自然灾害之外，大多数危机事件都有一个由量变到质变、由隐患到产生危机的演变过程，因此，许多事情还是可以预测的，只是不知道什么时间、什么地点爆发而已。优秀的公关人员应该有高度警惕的防范意识，要通过经常性的调查研究，及早发现引发危机的导火线和原因，预测出将要遇到的问题以及事件发生后的基本发展方向和程度，从而制订多种可供选择的应变计划。对一切才开始显露的问题要积极采取措施，及早作出处理，将危机遏止在萌芽状态。对没有显露出来的问题也要留心观察，做好防御准备，以便在问题显露时能快速作出反应，减少危机造成的损失。为此，有关人员在日常工作中应尽心尽力地协助相关部门科学地设计生产工艺、配方，把好原材料质量关，搞好生产调度，加强社会组织的安全保卫工作和财务管理，完善售后服务制度，时刻警惕破坏性因素，使社会组织远离危机事件。

（2）一旦危机发生，公关人员应正视危机，认真对待，及时处理，使企业顺利渡过“危险期”。

危机一旦发生，就有飞速扩展之态势，会迅速蔓延，若不采取有效的应对措施，就容易使整个组织的形象遭到彻底的破坏。如果是因社会组织自身的过错而导致危机，公共关系的关键就要放在修正错误、争取公众的宽容和谅解上。当然，组织的过错也有无意与有意之分。相比之下，公众对无意的过错更容易宽容。但是，问题在于，危机出现后的一段时间内，公众并不了解这种过错究竟是出于有意还是无意。这时公关人员应正视危机，认真对待，尽快找出导致危机的真正原因，及时纠正过失，主动与当事人沟通，承担自己应该承担的责任，争取公众的理解，加强双方的信任关系，使企业顺利渡过“危险期”。

（3）面对危机，公关人员应沉着冷静，这是最基本的要求危机事件出现后，社会组织可能会“四面楚歌”，受到新闻记者、政府官员、顾客的指责批评，这时社会组织面临的压力极大，而公关人员作为危机的直接处理者会面对更大的社会压力。此时，公关人员应沉着冷静，迅速开展各项工作，争取把危机损失减至最小。切不可被头绪繁多、关系复杂的事件使自己变得急躁、烦闷而出言不逊。具有稳定而积极的心理才能在处理事件中游刃有余。

二、处理公关危机事件的注意事项[①]

（一）注意应急性与长远性的统一

处理公共关系危机，主要是为了消除当前危机事件的影响，其对策方案具有明显的应急成分。但是，我们不能囿于眼前，应当立足于社会组织长远的发展目标和战略，从长远和整体着眼，制定危机事件的公关工作对策，使社会组织既能排除危机，又能为未来的发展创造良好的公众环境。

（二）注意诚恳性与责任性的统一

公共关系人员在危机事件的处理过程中接触公众时，应表现出诚恳的态度，虚心接受公众批评，从讲话的内容、方式、姿态和语音语调等诸方面，进行策划、设计，给公众留下良好的印象。与此同时，公关人员要敢于承担责任，主动提出赔偿，以赢得公众的谅解。

（三）注意务实性与务虚性的统一

处理危机事件时，一方面，公共关系人员踏实积极地工作，以实际行动改善社会组织的处境；另一方面，也要及时宣传，运用各种媒介，公布事实真相，宣传社会组织的改进措施，从舆论上争取公众的理解与支持。

（四）注意谨慎性与果断性的统一

公共关系人员一旦涉及危机事件，尤其是在公众面前，应谨慎从事，以自己稳重、稳妥的风范，稳定局势，稳住阵脚；同时遇到具体问题时，要表现出坚决果断的工作作风，切忌优柔寡断和缺乏主见，以免给公众留下不可靠、无能的印象。

（五）注意主体性与整体性的统一

公共关系人员，作为专门职业人员，是消除危机事件影响的主体，从调查情况、决策计划、具体实施到评估总结，整个运作过程中都发挥着主导作用。公共关系人员要敢于挑起重担，热情投入工作。但是，只有公关人员的力量，要消除危机事件的影响是不够的。危机事件涉及面广、工作千头万绪，公共关系人员只有充分调动其他所有部门和员工的积极性，实行“全员公关”战略，形成强大的影响力，才能有效地劝服公众，改善社会组织的环境。

（六）注意原则性与灵活性的统一

处理公共关系危机事件应该有明确的、规范的工作方案。公共关系工作人员投入工作后，要按既定的工作方案实施，表现出较强的原则性。但是，由于危机事件的突发性和公众需求的多变性，又要求公共关系人员能随机应变，在忠于既定方案的基础上，适时修正方案，调整措施，以期更加有效地改变公众的消极态度，消除危机事件的不利影响，恢复社会组织的良好形象。

---

① 张香兰，郭迈正．企业公共关系．北京：中国物价出版社，2003：192.

案例 8－1

三次事故：一个共同特点

1989 年 3 月 24 日，当埃克森瓦尔德斯号在阿拉斯加海岸触礁，并且有上千万加仑的石油流入洁净的水域时，很遗憾，埃克森公司负责人未能及时认识到由此造成的毫无遮掩地暴露在公众面前的环境污染是多么严重，他们将面临的公共关系形势多么严峻。当公司总裁还待在纽约的办公室时，环境保护主义者和其他志愿者早已冲到事故现场，救助那些由于事故发生而濒临灭绝的野生动物和鱼群。成千上万的埃克森公司的顾客撕掉了他们所持有的公司信用卡，并将碎片寄给公司总裁劳伦斯·罗尔；国会议员们也要求对埃克森公司提起公诉。一位参加了公司通气会的股东说："我认为应该以玩忽职守罪起诉这些人。"埃克森公司本来可以利用此次机会告诉民众，公司为帮助阿拉斯加人作出了巨大贡献，很可惜，它没有这么做，结果错过了这一绝好的机会。事后，罗尔向股东们承认："我知道许多股东对我们不满，我们已经开始与他们加强沟通。"

1997 年 8 月 31 日，戴安娜王妃在巴黎死于一次可怕的撞车事故，结果引发了民众对此事规模空前的震惊和不信任，并对王妃之死深感悲痛。英国人民深深钦佩戴安娜王妃给予各个慈善机构的捐助，因而对她的意外死亡悲痛至极。而女王伊丽莎白二世在王妃去世的当天却只发表了一句话的声明："伊丽莎白女王和王子对此事深感震惊，也深表悲痛。"声明是如此的简单，没有一点人道的关怀，没有令人信服的悲伤，就好像女王与此毫无关系。而且，在悲剧发生之后的一次教堂布道会上，女王还郑重要求，永远不要在她面前提起戴安娜的名字。结果，6 天之内，伦敦报纸的头版头条都发布了民众极大的愤慨之情，质问："女王安在?"全世界数百万人都在哀悼，为什么没有她？当数千万束鲜花摆在王妃的住室前时，收音机的脱口秀节目实际上是在谈论公众对白金汉宫的"愤怒"。有些人甚至公开质问：世上有什么人，尤其是为人祖母的女王，能对亲人之死如此冷漠？正如许多处于危机中的公司总裁一样，女王低估了危机的程度和公众的情感。等到她听从了沟通顾问的建议，再向全国发布生动的、充满感情的演讲时，一切为时已晚。她的声誉受到玷污，民众对君主制的支持也在一周之内跌落 40%，这是现代史上从未有过的事。

1999 年 6 月，可口可乐，这家位居世界首位的软饮料公司，尽管拥有充足的时间、技术资源和公共关系，有能力在早期阶段控制事态，但却未能妥善处理其历史上最大的一次危机。事情起因于比利时的消费者提出，可口可乐引发了重大疾病，要求可口可乐公司补偿住院治疗费用，而该公司坚称它的产品是安全的。

实际上，由于可口可乐公司在安特卫普的加工厂没有按照惯例实施产品检测，结果使一些细微毒素进入饮料之中，引发了事故。最后有 2000 多人得病。当可口可乐公司否认其产品对消费者有不良作用时，其所造成的影响是显而易见的。受害者家庭向比利时政府施加压力，要求可口可乐公司收回产品。事后，可口可乐公司总裁也承认，他未能及早地了解问题的严重性，在事故处理过程中过于依赖下属单位，也未能尽快地抓住机会，亲自向两国政府的部长解释清楚。两个星期之后，公司再次面临产品收回，这一次是荷兰发现了更多被污染的瓶装饮料。事态进一步恶化。就像许多意外事故一样，公司忽视了事故的早期信号，以为事情最后会自生自灭，结果却导致了混乱持续的窘迫局面，代价十分高昂。

上面三个案例，无论是可口可乐公司的总裁、伊丽莎白女王，还是埃克森的总裁，都是某个组织的最高行政长官，他们应该对组织中的所有事务负责，人们也期望他们能够对重大事故迅速作出反应。当发生伤亡时，人们要求他们表示同情，对公众舆论作出回应，对事情给予澄清。在这些案例中，公众都希望他们能正确无误地处理危机。所有未能妥善处理的危机事故，其后果都是悲惨的。

（根据相关新闻报道编写）

案例 8-2

1982 年 9 月 29 日至 30 日，有媒介报道，美国芝加哥地区有人因服用“泰诺”止痛胶囊而中毒死亡。“泰诺”是美国强生公司生产的一种家庭用药，主治头痛。该药销量很广，年销售额达 4.5 亿美元，占强生公司利润的 5%。随着新闻媒介的广泛报道，消息不断扩散，传说各地有 250 人因氰化物中毒死亡或致病。而实际死亡人数只有 7 人。不断扩散的消息引起约 1 亿服用“泰诺”胶囊的消费者的极大的恐慌。民意测验表明，94% 的服药者表示今后不再服用此药。强生公司正面临一场生死存亡的巨大危机。

面对突兀而来危机，强生公司虽然和其他公司一样丈二和尚摸不着头脑，但其经验丰富的公关部门还是迅速作出了反应，期望用公关活动来寻求帮助和保护。

几个小时以后，强生公司的公关经理福斯特的一个副手飞往芝加哥搜集第一手情报，随即他增设了一长串电话，抽调了 50 名公关人员来接触即将接踵而至的询问和记者的采访。

紧接着，公司紧急地从药品架上取下了所有泰诺胶囊，且以整版广告通知消费者，作为补偿，公司宣布消费者可用胶囊换回同等数量泰诺片。据统计，强生公司共收回了 2200 万瓶胶囊。

公司主动与联邦调查员合作，查找氰化物中毒的原因。对 800 万个胶囊的检查表明，8 个瓶子沾有氰化物，75 粒胶囊中有氰化物的存在。检查结果表明，毒药与生产过程无关，有人在商场货架上做了手脚。信息被迅速通知给各大媒体，公司还悬赏 10 万美金以抓捕罪犯。

在这一阶段，强生公司受到极大打击：它对市场的占有率由 37% 下降到 6%，为挽回胶囊、检验产品等损失 5000 万美元，更重要的是人们潜意识中已把泰诺与暴死联系起来，有评论家断言，作为一种商标，泰诺的生命已走到了尽头。然而，强生公司为了使这个曾风靡世界的名牌产品继续走下去，决心恢复它的名誉。

首先，他们研制出一种防侵蚀的容器，并走访国会议员，请求立法支持。

其次，发生死亡事件六周后，他们召开了 30 个城市的电视电话会议，展示新的包装。很快这种包装样品出现在各个城市里。

最后，总经理博克宣布了两个建议：一是欢迎那些将胶囊扔掉的顾客打电话索取新包装的泰诺，二是免费向医生赠送5千万个胶囊分发给病人。这两个建议用大幅广告形式登在各大报的周末版上。

在电话会上，博克还为新闻界对事件的客观公正的报道诚挚地致谢。

恢复公司信誉的活动举行得相当成功。有很多人打电话来索要泰诺。6个月后，公司对市场的占有率由6%回升到32%。

（资料来源：奎军. 公关经典100. 广州：广州出版社，1998：128-129.）

案例8-3

霞飞3·15危机事件处理纪实

3月15日，中国化妆品行业的灾难日。这一天，中央电视台在“国际消费者权益日”的晚会上，对中国八大化妆品企业（其中6家产值逾亿元，4家合资企业）的10种化妆品，因其外在包装不规范而将之曝光。此时，引起所有中国人高度关注的，旨在提高产品质量、打击假冒伪劣产品的“中国质量万里行”，正震撼着中国大地。

3月18日，国家卫生部为配合“中国质量万里行”的活动，对同一问题向全国各省、市发文通报。于是，这些本来畅销于国内外，在消费者中享有极高知名度的化妆品，一夜之内，被消费者误认为是劣质产品。中国化妆品遭遇了空前的大灾难。在这场灾难中，首当其冲的是上海霞飞日用化工厂。“霞飞”，中国十大驰名商标中唯一的化妆品商标，一度代表着中国化妆品行业的骄傲。此刻仅仅以其3个产品小包装的小标签没有中文“合格”字样，就被抛进了危机的漩涡。本来这种疏忽不能算是很严重的问题，如果指导、监督部门及时指出的话，改正起来也不是什么难事。可一经“中国质量万里行”的曝光，在消费者心目中，留下了深刻的印象：“霞飞”是不合格产品。企业蒙受直接损失30余万元，间接损失70万元，预计损失将达3千万元。一个正在勃兴的企业陷入灭顶的困境。小毛病酿成了大危机，其症结何在？

1984年，主管化妆品生产管理的轻工业部发布了《化妆品生产管理条例》，1989年1月1日实施化妆品生产许可制度，其中包括了卫生标准的检验。1991年1月1日，卫生部又发布《化妆品卫生监督条例》。政府的两大部门在化妆品生产管理上的“两堂会审”，使企业无所适从。为此，国务院有关部门曾多次召集两部协商解决，重申有关实施细则必须经两部会签才能发布、生效。然而，1991年3月27日，卫生部单方发布实施了《化妆品卫生监督条例实施细则》，1991年6月26日，轻工业部单方发文暂缓执行《实施细则》。轻工业部、商业部、民政部、农业部、国家技术监督局等五个部门联合上书国务院，要求修改卫生部的《化妆品卫生监督条例实施细则》。

3月15日，在打击假冒伪劣商品之际，化妆品各大名牌因小包装问题被卫生部推向曝光台上，聚光灯下。“霞飞”等化妆品成为政策错位、管理部门之间失调的牺牲品。历经风风雨雨的霞飞日用化工厂，在范国成厂长“成也公关，败也公关”的感慨和领悟下，于3月2日正式设立公关部。3月6日，傅中虎出差返沪，方知已被授权挂帅。这位原厂办公室主任，现公关部经理，万没有想到自己在10天后，竟成为炙手可热的新闻人物。

曾在日本留过学，感受了现代市场经济竞争气息的傅中虎经理同厂长迈出了关键的一步：请教公关专家。当天，傅经理穿梭于上海公关协会等公关组织，坦率地将情况向公关专家说明，求教解决危机的方案。综合专家们的建议，挽救霞飞形象于危难中的公关目标得以确定：抓住“3·15”曝光的并非质量问题这一点，恳求政府解决管理部门各树权威、企业遭殃的问题，迅速同有关组织（销售网站、行业协会）、新闻媒介通报事实真相，唤起公众的广泛同情，控制住危机局势。

一套完整的危机管理方案形成：

第一步：迅速组织销售人员奔赴各地，热情向客户解释包装问题，将退货局势稳定在最小限度；

第二步，向上海党政领导人说明真相，请求帮助，向上海新闻界含蓄透露真相，以达到对曝光“冷处理”的效果；

第三步，赶赴北京，联合其他厂家，通过中国香料香精化妆品工业协会（下称“中国化妆品协会”）向上级陈情，以期尽快得到有关领导的批示；

第四步，向中国公关协会求援，向驻京新闻记者求助，造成广泛的公众舆论同情。

3 月 17 日，傅中虎经理受命飞赴北京，中国公关危机管理也随之起飞了。紧紧依靠行业协会，由中国化妆品协会将下情上达是“霞飞”此番公关策略的关键所在。事后证明，这一决策在沟通政府、联合企业、联络新闻媒介方面，保持公众传播渠道畅通，显出其他决策无法替代的作用。

3 月 20 日，化妆品协会发出紧急呼吁。

3 月 24 日，协会又将 6 家企业归拢到一起，写了《非产品质量曝光，大型企业面临倒闭》的联合呼吁书。

3 月 26 日，协会将上述材料直接送到了朱镕基副总理及有关部长的办公桌上。

3 月 27 日，朱副总理批示：化妆品“曝光要兼听两部意见，不可过分。质量曝光事先要向行业管理部门商量，务求准确、实事求是”。

保持信息开放及密切与新闻媒介的联系，让公众及时了解事态原委和发展。“霞飞”的公关手段在走向成熟。

3 月 19 日，第一次记者招待会在远方饭店举行，公开曝光真相，诚恳发表对曝光的认识。

3 月 22 日，第二次记者招待会在化妆品协会召开，散发协会紧急呼吁。

3 月 26 日，第三次记者招待会，通报事态发展。傅中虎在京 10 天，先后约见十余名记者，还同其中的几位记者彻夜长谈。处于高度繁忙的傅中虎，一天也没有中断与厂长的热线，有时一天三个电话，将进展情况向决策层汇报，为决策层提供了必要的信息与建议。

致力于推行国产精品的中国公关协会，对“霞飞”求援予以高度重视。

3 月 28 日，由中国公关协会主持的中华国产精品推展会以整版篇幅在《经济日报》刊发启事《捍卫国产精品的光辉形象》，声明霞飞化妆品不是伪劣产品。《中国青年报》、《新民晚报》、《文汇报》、《解放日报》等也都以同样篇幅刊发启事。

4月2日，国务院有关领导同志指出“把不属于质量问题的化妆品曝光，是很不妥当的，后果是严重的”，指示商业部不属于质量问题的化妆品一律照销照卖。

4月6日，中国化妆品协会发出“关于3·15非质量曝光事件”的通报，认为“坚决维护企业的合法权益，决不能逆来顺受”。

4月11日，《中华工商时报》头版头条刊出《“3·15”曝光的再曝光》呼吁“给我们一个具有权威性统一的国家法规吧！”4月28日以后，《报刊文摘》等报纸相继摘发此文。

至此，“霞飞”化妆品退货记录终止，市场在缓缓启动。5月末，化妆品生产量已接近“曝光”前的三分之二。霞飞形象的重建，历时70天，已初见成效。傅经理透露，一系列再建“霞飞”形象的公关活动正在紧锣密鼓地筹备着。

（资料来源：张景云，于涛.100个成功的公关策划.北京：机械工业出版社，2002：34.）

案例8－4

孟山都是一家跨国公司，主要生产食品和各种消费品。兼并了美国家庭用品公司以后，现在孟山都在130个国家开展业务，业务主要集中在“生命科学”生物研究及转基因作物等领域。“孟山都的战略是通过吞并小公司收集生物技术方面的专利，同时不再与农业公司做交易，以便进入新市场。”《民族》杂志写道：“在美国，已种植了成千上万亩由孟山都及其竞争对手提供的转基因大豆、转基因玉米和转基因棉花；下一年，大约有三分之一的大豆作物可能都是孟山都提供的各种转基因种子。利用该公司的除草剂，作物就能免受杂草的影响……环境保护主义者指出，没有办法预测具有除草作用、抗病毒、抗虫害的转基因作物会对长期生态环境产生什么影响。”

在英国，转基因作物已经引起强烈反对，农户、查尔斯王子这样的头面人物、消费者组织，以及所有关心具有除草功能、抗虫害的转基因植物前景的人，都加入了反对的行列。由于20世纪90年代后期发生的疯牛病导致大量疾病和死亡，欧洲人已经对自然过程中加入化学用品心存疑虑。

思考：

假设你是孟山都公司的公共关系负责人。《经济学家》杂志的一位记者告诉你，未来3天之内，将爆发一次由活动家们联合发起的在全世界范围内抵制孟山都产品的活动。这个联盟打算在世界上几个大城市同时召开新闻发布会，鼓励抵制购买孟山都的产品，在孟山都的工厂外和那些出售孟山都产品的商店外举行大规模游行，并发起向国际健康官员们大规模写信的活动。你将如何处理此事件？

（根据相关新闻报道编写）

案例8－5

冰箱爆炸之后

电冰箱发生爆炸的现象十分罕见，因为如果仅从其本身结构来分析这是不合原理的，但如果冰箱真能发生爆炸，则十分令人惊恐。事实上，南京的确曾发生过一起电冰箱爆炸事件，并且备受人们的关注。而沙松电冰箱厂在此次事关全局的问题上，采取的危机公关手段也成为公关界经久不衰的话题。

1988 年 7 月 20 日晚上 10 时 30 分，南京城西的一幢住宅楼的五层上，突然响起了一声震耳欲聋的爆炸声，瞬间，一台 140 立升的“沙松牌”电冰箱开了花。

现场是恐怖的。强大的爆炸气浪产生了令人难以想象的冲击力，使拇指粗的电冰箱门锁被扭弯，冰箱门飞出两米砸到对面墙上，冰箱强大的后坐力使后面的墙上留下了几个窟窿。家中四人都是侥幸捡了条命：紧靠冰箱的床上，睡着上午刚刚出院的产妇和刚出生四天的婴儿，母女俩未受伤害；男主人当时正在另一处洗澡，否则只怕难逃噩运；几分钟前，家中雇用的保姆还在冰箱前忙活，幸好当时已离开，算是万幸。

此事引起了新闻界的强烈关注。《新华日报》的记者、南京广播电台的记者、《中国消费者报》的记者都到沙松驻南京办事处进行了采访。7 月 22 日，南京《扬子晚报》根据用户的投诉，派记者采访了用户，并于当天刊出了《一台沙松冰箱爆炸》的现场照片，报道了冰箱爆炸的情况。

这条爆炸新闻一时间在南京几十万冰箱用户中引起了一场轩然大波，沙松驻南京办事处前熙熙攘攘，川流不息。一些人纷纷给报社打电话，询问冰箱爆炸的原因；一些冰箱用户则干脆把冰箱隔离出了卧室，以求平安；尤其是一些沙松冰箱的用户，更是将冰箱视为“定时炸弹”，惶惶不可终日。

对于湖北沙市电冰箱总厂来说，冰箱爆炸无异于晴天霹雳，祸从天降，企业形象和产品信誉面临着生死攸关的挑战。冰箱爆炸事件见报当天，沙市电冰箱总厂南京办事处的一位同志马上挂长途电话到上海，将情况报告给了沙市电冰箱总厂驻华东办事处罗主任。罗主任闻讯后连夜乘火车赶到南京，并将情况火速电告远在千里之外的沙市电冰箱总厂。

此危机事件给企业带来了极大的威胁，严重损害了企业形象。全厂产品一旦因此滞销，企业便会面临破产倒闭的危险，到那时就欲哭无泪了。

沙市电冰箱总厂厂长傅清章接到罗主任的电话后，马上作出决策：派该厂总工程师、法律顾问和该厂日方技术专家及翻译乘一辆面包车，由两个司机轮流驾驶，昼夜兼程从湖北沙市赶赴江苏南京；会同该厂已先期抵达的罗主任组成危机事件处理小组，负责处理这件事。

危机事件处理小组在路上即制定了一整套方案，以便最大限度地消除危机事件的影响。到达南京后，他们马上以重金包下了南京玄武湖饭店的一个会场，专门接待南京各新闻媒介的记者。他们对记者作出了如下承诺：①尽快调查清楚冰箱爆炸的原因，并将全部结果公之于众；②如果属于产品质量问题，一定要向南京市人民交代清楚，使几十万冰箱用户放心。对于沙市电冰箱总厂的这种务实求实的态度，记者们感到十分满意。这样就给这些“无冕之王”从主观上留下了一个好印象。

紧接着，事故处理小组召开了事故责任论证会。与会的有南京市的各报记者、保险公司、消费者协会、物价局、标准计量局及一所大学专门研究制冷的教授。当沙市电冰箱总厂的刘总工程师和日方的技术顾问小林晃等出现在与会者面前时，大家都对厂方对此事件的重视态度表示赞赏。会议进行了半个小时，没有讨论出任何结果。于是，在处理小组的建议下，论证会移到冰箱爆炸现场进行。到了现场后，日本专家小林晃只用了不到5分钟就完成了对爆炸冰箱的全部检查工作。

检查的结果表明：虽然经过爆炸震荡，压缩机工作正常，制冷系统工作正常。这毫无疑问地表明，爆炸原因与冰箱质量无关。因为既然冰箱的机械系统完好无损，由塑料发泡构成的箱体又不可能自动爆炸，爆炸的原因肯定来自外部。对现场的检查过程，南京电视台作了录像和报道。

尽管沙松电冰箱总厂可以就此罢休，但是，为了对消费者负责，他们决心一定要查清冰箱爆炸的真正原因。于是，决定带着新闻记者深入用户家中了解情况。

但该用户一方面不配合，拒不回答冰箱内储存过什么物品；另一方面又要求沙松厂赔偿一台180立升的电冰箱，理由是140立升的冰箱总使他们想到以前的爆炸而害怕不已。尽管在现场的记者都感到这是一个过分的要求，但罗主任为了顾全大局，使这位用户能讲出实情，使广大用户不再每天提心吊胆地守着冰箱过日子，就当场表示可以赔偿一台180立升的双门电冰箱。

整个交涉过程都在各路新闻记者的参与下进行，并通过传媒向全市人民作了报道。厂方的这种态度、这种胸怀感动了南京的各家新闻单位和记者，纷纷表示要跟踪报道这一事件，帮助沙松厂调查清楚爆炸原因。在场的南京市民也都认为沙松厂应该向用户了解其中的原因。

然而，几天过后，冰箱爆炸的原因还未找到，南京的几家新闻单位建议动用仪器检测，查个水落石出。该用户却说，他不管爆炸是什么原因，只要求赔冰箱，其他一概不管。有人要拉走冰箱检验，他不让拉走；有人来调查，他不接待。按常理而言，协助调查冰箱爆炸的原因是用户应尽的义务，但他们却不合作。更让人怀疑的是，事故发生后，用户很快就清理了现场，连冰箱内壁都擦拭得十分干净。面对这种情况，危机处理小组成员并不退缩，他们还是三番五次地到用户家中，同用户谈心督促劝说他讲出实话，一再询问冰箱到底放过什么东西。用户仍支支吾吾，拒不回答。

对于用户这种不合作的态度，在外界环境压力下，危机处理小组的态度也不得不强硬起来。他们对用户进行了最后一次摊牌，刘总和罗主任对用户强调说：社会各方面都要求把这次爆炸原因搞清楚，我们还是诚恳地希望你们能够配合。厂方要同湖北省公安厅共同检测，如果湖北搞不清楚，我们就送到北京，请轻工部作鉴定。如果经科学鉴定是用户使用不当造成的，那用户就要承担全部经济、法律、道义上的责任。

直到这时那家用户才被震动，男主人终于讲出实话，承认自己在冰箱内存放了易燃易爆品丁烷气瓶。

爆炸真相终于大白。丁烷气瓶在低温冷冻状态下，金属瓶壳收缩，导致了丁烷气瓶气阀松动和瓶壳破裂。泄露出的丁烷气与冰箱中的空气混合并超过一定浓度，遇到温控器开关启闭产生的电火花引起爆炸。

危机处理小组很快将这一情况通报给南京的新闻界。当天，《扬子晚报》便刊出了一则消息："冰箱不会自行爆炸"，副标题是"沙松冰箱爆炸原因查明"。《南京日报》也刊登了同样的消息，并且十分醒目地用公关语言写道："厂家提醒用户不要在冰箱内存放易燃易爆物品"。

当天晚上，为了感谢沙市电冰箱总厂对南京市人民高度的责任心，南京电视台在晚上黄金时间特邀了刘总工程师与广大市民见面。在这次现场直播的栏目上，刘总发表了一个简短的讲话：一是讲明电冰箱爆炸的原因，二是感谢南京市的新闻界对沙松的支持，三是感谢南京市民对沙市电冰箱总厂的关心和爱护。刘总的讲话，为沙市电冰箱总厂的公关危机处理画上了一个圆满的句号。

尽管这次爆炸事件的原因在于用户，但是为了处理这件事，沙市电冰箱总厂花费了1.8万元。沙市电冰箱总厂的举措不仅成功处理了一次危机事件，而且极大地提高了该厂的知名度和美誉度，尤其是在南京市民心目中的地位，这是十倍的价格也买不来的。如今，沙松冰箱在南京已是家喻户晓了。

在“冰箱危机”圆满处理一个半月后，《南京日报》又刊登了一篇文章，题为《沙松电冰箱销势仍旺》。记者同时在文章中分析了原因：一是当时国内冰箱市场走势仍旺；二是沙松冰箱质量确实较好；三是“爆炸”事件带来的影响，尤其是厂家在这起公关危机处理中所表现出的风范。

（资料来源：张岩松．企业公共关系危机管理．北京：经济管理出版社，2000：182－187.）

思考：

1. “沙松”能够成功解决这起突发事件，原因在哪里？

2. 为什么“沙松”能够得到新闻媒介的支持？新闻媒介在企业处理危机中起了怎样的作用？

3. 从案例中，你认为组织应如何提高它的知名度和美誉度？

本章思考题：

1. 什么叫公关危机？它有何特征？
2. 危机管理的8R法则是什么？
3. 公关危机的类型有哪些？各自有何特征？
4. 处理公关危机应该注意哪些问题？

参考文献

1. 纪华强，杨金得．公共关系的基本原理与实务．厦门：厦门大学出版社，1999.

2. 符玉琴．实用公共关系学．成都：西南财经大学出版社，2002.

3. ［美］斯各特·卡特里普，等．公共关系教程．8 版．明安香，译．北京：华夏出版社，2001.

4. 关培兰．组织行为学．北京：中国人民大学出版社，2002.

5. 胡爱本．新编组织行为学教程．3 版．上海：复旦大学出版社，2002.

6. ［美］鲁森斯．组织行为学．9 版．王垒，译．北京：人民邮电出版社，2003.

7. 王乐夫．公共关系学概论．北京：高等教育出版社，1994.

8. 林汉川，李觅芳．公共关系案例教程．上海：复旦大学出版社，1997.

9. 张映红．公共关系管理．北京：首都经济贸易大学出版社，2002.

10. 居易．公共关系原理．北京：中国商业出版社，1999.

11. 奎军．公关经典 100. 广州：广州出版社，1998.

12. 弗兰克·杰夫金斯．最新公共关系技巧．夏晓斌，等，译．北京：北京大学出版社，1992.

13. 张克非．公共关系学．北京：高等教育出版社，2001.

14. 吕维霞编著．案说公共关系．北京：对外经济贸易大学出版社，2002.

15. 汪秀英．公共关系学．北京：中央电视大学出版社，2000.

16. 丁乐飞，等．公共关系学．合肥：安徽大学出版社，1996.

17. 肖辉．实用公共关系学．北京：北京大学出版社，2001.

18. 郭芳芳．公共关系教程．上海：上海财经大学出版社，2001.

19. 何云峰．当代公共关系及其操作技巧．上海：上海三联书店出版社，1994.

20. 何修猛．公关实务教程．2 版．上海：复旦大学出版社，1998.

21. 周安华，苗晋平．公共关系理论、实务与技巧．北京：中国人民大学出版社，2004.

22. 居延安，等．公共关系学．上海：复旦大学出版社，1998.

23. 廖为建．公共关系学．北京：高等教育出版社，2000.

24. 蒋春堂．公共关系学教程．武汉：武汉大学出版社，2004.

25. 张景云，于涛．100 个成功的公关策划．北京：机械工业出版社，2002.

26. 李道魁．公共关系教程．成都：西南财经大学出版社，2003.

27. 张岩松．企业公共关系危机管理．北京：经济管理出版社，2000.

28. 许春珍．公共关系学．海口：南海出版公司，2002.

29. 裴春秀．公共关系与形象策划．北京：经济科学出版社，2001.
30. 魏中龙．公共关系学．北京：经济科学出版社，2000.
31. 张香兰，郭迈正．企业公共关系．北京：中国物价出版社，2003.
32. 徐美恒，李明华．公共关系管理学．北京：中国人民公安大学出版社，2002.
33. 杨红英．公共关系理论与实务．北京：团结出版社，1997.
34. 李元授．现代公共关系艺术．武汉：华中理工大学出版社，2002.

图书在版编目(CIP)数据

公共关系学/付晓蓉主编 .—成都:西南财经大学出版社,2010.8(2016.11 重印)

ISBN 978 -7 -81138 -876 -3

Ⅰ.①公… Ⅱ.①付… Ⅲ.①公共关系学 Ⅳ.C912.3

中国版本图书馆 CIP 数据核字(2010)第 148200 号

公共关系学

主　编:付晓蓉

责任编辑:张　访

助理编辑:高　玲　植　苗

封面设计:杨红鹰

责任印制:封俊川

出版发行	西南财经大学出版社(四川省成都市光华村街 55 号)
网　　址	http://www.bookcj.com
电子邮件	bookcj@foxmail.com
邮政编码	610074
电　　话	028 -87353785　87352368
印　　刷	郫县犀浦印刷厂
成品尺寸	185mm×260mm
印　　张	13.25
字　　数	295 千字
版　　次	2010 年 8 月第 1 版
印　　次	2016 年 11 月第 7 次印刷
印　　数	12001— 15000 册
书　　号	ISBN 978 -7 -81138 -876 -3
定　　价	25.80 元